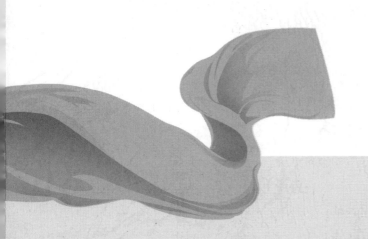

北京科技大学"211 工程"项目资助出版

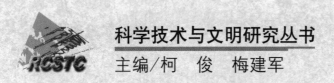

科学技术与文明研究丛书

主编／柯 俊 梅建军

汉冶萍公司与中国近代钢铁技术移植

方一兵◎著

科学出版社

北京

图书在版编目（CIP）数据

汉冶萍公司与中国近代钢铁技术移植/方一兵著 . —北京：科学出版社，2010
（科学技术与文明研究丛书/柯俊，梅建军主编）
ISBN 978-7-03-029631-3

Ⅰ．①汉… Ⅱ．①方… Ⅲ．①汉冶萍煤铁厂矿公司－企业管理－研究②钢铁工
业－工业史－中国－近代 Ⅳ．①F426.31

中国版本图书馆 CIP 数据核字（2010）第 225099 号

丛书策划：胡升华　侯俊琳

责任编辑：侯俊琳　樊　飞　卜　新／责任校对：赵桂芬
责任印制：赵德静／封面设计：无极书装
编辑部电话：010-64035853
E-mail：houjunlin@mail. sciencep. com

科 学 出 版 社 出版
北京东黄城根北街 16 号
邮政编码：100717
http://www.sciencep.com

中国科学院印刷厂 印刷
科学出版社发行　各地新华书店经销

*

2011 年 1 月第 一 版　开本：787×1092　1/16
2011 年 1 月第一次印刷　印张：10 3/4　插页：4
印数：1—2 000　字数：220 000
定价：45.00 元
（如有印装质量问题，我社负责调换）

▲ 图1　汉阳铁厂一号、二号高炉（左边远景）和正在修建的三号高炉（1908）

▲ 图2　汉阳铁厂30吨西门子－马丁平炉

▲ 图3　汉阳铁厂三号、四号高炉（1912）

▲ 图4　大冶铁矿铁山装矿码头（1908）

▲ 图5　萍乡煤矿炼焦炉出焦（1908）

▲ 图6 汉阳铁厂总办李维格与总工程师欧仁·吕柏（E. Ruppert）

▲ 图7 汉阳铁厂卢森堡籍工程师合影（1911）
后排左起：E. Hamelius、F. Schanen、J. Groff、M. Groff、G. Beissel、 J. Leniz、 J. Hauffels、Biver
中排左起：J. Mich、J. P. Soission、J.P. Arend、F. Cox
前排左起：E. Ruppert、F. Hoffman

▲ 图8 萍乡煤矿总矿师赖伦(G. Leinung)（右一）

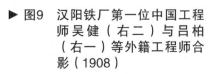

▶ 图9 汉阳铁厂第一位中国工程师吴健（右二）与吕柏（右一）等外籍工程师合影（1908）

▲ 图10 20世纪30年代的吴健

▲ 图11 汉阳铁厂送培学生卢成章在英国谢菲尔德大学工厂学习（前排左起第三人为卢成章）

▶ 图12 谢菲尔德大学工程和冶金系前身技术学院所在地（Sir Frederick Mappin Building, St. George's Square）。吴健、卢成章、郭承恩等汉冶萍公司送培学生就读于此（方一兵摄，2007）

▶ 图13 吴健在谢菲尔德大学读书时的住址（82 Harcourt Road, Sheffield）（方一兵摄，2007）

▶ 图14 原汉阳铁厂轧钢车间8000马力（1马力=735.49瓦）蒸汽机，由英国戴维兄弟公司（Davy Bros Ltd. Engineers）1905年制造。现存于重庆钢铁厂（方一兵摄，2009）

▲ 图15 汉阳铁厂造钢轨（1899），发现于北京丰台站，这是现存最早的汉阳铁厂造钢轨（中国铁道博物馆周伟摄，2009）

▲ 图16 汉阳铁厂造钢轨（1904），发现于南宁市造船厂（方一兵摄，2006）

◀ 图17 汉阳铁厂造钢轨（1913），现存于南宁市博物馆（方一兵摄，2006）

◀ 图18 汉阳铁厂造钢轨（1920），现存于中国铁道博物馆正阳门馆（中国铁道博物馆周伟摄，2009）

总序

20世纪50年代，英国著名学者李约瑟博士开始出版他的多卷本巨著《中国科学技术史》。这套丛书的英文名称是 *Science and Civilisation in China*，也就是《中国之科学与文明》。该书在台湾出版时即采用这一中文译名。不过，李约瑟本人是认同"中国科学技术史"这一译名的，因为在每一册英文原著上，实际均印有冀朝鼎先生题写的中文书名"中国科学技术史"。这个例子似可说明，在李约瑟心目中，科学技术史研究在一定意义上或许等同于科学技术与文明发展关系的研究。

何为科学技术？何为文明？不同的学者可以给出不同的定义或解说。如果我们从宽泛的意义去理解，那么"科学技术"或许可视为人类认识和改变自然的整个知识体系，而"文明"则代表着人类文化发展的一个高级阶段，是人类的生产和生活作用于自然所创造出的成果总和。由此观之，人类文明的出现和发展必然与科学技术的进步密切相关。中国作为世界文明古国之一，在科学技术领域有过很多的发现、发明和创造，对人类文明发展贡献卓著。因此，研究中国科学技术史，一方面是为了更好地揭示中国文明演进的独特价值，另一方面是为了更好地认识中国在世界文明体系中的位置，阐明中国对人类文明发展的贡献。

北京科技大学（原北京钢铁学院）于1974年成立"中国冶金史编写组"，为"科学技术史"研究之始。1981年，成立"冶金史研究室"；1984年起开始招收硕士研究生；1990年被批准为科学技术史硕士点，1996年成为博士点，是当时国内有权授予科学技术史博士学位的为数不多的学术机构之一。1997年，成立"冶金与材料史研究所"，研究方向开始逐渐拓展；2000年，在"冶金与材料史"方向之外，新增"文物保护"和"科学技术与社会"两个方向，使学科建设进入一个蓬勃发展的新时期。2004年，北京科技大学成立"科学技术与文明研究中心"；2005年，组建"科学技术与文明研究中心"理事会和学术委员会，聘请席泽宗院士、李学勤教授、严文明教授和王丹华研究员等知名学者担任理事和学术委员。这一系列重要措施为北京科技大学科技史学科的发展奠定了坚实的基础。2007年，北京科技大学科学技术史学科被评为一级学科国家重点学科。2008年，北京科技大学建立"金属与矿冶文化遗产研究"国家文物局重点科研基地；同年，教育部批准北京科技大学在"211工程"三期重点学科建设项目中设立"古代金属技术与中华文明发展"专项，从而进一步确立了北京科技大学科学技术史学科的发展方向。2009 年，人力资源和社会保障部批准在北京科技大学设立科学技术史博士后流动站，使北京科技大学科学技术史学科的建制化建设迈出了关键的一大步。

30 多年的发展历程表明，北京科技大学的科学技术史研究以重视实证调研为特色，尤其注重（擅长）对考古出土金属文物和矿冶遗物的分析检测，以阐明其科学和遗产价值。过去 30 多年里，北京科技大学科学技术史研究取得了大量学术成果，除学术期刊发表的数百篇论文外，大致集中体现于以下几部专著：《中国冶金简史》、《中国冶金史论文集》（第一至四辑）、《中国古代冶金技术专论》、《新疆哈密地区史前时期铜器及其与邻近地区文化的关系》、《汉晋中原及北方地区钢铁技术研究》和《中国科学技术史·矿冶卷》等。这些学术成果已在国内外赢得广泛的学术声誉。

近年来，在继续保持实证调研特色的同时，北京科技大学开始有意识地加强科学技术发展社会背景和社会影响的研究，力求从文明演进的角度来考察科学技术发展的历程。这一战略性的转变很好地体现在北京科技大学承担或参与的一系列国家重大科研项目中，如"中华文明探源工程"、"文物保护关键技术研究"和"指南针计划——中国古代发明创造的价值挖掘与展示"等。通过有意识地开展以"文明史"为着眼点的综合性研究，涌现出一批新的学术研究成果。为了更好地推动中国科学技术与文明关系的研究，北京科技大学决定利用"211 工程"三期重点学科建设项目，组织出版"科学技术与文明研究丛书"。

中国五千年的文明史为我们留下了极其丰富的文化遗产。对这些文化遗产展开多学科的研究，挖掘和揭示其所蕴涵的巨大的历史、艺术和科学价值，对传承中华文明具有重要意义。"科学技术与文明研究丛书"旨在探索科学技术的发展对中华文明进程的巨大影响和作用，重点关注以下 4 个方向：①中国古代在采矿、冶金和材料加工领域的发明创造；②近现代冶金和其他工业技术的发展历程；③中外科技文化交流史；④文化遗产保护与传承。我们相信，"科学技术与文明研究丛书"的出版不仅将推动我国的科学技术史研究，而且将有效地改善我国在金属文化遗产和文明史研究领域学术出版物相对匮乏的现状。

柯　俊　梅建军

2010 年 3 月 15 日

序言

对于后发国家来说，技术转移（或技术移植）、消化吸收外来技术是一个不可避开的发展阶段。技术转移可以使后发国家提升技术起点。19世纪60年代以来，中国不断引进国外先进技术，试图通过技术转移走向技术创新。因此，技术转移或技术移植是中国技术发展的一条主线。沿着这条线索研究中国近代技术史，我们能够深入认识中国科技近代化与工业化，理解中华文明的演进。

晚清在自强运动中兴办军工企业，引入西方轮船与兵器制造技术，继而带动采矿、钢铁、纺织等相关产业的早期近代化以及近代科技知识的传播。然而，技术转移长期存在重大缺失。例如，基础技术及相关产业发展严重滞后，近代技术与工业受到封建经济、政治与文化传统的制约，技术发展落入"引进—落后—再引进—再落后"的恶性循环。民国时期，技术发展受到日本侵华等战乱的严重冲击。

近代中国的军工、造船、电报、铁路、冶金等行业的技术转移及其本土化有诸多共同特征，但其模式和效果有明显的差异，值得做深入系统的个案研究。方一兵博士以晚清洋务派创建的汉冶萍公司为个案，深入研究近代钢铁技术向中国的移植及其影响，探讨技术移植与发展的特点和模式，完成了第一部从技术移植的角度来系统解读中国近代钢铁技术史的学术专著——《汉冶萍公司与中国近代钢铁技术移植》。

五年多来，方一兵系统搜集和梳理有关汉冶萍公司技术发展的档案和其他文献，在史料的挖掘与考证上取得突破，尤其是搜寻到外籍工程师回忆录、汉冶萍留英工程人员的档案等国外珍贵史料，使得个案的研究有了坚实的史料基础。这方面的突破体现了北京科技大学科技史研究重视实证调研的风格。

方一兵将汉冶萍公司视为早期重要的技术移植载体和执行者，阐释汉冶萍公司引进、消化和吸收西方技术的历程，探讨中国第一代本土矿冶工程师在近代钢铁技术发展中的角色，描绘汉冶萍公司技术本土化的图景，研究汉冶萍公司对早期钢铁技术工人的培养和钢轨制造标准的制定，分析汉冶萍公司的技术移植与中国近代钢铁技术体系构建的关系。方一兵强调，汉冶萍公司后期的失败表明近代中国尚未形成一种能使本土钢铁技术持续自我发展的环境和机制，这是制约汉冶萍公司技术移植及其影响的重要原因。

　　总之，《汉冶萍公司与中国近代钢铁技术移植》基于大量史料，从技术移植的视角重构了汉冶萍公司建立、发展与衰败的历史，对汉冶萍公司及其钢铁技术移植做出了新的评述，提出了一系列有创意和启发意义的观点，为中国近代技术史研究贡献了新知识。

张柏春

2010 年 8 月 29 日

目录

引 言

长期以来，从晚清到 1949 年的中国近代钢铁技术史几乎是一段无人问津的历史。这或许是因为在此之前有两千多年的中国古代冶炼技术及其铸就的辉煌文明，之后又有新中国迈向钢铁产量世界第一大国的艰苦奋斗历程，唯有近代历史中，中国钢铁业走向失败结局的过程显得如此短暂，以至于被淹没在岁月之中。

但这是一段有着特殊意义的历史。因为在这一时期，中国的钢铁冶炼正在发生着根本性转变，开始由土法冶炼转向引进西方技术进行规模生产。钢铁冶炼无论对于中国传统社会还是近代工业社会来说都是极其重要的产业，因此其技术移植无论成败，均意义重大。

这一技术移植进程的代表就是以汉阳铁厂（简称汉厂）为核心的汉冶萍公司的建立。汉阳铁厂由湖广总督张之洞创建于 1890 年，1894 年建成投产，大冶铁矿同时得到开发。1896 年，铁厂由官办改为官督商办，萍乡煤矿得到开发。1897年，铁厂开始向京汉铁路供应钢轨。1908 年汉阳铁厂、大冶铁矿、萍乡煤矿合并成立汉冶萍煤铁厂矿股份有限公司（简称汉冶萍公司），一度成为当时远东最大的钢铁联合企业。作为 1915 年前中国唯一的现代化钢铁企业，汉冶萍公司的特殊性在于：它是中国现代钢铁技术体系建立的开端。对中国近代钢铁技术史的研究来说，汉冶萍公司是无法绕开的研究对象。

理论上，技术移植是将他国技术引进并实现本土化的过程，这包括技术引进和技术社会建构两个层次。由于汉冶萍公司是中国近代早期唯一的新式钢铁联合企业，它的技术引进活动就是中国近代钢铁技术引进的主要内容，而它在实现技术能力本土化上所做的努力，也就成为了中国近代钢铁技术社会建构的重要内容，因此，对汉冶萍公司的相关史实进行研究，可以从更微观的层次来认识我国近代的钢铁技术移植是怎样展开的。此外，产业的技术移植是一个相对较长的技术体系建构过程，这不是一个企业能实现的，因此把汉冶萍公司放在一个更长的时间段上，来讨论它对中国近代钢铁产业及技术体系的影响，能更清晰、更完整地把握中国近代钢铁技术发展的历史特征。

汉冶萍公司的特殊性还在于，它产生于首次被迫开放国门的晚清，这是一个与西方工业化社会相去甚远的国家。汉冶萍公司所进行的是跨越东西方两个截然不同的社会文化系统的技术移植。它经历了辛亥革命炮火的毁灭，在社会巨变中挣扎和求生存。因此，对这段历史进行研究，目的不仅是弄清楚一段史实，而且期望通过讨论这样一个跨度极大的技术移植所呈现的特征，尤其是社会因素在其中的影响，来反思技术与社会的关系。

以史为鉴是中国近代史研究的一贯目的。虽然每一段时期的技术史都有其特殊性，但直到今天，中国社会仍然面临着传统与创新的主题。考察汉冶萍公司这段技术移植的历史，可以给我们带来一些仍然值得思考的问题和启示，从而能够为当今中国产业技术和钢铁行业的发展提供历史经验。

第一章
导论：从"汉冶萍"研究到技术史

以今日自强之端，首在开辟利源，杜绝外耗。举凡武备所资枪炮、军械、轮船、炮台、火车、电线等项，以及民间日用、农家工作之所需，无一不取资于铁。

——张之洞

中国近代早期的钢铁技术史无疑是与汉冶萍公司分不开的。但中国近代技术史这一尚属年轻的研究领域，却鲜有"汉冶萍"的印记。与之形成鲜明对比的是，"汉冶萍"这三个字在近现代经济史、工业史等研究文献中并未被冷落。技术史研究在经济史和工业史中能找到的不仅仅是研究的空白点，还有灵感。因此，在进入正题之前，有必要同时从近现代钢铁技术史和已有的"汉冶萍"研究领域进行文献的梳理。

第一节　中国近现代钢铁技术史研究

国内钢铁技术史的研究多关注古代史。20 世纪 80 年代以来，有学者对中国近代钢铁技术进行了少量的研究：1983 年丘亮辉在成都会议上发表《中国近代冶金技术落后原因初探》[1]，论及清代官僚创办汉冶萍公司的教训；1985 年黄逸平对近代钢铁工业史的研究[2]，把旧中国钢铁工业发展分为四个阶段，对各阶段的特点做了宏观上的概述；1992 年刘永贵在"中国近代钢铁技术的引进与发展"的文章中[3,4]，分别概述了汉阳铁厂、本溪湖制铁所、鞍山制铁所等引进的技术概况，把近代钢铁技术引进分为主动引进和被动引进，并提出自己的思考，研究偏重于对近代典型企业的技术内容进行概述，未涉及技术引进与社会等更具体的问题。鞍钢等编写的企业史中[5]，也涉及近代钢铁技术史的一些内容。

已有的中国近现代钢铁技术史的研究呈现出两个主要思路，一是以丹麦学者华道安① (Donald B. Wagner) 为代表，他关注的是 19 世纪至 20 世纪初中国传统

---

① 本书英译汉中文人名均采用当时文献翻译名称

的冶铁业及其技术在西方钢铁工业兴起的挑战下的命运[6]。第二种思路以一些西方学者和中国的张柏春为代表，他们把包钢等中国当代企业作为中国当代技术转移的个案来进行研究。如克拉克（M. Gardner Clark）于 1973 年曾出版《中国钢铁工业发展和苏联技术援助》一书[7]，作者以研究苏联等社会主义国家的经济发展见长；吴袁立①（Wu Yuanli）的 *The Steel Industry in Communist China* 一书对 20 世纪 50 年代中国的钢铁工业的状况做了研究[8]；辛顿（Janice Martha Hinton）于 1985 年完成博士论文 *China's steel industry: the policy implications of technology transfer to the People's Republic of China*，分别考察了宝钢、武钢、首钢和攀钢的技术引进，测算了四家企业技术引进的成本效益等指标，并讨论和评价了中国当代钢铁行业技术引进的效果。[9]他用经济学方法来讨论技术引进的问题，值得近现代技术史研究借鉴。

可以说，上述两种研究思路来自研究者对于中国近现代钢铁冶金业的不同理解，但均不以中国近代新式钢铁技术的发展为研究重点。

值得重视的是，不少学者对 18 世纪以来英美等主要钢铁生产国的钢铁技术及工业发展进行了研究。如美国学者海德（Charles K. Hyde）对 18～19 世纪英国冶铁技术革新及其工业的研究[10]，讨论了 1700～1870 年英国冶铁技术由木炭冶炼生铁到焦炭炼铁过程中一系列技术革新，并重点探讨了这些技术革新对英国冶铁工业的影响，认为 19 世纪早期英国冶铁工匠们发明的以焦炭炼铁为代表的一系列全新技术，从根本上改变了英国钢铁工业的布局、经济结构及其市场。英国伯纳姆（T. H. Burnham）和 霍斯金斯（G. O. Hoskins）研究了 1870～1930 年英国钢铁工业的状况，从原料、生铁冶炼、熟铁制造、炼钢和轧钢、生产组织形式等方面与其他主要生产国比较，并讨论限制这一时期英国钢铁工业的发展的原因[11]。康塞尔（R. Bruce Council）、欧纳坎普（Nicbolas Honerkamp）和 维尔（M. Elizabetb Will）三人对美国南北战争前田纳西的炼铁高炉进行了工业考古，讨论 19 世纪田纳西的工业与技术[12]。在以上研究中，近代某一地区的钢铁技术发展与工业的关系均受到关注，这是因为钢铁技术的进步与炼铁工匠们为解决特定的技术和经济问题所做的努力有关。近代钢铁技术史与钢铁工业及其从业者密不可分，这一观点值得重视。

第二节 "汉冶萍"研究

从汉阳铁厂诞生之日起，汉冶萍公司就备受关注。按时间划分，以它为研究对象发表的论著大致可分为三个阶段：一是从汉阳铁厂创建到熄炉停工，这是汉冶萍公司真正存在的时期，这一时期有关汉冶萍公司的论著大都是对其现状的调查和评述。二是汉阳铁厂停工前后到 1949 年，这一时期汉冶萍公司已经名存实亡，众多为中国实业担忧的人士出于拯救中国民族工业的心情，纷纷撰文提出拯救汉冶萍公司的方案，并有经济学家开始系统研究其失败的原因。三是 1949 年之后，这时的汉冶萍公司已经彻底成为历史，作为中国近代艰难的工业化进程的典型案

---

① 根据英文姓名音译

例，汉冶萍公司受到历史学家尤其是近代史和经济史学家的关注，一些学者或对其进行编史，或围绕它展开对中国近代工业化的研究。

第一阶段（1893 年至 1925 年前后）

这一时期的汉冶萍公司以中国唯一的大型煤铁联合企业的身份引人注目，不仅国内人士或撰文阐述其现状，或直言其问题和前景，更吸引了一批西方学者的眼球，他们也纷纷对这一古老东方国家的新兴钢铁实体进行考察，从各自的角度对其进行评说。

对汉冶萍公司的系统调查和评述最早始于 1893 年的《雾敦宦杂纂》中的一篇《照译德国工程师包尔查勘汉阳铁厂情形》，文章分为论铁矿石、论煤、再论汉阳铁厂三个部分，包尔以工程师的眼光对初创时期汉阳铁厂的铁矿石供应、焦炭供应和钢铁冶炼三环节的设备、生产和运输等进行了系统分析，尤其可贵的是文章始终关注三个环节之间是否在技术经济上彼此相宜。[13]对于汉冶萍公司研究来说，这不仅是一篇难能可贵的史料，而且是第一篇对汉阳铁厂系统地进行技术经济分析的研究论文，因学术界始终认为无合理规划是汉阳铁厂的一大错误，这篇文章的价值就显得尤为特殊和重要。

这一时期的论著按作者又可分为两类：

1）作者与汉冶萍公司有直接关系，包括李维格、张赞宸、叶景葵、陈廷纪等，这些人都曾担任汉冶萍公司的高级职员。他们撰文的目的有二：一是向公司进行报告，这样的报告比较翔实，就事论事，如李维格在《汉阳铁厂调查本末》中详细地报告了其在英国订购设备的情形，并对汉阳铁厂设备的扩建进行了系统论述，对扩建后的成本、生产、管理等做了系统规划，[14]张赞宸的《萍乡煤矿调查情形》[15]也属于此类；二是自由撰稿，如叶景葵的《述汉冶萍产生之历史》[16]，李维格的《中国钢铁实业之将来》[17]，这类文章在纪事的基础上加入了个人观点，如李维格在辛亥革命之后撰写的《中国钢铁实业之将来》，其目的就是要将自己的切身体会传递给新政府以求钢铁实业的振兴，文章对汉阳铁厂所经营的中国钢铁实业不能振兴的原因进行了非常客观的分析，在当时是一篇难得的站在行业和经济发展的宏观视角上来总结汉冶萍公司经验教训的文章。

2）作者与汉冶萍公司无直接关系，包括马尔根、李建德、顾琅、丁格兰（F. R. Tegengren）、霍德（L. W. Hoyt）等，这些人都是矿冶方面的学者或西方钢铁企业人员。如果说第一类作者是对汉冶萍公司的一种内在体验，那么第二类作者则是以旁观者的身份，用更为客观的专业眼光来审视汉冶萍公司。

《中国矿业调查记：民国元年》[18]和《中国十大矿厂调查记》[19]两书均是以调查报告的形式如实记录汉阳铁厂、大冶铁矿、萍乡煤矿的布局、设备、生产、组织、销售等现状，没有过多的评论，作者的矿冶专业背景给两书以较丰富的数据资料，从而增添了更多的参考价值。

丁格兰历经 5 年（1916～1921）写出的《中国铁矿志》[20]是一本颇具学术价值的著作，他对中国各省铁矿矿藏和铁业情形的记录在当时可以说是最为系统的，铁业部分有关汉阳铁厂的记录甚至较顾琅的《中国十大矿厂调查记》更为翔实。值得注意的是，丁格兰在书中率先将成本过高作为汉冶萍公司及中国钢铁行业发展困难的重要原因之一，这一度成为后人讨论汉冶萍公司及中国近代钢铁工业化的失败原因时引用率极高的资料，而汉冶萍公司高成本的观点几乎都来自于此。

除丁格兰外，一些来自西方国家的钢铁行业人员也在此时开始关注汉冶萍公司，如马尔根和霍德。马尔根的《中国汉阳钢铁厂煤焦铁矿制钢记略》[21]是以一个西方钢铁企业经营者的眼光来看待汉冶萍公司，从文章中可以看到他眼中的汉阳铁厂非常令人惊讶和佩服，尤其是他对中国工匠的描述，让人领略到几千年传统手工业文化熏陶下的中国工人的与众不同，这种中国化的特质在完全西式的汉阳铁厂的机械化生产中仍然凸现。而霍德[22]对汉冶萍公司的评述更为客观，他从技术经济的角度分别描述和评价了 20 世纪 20 年代初期的汉冶萍公司生铁冶炼、炼钢和轧钢等生产环节的情况，尤其是各环节之间生产规模和布局的不合理之处及其原因。

此外，大冶铁矿和萍乡煤矿都地处内陆，其开创初期经历了与地方乡土之间的各种矛盾磨合所带来的困难，这样的困难对于公司聘请的外籍技术人员来说是一种非常独特的经历。1913 年的英文杂志《远东评论》即以萍乡煤矿总矿师赖伦（Gustar Leinung）的经历为主要内容，以"The Pinghsiang colliery: a story of early mining difficulties in China"为题记述了这样的困难[23]，为后人展现了一幅20 世纪初乡土中国与西方工业化技术之间产生碰撞的图景。

第二阶段（1925 年前后至 1949 年）

1922～1924 年，随着炼钢炉和炼铁炉的相继熄火，汉阳铁厂停工，汉冶萍公司的命运成为了当时关注的焦点。

第一个全面分析汉冶萍公司面临的境况并提出系统拯救方案的，当数刘少奇。当时正在萍矿主持工人俱乐部工作的刘少奇为了贯彻中央"退却防御、看清环境、把握时机、采取灵活的斗争策略，保存力量、待机再起"的工会工作方针，在经过了充分调查研究之后，写下了《救护汉冶萍公司》和《整顿萍矿意见书》两篇文章。这两篇文章不仅在"文化大革命"期间，而且在当时也被一些工会干部说成是"右"的东西。但即使是在今天来读它，也能深刻感受到作者实事求是的专业精神。《救护汉冶萍公司》首先阐述汉冶萍公司存在的重要性："汉冶萍在东亚，它的存在比平常产业有更深几层的重要。它不独在国民经济上占了极重要的地位；且为发展东方'物质文明'之根据。"[24]接着从国际钢铁市场状况和汉冶萍公司经营办理不善两个方面来剖析汉冶萍公司面临的困境，之后对拯救汉冶萍公司使之继续存在提出自己的主张，最后提出，"以上几个办法若还不能办到，势必要出于破产停工，则其补救办法为使萍矿脱离三公司而独立"，[24]并说明了萍矿独立的六点可能性，称"当此救了娘娘救不了太子的时候，这亦还是一种悲惨的救护"[24]。刘少奇在《整顿萍矿意见书》[25]中，更为详尽地从经费、工程、员司、工人四个方面提出了整顿萍矿以扩充生产、增加收入的具体办法。其价值远在作为工人运动史料价值之上。

民国十六年（1927），刚刚成立的国民政府设立了汉冶萍公司整理委员会，胡庶华在当年 8 月发表了《整顿汉冶萍意见书》[26]，从收归国有、股本处理、债务处理、复工筹备、经费预算、出品支配、收入预算、扩充计划等 8 个方面陈述了整顿汉冶萍公司的设想。1930 年刘基磐发表了一篇更为详细的《汉冶萍煤铁厂矿整理及复工计划》[27]，他列举了公司营业失败的五大原因，即计划不周、外债过剧、合同约束、经营失宜和工程受欺，并用很大的篇幅来编写公司整理和复工计划。他把汉冶萍公司的复工分为两期，并从组织、工程、经费预算、成本、产品销售、收入分配、盈余等各个方面进行规划和测算，是一篇完整且专业的工程规划书。

值得注意的是，以上两人的计划都建立在将汉冶萍公司收归国有的基础上，可惜的是由于国民政府的财政窘迫和在日本人以军事威胁干预汉冶萍公司国有化的压力下，以上种种拯救规划均未能实现，汉冶萍公司最终沦为单纯为日本开采铁矿石的殖民地性的企业。但这些为挽救汉冶萍公司所写的文章，给后人留下了与汉冶萍公司密切相关的工业史、技术史等可贵的历史信息。

汉阳铁厂停工之后至抗日战争爆发之前，亦是出于日后整顿矿厂之计，一批矿冶学者，如董纶、孙健初、朱洪祖等均对萍乡煤矿或大冶铁矿进行过专门调查，并发表或出版了调查报告。[28~30]这一阶段的调查报告与早期李建德、顾琅等的相比，除了更为全面翔实外，更透着一种对惨淡经营之现状的深深无奈以及对其再次振兴的遥遥无期的期盼。正如朱洪祖在《江西萍乡煤矿》一书最后所言：

> 回忆萍矿过去三十余年之中，隆替兴衰、沧桑多变，不禁感慨系之，故于工暇之后，写成此文，目的在求唤起国人之注意，挽救此伟大的国产也。[30]

虽然承载着许多国人的期望，汉冶萍公司却再也没能振兴。当工程师们纷纷放弃了对它的关注时，社会学家和经济学家却来了。1938年社会学家吴景超在新经济半月刊上发表《汉冶萍公司的覆辙》[31]一文，第一次从经济学的角度来系统讨论汉冶萍公司的失败，这时作者已经完全把汉冶萍公司作为历史来看待，文章中已丝毫没有了上述期盼之情，有的只是经济学家在做个案研究时表现出的特有的理性。在他之后，以这篇文章为代表，"汉冶萍"研究已经由调查报告和计划方案等向纯经济学、史学研究方面转变了，如果说调查报告和计划方案等为技术史研究提供了第一手资料的话，那么此后的文章能给予的更多是学术思想的启示。

第三阶段（1949年至今）

当汉冶萍公司彻底退出历史舞台后，作为中国晚清至民国这段时期重工业发展的缩影，它自然吸引了当代历史学家的目光，20世纪80年代之前，当国内学者在不宽松的史学研究环境中只能对汉冶萍公司做片面的资料汇编时，以费惟恺、全汉升等为代表的海外学者纷纷以汉冶萍公司为个案来试图解读中国近代工业化艰难之谜，正如台湾学者全汉升所言："如果想在清末创办的各种工业中，找一个例子来说明中国在近代工业化进程中所面临的问题，或遭遇到的困难，我们可以拿制炼钢铁的汉冶萍公司的历史来加以研究。"[32]80年代之后国内学者亦加入了以汉冶萍公司为工业化个案研究的行列。

从20世纪50年代至今，以汉冶萍公司为个案进行的史学研究，大部分都关注汉冶萍公司所代表的中国近代工业化失败之谜，但不同时期、不同地域的学者们对这段历史的诠释理念有着很大差异，可以说，费惟恺（Albert Feuerwerker）（美国）、张国辉和代鲁（中国内地）、杰弗里（Howard Hornibrook Jeffrey）（美国）、全汉升（中国台湾）等的"汉冶萍"研究反映出几种典型的中国近现代史研究的理论模式。

费惟恺是最早以汉冶萍公司为个案进行中国近代工业化史研究的学者，作为费正清（J. K. Fair bank）的得意门生和后继者，他的研究秉承了第一代美国"中国通"长期奉行的理论模式——"西方冲击与中国反应"（western impact-Chinese response）模式，亦即"传统与近代化"模式。该模式假设：在 19 世纪大部分时间里，中国的历史就是在与西方的正面接触下，传统对现代的回应的历史。在此模式下，众多美国学者把"现代化问题"作为中国近代史的焦点问题，他们认为"西方扮演了使中国野兽重新变成人的美丽公主的角色"[33]，中国之所以没有实现现代化应归咎于中国自身独特的传统社会价值和制度等因素，而并非帝国主义的侵略等。上述观点在费惟恺的 China's Nineteenth-Century Industrialization：The case of the Hanyehping Coal and Iron Company，Limited[34]一文中非常突出。该文在简要概述了晚清的工业状况以及汉冶萍公司由盛到衰的历史之后，着重从晚清中国经济、社会的特点来讨论汉冶萍公司的失败。费惟恺认为尤其值得关注的是其建立了一个表面上先进得令人惊奇的完全西式的钢铁企业，却没有在根本的管理方面从制度上打破清代中国传统的模式。他进而从张之洞（1837～1909）① 创办汉冶萍公司的目的，张之洞、盛宣怀（1844～1916）② 管理下的汉冶萍官办和官督商办的组织形式和运行状况、企业决策等方面来说明中国近代工业化与其他国家的不同。在论述国外因素方面，费惟恺虽然也强调汉冶萍公司对国外市场和投资的过分依赖，使它受控于国际市场的变化和波动，但认为这种依赖只是企业微观层面上的，而外资几乎不可能触动中国宏观经济。最后，他强调帝国主义资本的影响对汉冶萍公司的失败来说并非根本的原因，最重要的仍然是在汉冶萍公司身上反映出来的晚清中国社会种种不利于工业化的传统特性。"汉冶萍的教训在于虽然帝国主义这匹恶狼的确臭名昭著，但首要的却是：谁让它进来的！"[34]

20 世纪 80 年代以后，以张国辉、代鲁为代表的国内学者也对汉冶萍公司进行了研究。他们在"现代化问题"上所持的观点与美国的费正清等人不同，可以视作为较为典型的"帝国主义理论"，也被称之为"帝国主义模式"（Imperialism Model）。该模式认为，中国社会经济内部固然有不利自身发展的障碍，但其主要障碍是来自于世界资本主义的侵华本质和帝国主义的外部影响。

张国辉的《论汉冶萍公司的创建、发展和历史结局》[35]一文，通过对汉冶萍公司三个历史阶段的系统阐述，来说明如何看待其历史结局，其中"汉冶萍公司的外债与日本势力对它的扼杀"部分的详细论述，表明了作者在汉冶萍公司失败原因这一问题上的鲜明立场："本世纪初，日本金融势力多次利用汉冶萍公司营运资本拮据的困难，想方设法，渗透侵略力量，严重损害了公司独立自主的地位，最后被迫降为日本实力的附庸而无法自拔。"[35]这种强调国外（日本）资本的侵略导致汉冶萍公司失败的观点，在 20 世纪国内学界颇为盛行，如代鲁的《从汉冶萍公司与日本的经济交往

---

① 张之洞（1837～1909），字孝达，号香涛，晚年自号抱冰老人，直隶南皮人。1881 年任山西巡抚，1884 年升任两广总督，1890 年任湖广总督，同时督办芦汉铁路，是汉阳铁厂，大冶铁矿的创办人

② 盛宣怀（1844～1916）字杏荪，号愚斋，止叟，江苏武进人。1870 年起充当李鸿章幕僚，上海轮船招商局，电报局，华盛纺织总厂，天津北洋学堂，上海南洋公学，中国通商银行，中国红十字会创始人。1896 年应张之洞之邀，主持汉阳铁厂，开发萍乡煤矿，创立汉冶萍公司。1896 年任中国铁路总公司督办，1907—1911 年任邮传部大臣，1896 至 1916 年，他一直是汉冶萍公司的掌管者

看国家近代化的政治前提》[36]一文，反驳了美国第一代学者的观点：

> 近代中国是一个半殖民地、殖民地国家，它是在西方和东方的资
> 本——帝国主义殖民侵略下被迫实行对外交往的，因此这种对外经济交
> 往既谈不上有任何平等，自然就没有什么互利可言，有的只能是各侵略
> 国家单方面的经济侵略利益。早些年有位美籍华人学者将上述众所周知
> 的普遍认识归结成为所谓"压迫论"，并对它提出全面否定的评价，这是
> 违背历史事实的。[36]

近年来，国内学者的研究从以一种立场鲜明的眼光转向了更为立体地去看待汉冶萍公司的历史，如陈强对汉阳铁厂官办到官督商办时期企业经营的研究[37]，把汉冶萍公司从官办到官督商办的历史与我国当代国有企业改革相类比，认为近代中国与当代中国的社会变革不无可比之处，这一观点被相当一部分中青年学者接受。此外，受传统治史方法的熏陶，国内一些研究较国外有更突出的考证史料的倾向，如袁为鹏关于汉阳铁厂布局的研究[38]，对张之洞选择汉阳为铁厂地址的决策的史料进行多方考证来寻找他决策的原因。

美国学者杰弗里近年来以近代萍乡煤矿为个案，对中国近代煤矿开采工业化的研究[39,40]，体现出美国第三代学者的中国近现代研究模式的特征，该模式被称为"中国中心观"（China Center）。其观点是：中国近代存在的问题，无论同西方有无关系，都是中国人在中国遇到的问题；因而构建中国近代史的主要模式，也应由中西文化冲突论转向中国历史根源论。在此观点下，美国的第三代学者更注重深入探讨中国的内部基因，把研究范围从空间上细分到市、县、镇甚至自然村，并把中国社会做不同阶层的纵向剖析，研究视野已延伸至下层社会的民众史和社会史。杰弗里的研究正是上述理念的体现。他认为费惟恺的"现代化"研究模式和马克思主义学者对萍乡煤矿工人运动的研究均没有关注工业化给当地民众带来的影响，而他主要探讨在这个工业化过程中的萍乡及其周边民众，描述从19世纪末到1920年这个煤矿的现代化进程给当地社会带来怎样的变化。与费惟恺不同，他的研究对象呈现出明显的层次化，即分为张之洞、盛宣怀等工业化领导者；以文廷式为代表的地方士绅阶层以及受工业化影响的广大当地农民和矿工，而且把士绅阶层和广大民众的命运作为其研究焦点，并强调了研究的区域特征，这正是美国第三代学者所提倡的"中国中心观"的特征。

值得注意的是，费惟恺和杰弗里两人在如何看待中国引进西方技术的工业化过程与传统社会文化秩序的关系这一问题上，视角正好相反。前者主要讨论传统社会文化对工业化的影响，而后者讨论工业化对社会的影响。这实际上反映出在对待"现代化问题"上，二者不同的立场，前者坚定地把现代化当成中国的归宿，后者只是把它视为一个过程。

以全汉升为代表的台湾、香港学者对汉冶萍公司也做了较系统的工业化或企业史个案研究，主要包括全汉升《汉冶萍公司史略》（1971）[32]、郑润培《中国现代化历程：汉阳铁厂1890～1908》（2002）[41]、林瑗森《中国近代企业史研究：汉冶萍公司个案分析》（2003）[42]。作为著名的近代史学者，全汉升很早就将汉冶萍公司纳入了其研究视野，他的《汉冶萍公司史略》以汉冶萍公司的三个时期为主

线（汉阳铁厂的官办时期、汉阳铁厂的官督商办时期、汉冶萍公司的商办时期），分阶段记录了公司发展的历史，并总结汉冶萍公司失败的原因。虽然其初衷亦是希望通过汉冶萍公司个案来看中国近代工业化的问题，但研究基本上没有超出企业史范畴。林瑷森和郑润培在全汉升研究成果的基础上从不同的角度更为详细地论述了汉冶萍公司的历史和经验教训，郑润培似乎受到费惟恺更多的影响，以汉阳铁厂官办和官督商办时期为讨论对象来诠释中国现代化进程，而林瑷森的研究集中在更微观的层面，从财务管理和企业管理两个方面来探究汉冶萍公司的失败原因。与费惟恺相比，三人的研究有着更系统的对国内史料的整理和应用，很少关注"汉冶萍"时期的社会文化背景，而是直接来考察汉冶萍公司的具体营运发展情况，更多的是站在一个企业的角度来诠释汉冶萍公司的失败。

第三节 小 结

百年来"汉冶萍"研究的丰富文献一度使笔者既兴奋，又不安。

兴奋的是汉冶萍公司虽然不是近代史研究的空白，但的确被中国近代技术史研究所忽略。而无论从史料还是从研究文献上看，汉冶萍公司的意义绝不仅仅在于为后人留下了一个中国近代工业化失败的经典案例，更在于它为我们展开了一幅中国近代全面移植西方钢铁技术的画卷。在这幅画中，有中国最早的钢铁一体化生产设备的成败得失，有第一代钢铁技术工人和工程师的曲折人生，还有第一个铁轨技术标准的难产，而所有这些故事是如何在清末民初如此动荡的政治格局中展开的，已有的研究从未关注过。这样的空白点，却是中国近代冶金技术史的研究不能忽视的，因为，这是一个时代的开端。这激发起笔者如即将去挖掘宝藏般的兴奋，但兴奋的同时，又非常紧张不安。不安的是技术史与其他史学研究一样，需要强有力的史料来支撑。而"汉冶萍"研究经过几代近代史学者的努力，其史料的整理和挖掘已经非常深入，但研究视角的不同让笔者的研究不可能停留在对已有史料的依赖上，那么，能否挖掘到足以支撑起这样一个技术史研究的史料便成为笔者最大的不安。

所幸的是，在众多老师、同行及朋友的帮助下，史料的收集工作得以一步步展开，无论是湖北省档案馆的汉冶萍公司档案，还是汉阳铁厂博物馆提供的原卢森堡籍工程师欧仁·吕柏（Eugene Ruppert，1864～1950）[①] 的回忆录，以及英国谢菲尔德（Sheffield）大学保存的第一代工程师的留学档案，更多的线索和史料在浩如烟海的老期刊文字中被找到，于是，一部伴随着汉冶萍公司的沉浮，近代中国人向西方引进和学习钢铁技术的历史图景逐渐在笔者眼前展开，如果说汉冶萍公司所走的近代钢铁工业化之路是失败的，那么，怎样去看待其同时展开的新式钢铁技术引进及其本土化之路呢？在工业化不成功的情况下，这样大规模的技术

---

① 欧仁·吕柏（Eugene Ruppert，1864～1950），卢森堡人，1886年考入德国亚琛综合工业学校，1890年获冶金工程师文凭，1894～1898年任汉阳铁厂高炉炉长，1905～1912年任汉阳铁厂总工程师，1912～1923年任汉冶萍公司顾问工程师及公司驻欧代表

移植给中国钢铁技术的发展史和中国社会带来了怎样的影响？这正是笔者的工作所要探讨的问题所在，也因此形成了本书的主要框架。

主要研究框架

本书以汉冶萍公司为对象，对中国近代早期钢铁技术移植进行实证性研究。研究将汉冶萍公司的史实分为三个时间段：①汉阳铁厂成立之前（19 世纪末）；②1890～1925 年，汉阳铁厂及汉冶萍公司时期；③1925 年之后的后汉冶萍公司时期。具体的研究内容如下：

1）19 世纪末中国钢铁技术与社会概况。这一部分旨在通过讨论汉冶萍公司之前土法钢铁技术与社会演变趋势，以及西方冶金技术知识的初步传入，阐明导致汉阳铁厂的兴建及其进行大规模技术引进的技术和社会条件。

2）1890～1925 年汉冶萍公司技术移植的史实研究。这是本书的主要部分。技术移植有两个层面的含义：一是技术引进，以设备的购置、设计、建设和投产为主；二是技术能力的本土化，包括本土技术人员、工人的获得，以及制度层面的建设等。因此这一部分研究分别在两个层面上展开。

3）后汉冶萍公司时期，汉冶萍公司技术移植对中国近代钢铁技术体系建构的影响。本部分研究基于这样的理念：技术移植是一个相对较长的技术建构过程，仅仅依靠一个企业不可能完成，因此应该把汉冶萍公司放在更长的时间段上，去讨论其技术活动对中国近代钢铁技术体系的构建有怎样的影响。

4）在上述研究的基础上，将技术移植个案放在"技术—社会"这样一个更宽的视野中，来探讨中国近代钢铁技术移植进程中的技术与社会之关系，着重讨论社会对技术移植的影响以及技术移植中的社会变迁。

第二章

19 世纪末中国的钢铁技术与社会

这些人是怀着忧郁的心情来端详我拿给他们看的英国的针的，因为他们当然心里明白，这种针比他们的要高明得多。

——李希霍芬

第一节　19 世纪末中国土法钢铁冶炼及其衰变

中国炼铁始于春秋以前，几千年来，中国一直是一个以铁器为基本生产生活工具的农业国家，铁的产地古时分布甚广，后因森林砍伐殆尽，燃料无从取之，到明清之际中国的土法炼铁中心逐渐向西部和南部转移，而山西因其易开采的"山西式铁矿"分布甚广[43]，加之用无烟煤做燃料的冶铁技术的发展，在清朝成为了最大产地。这一状况一直持续到 19 世纪末 20 世纪初。

中国制钢技术发明亦早，利用生铁制钢始于公元前 5 世纪。在长期的实践中，先后形成了炒钢、灌钢、苏钢等技术。至 19 世纪，以苏钢等法制钢的土法钢坊，仍然在安徽芜湖、湖南邵阳、湘潭一带盛行。[44]

一、19 世纪末中国土法钢铁业概况

(一) 技术

中国土法炼铁主要有两种方法：一是坩埚法炼铁，以无烟煤为燃料，山西的炼铁业即采用此法；二是土法高炉炼铁，大都以木炭或焦炭为燃料，该方法历史悠久，到清末一些省份如四川、贵州、湖南、河南等仍普遍用此法炼铁。

坩埚炼铁的方法，简而言之，即把铁矿石和无烟煤混合放入以耐火土制造的坩埚内，并将坩埚垒于炼炉之内，加热使之燃烧到一定时候，便可将铁水或铁块从坩埚中取出。

近代最早记录山西坩埚炼铁的学者是德国地质学家李希霍芬（F. V. Richthofen，1833～1905），他曾于 1868～1872 年受上海商会①的资助，在中国进行地质、地理等方面的考察，1870 年 4～6 月赴河南和山西两省，对山西泽州、平定等地的坩埚炼铁之方法有详细记录，并称"这里的炼铁方式看起来与欧洲高炉毫无相似之处"[45]。

1898 年英国学者肖克利（William H. Shockley）也曾到山西考察炼铁业（图 2.1），并对此法有类似的记录。[46]

（a）高平县的炼铁炉　　　　　　　　　　　（b）盂县的炼铁炉

图 2.1　近代山西高平和盂县的坩埚炼铁（1898）

这是 W. H. Shockley 1898 年在山西考察煤铁业时拍摄的照片。（b）前排坐者为 Shockley 本人

资料来源：William H. Shockley. Notes on the Coal-and Iron-Fields of Southeastern Shansi, China. Transactions of the American Institute of Mining Engineers. 1904

以木炭为燃料的方法，简而言之，均是以小炼铁炉炼之，生铁与渣滓同出一口，以人力或水力操纵风箱运动，此种方法在清末中国西部和南部很普遍，虽然炼铁炉的炉式各不相同，但方法是一样的（图 2.2）。

土法冶炼技术与近代西法冶炼相比，生产效率和冶炼质量上相差甚远。据肖克利的调查，山西盂县有铁炉 60 座，每年总生产能力约 4500 吨[47]。而同期英国新式炼铁炉每炉每年产量已达 19 000 吨[48]。此外，土法炼铁在铁矿石的耗费上也较新法大，据山西耿步蟾的考察，高平、晋城二县的铁厂每炉需矿石 1560 斤，仅能炼生铁百余斤[49]；而同期新式生铁冶炼每吨生铁消耗铁矿石 2～2.5 吨，即生铁产量为矿石消耗量的 40%～50%[50]。除了生产效率外，近代土法冶炼生铁的质量不高。表 2.1 为工业试验所沈步州以山西泽州大洋铁矿分别用土法和新法所产的生铁分析报告，可知山西土法所炼生铁与近代冶金学中所称的生铁相差较大。

表 2.1　山西土法生铁与新法生铁质量分数比较（单位：%）

生铁	铁	硅	锰	磷	碳（全碳）	硫
土法生铁	78.59	9.31	0	0.225	2.27	0.154
新法生铁	92.16	2.50	0.60	0.96	3.75	0.03

资料来源：丁格兰. 中国铁矿志. 农商部地质调查所 1923 年版②

---

① 上海商会是一个由在上海的外国商人组成的团体
② 此系丁格兰在《中国铁矿志》中引用沈步州的报告，报告原文未见

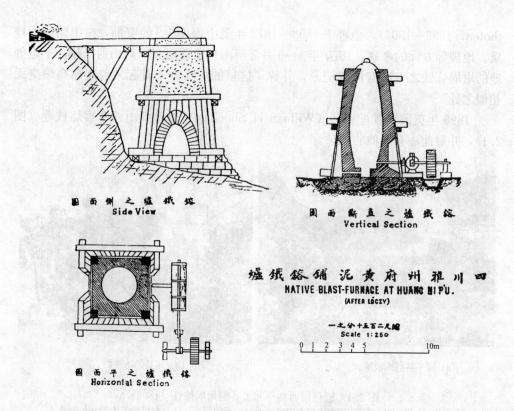

图 2.2　近代四川土法炼铁炉（Loczy L. Von 绘）

资料来源：丁格兰．中国铁矿志（下）．农商部地质调查所，1923

（二）产量

表 2.2 所列为民国五年（1916）北平地质调查所统计的各省土法炼铁的产量，这是至今所见近代最早的系统统计数据。

因受到进口钢铁和新式炼铁的冲击，这一统计数据已不能准确反映 19 世纪清朝时期的土法炼铁产量，但此时中国土法生铁之产出仍高于新法生铁（约 16 万吨），可见"中国土法炼铁尚能保持相当之地位，……此研究中国钢铁工业者不可不注意者也。"[51]此外，该统计仍能清晰地反映清以来中国生铁冶炼的区域分布，山西作为中国土法冶铁之中心，其生铁产量占全国的 41％，其次是西部和南部省份，山西、湖南、四川、河南、云南、贵州等生产了全国 93％的土法生铁。

表 2.2　民国五年各省土法炼铁产量（地质调查所统计）（单位：吨）

	采用铁矿	生铁产量
山西	210 000	70 000
湖南	106 000	35 000
四川	71 000	23 700
河南	36 000	14 400
云南	28 000	9 300
贵州	18 000	6 000
福建	5 500	2 600
安徽	6 100	2 400
奉天	5 500	1 700

	采用铁矿	生铁产量
江西	4 500	1 400
陕西	3 700	1 200
广西	3 200	1 060
湖北	1 500	870
广东	1 650	550
甘肃	1 200	400
浙江	300	100
合计	502 150	170 680

资料来源：黄金涛. 中国钢铁工业之现状及其自给计划. 中国工业自给计划. 中华书局, 1935年版, 60页

(三) 市场及用途

我国近代土法所产钢铁多用于农具和家用器具等，如以生铁制造的锅、犁、锄、轮、轴、炉、钟等，以熟铁和钢制造的刀、剪、斧、锯等。除农业外，一些地区特色产业所用的铁制工具，也成为当地土法炼铁的主要市场，如四川盐井[52]，以及南方土法甘蔗制糖业所用的铁锅[53]。

在生产和市场方面，19世纪的土法钢铁制造业具有以下一些特点：

一是制造区域相对集中，以北方的山西、河南，西南的贵州、四川、云南，以及较早时期的广东佛山等为主要的产区。在这些区域，炼铁和制铁业一度成为最重要的产业，是当地居民的主要经济来源，此在山西尤为突出。肖克利在其对山西煤铁考察的报告中分别对盂县、平定、荫城、高平、泽州、阳城、沁水、太原等地的冶铁业生产状况有较系统的记录，如关于荫城，他写道：

> 这个忙碌的小城是该地区制铁业的中心。附近有很多炼铁炉，且高平出产的生铁和熟铁也被送到这里进行加工。我们没有这一城镇人口的具体数据，我估计大约有5000人，所有的居民都从事铁业。照他们自己的话说："我们靠铁吃饭。"[54]

广东乾隆年间佛山忠义乡制铁业兴盛。

> 惟铁锅铁线物之成于冶者，则此乡所独。铁锅有牛锅、鼎锅、三口、五口之属，以大小分；铁线有大缆、二缆、上绣、中绣、花丝之属，以精粗分；锅贩于吴越荆楚而已，铁线则无处不需，四方贾客各辇运而转鬻之，乡民仰食于二业者甚众。[55]

二是相对集中的生产面向的是地域广阔的市场。例如，山西之铁供应整个华北"用于制成各种器具，其中最重要的是厨房用之大铁锅，山西铁锅在整个华北地区随处可见，并远销到满洲"[56]。而广东之铁器销往江苏、浙江、湖北、湖南，甚至东南亚等地。

三是虽然市场地域广阔，但当时土法钢铁制品满足的是农业经济下对铁器的基本需求，因此在数量和质量上均无太高要求，这是当时单位生产规模不大的土法钢铁工业可以满足的。

二、传统农业经济下的土法钢铁技术与社会

长期以来，中国始终是一个以农业为主的经济体系，这是一个自给自足的乡

村经济模式，中国土法钢铁业作为这一经济系统中的一部分，体现出乡村经济模式下的技术与社会的显著特征。

从技术上说，由于中国土法钢铁是农业生产生活用具的主要材料之一，土法钢铁技术就成为以"木、水、铁"三大要素为支撑的农业经济之技术体系的重要一环。由于乡村经济对铁器质量和规模无过高需求，使得土法钢铁冶炼在技术上长期维持在原有水平。

从社会的角度说，19世纪之前，包括土法钢铁冶炼在内的农村工业已经成为维持传统农业经济中最重要社会关系——地主与佃农之间关系的关键因素，使乡村经济和社会模式得以持续。在中国传统的农业经济中，包括钢铁业在内的传统工业，均由农民进行，明清以后，随着人口持续增长，依靠租地耕作为生的农民在向地主缴纳地租之后，其在土地上的收入往往不足以维持其基本生存[57]，这时乡村工业就成为补充农民收入、维持乡村经济的重要环节。正如费孝通先生所说："中国从来不是一个纯粹的农业国家。"[58]铁制用具既然是生产生活的必需品，在矿石和燃料资源相对充足的地区，如山西、湖南等，土法钢铁业也就自然成为当地农民的重要经济来源之一。湖南巡抚陈宝箴曾奏略称："湖南山多田少，物产不丰……其中煤铁所在多有。小民之无田可耕者，每赖此以谋衣食。"[59]在这些地区，规模小而简易的土法钢铁业帮助农民维持了其基本的生存。更进一步地，正是有农村工业的存在，阻止了在土地资源与人口矛盾加剧的情况下地主和佃农的严重冲突，维持了基本社会关系的稳定，使自给自足的乡村经济能够长期存在。

三、19世纪末炼铁业之衰落

19世纪下半叶，随着清政府被迫开放国门，外洋钢铁制品逐渐进入中国，此时正值工业革命之后，欧洲钢铁生产迅速规模化，钢铁制品成本持续下降。质量和成本均占优势的进口钢铁制品的涌入，对中国传统钢铁行业造成前所未有的冲击。由图2.3可见1867[①]～1900年中国钢铁进口量总体上呈显著增长态势。

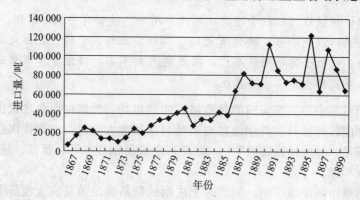

图2.3　1867～1900年钢铁进口量

资料来源：根据 Diplomatic and Consular Reports on Trade and Finance, China, Report for the Year 1867～1900, London 有关内容整理

---

① 1867年为中国有正式进口统计的开始

广东的钢铁市场最先受到冲击，早在1750年，一艘法国船只在广州卸下了30吨铁，之后几十年，法国人、荷兰人和瑞典人陆续将钢铁运往广州。19世纪上半叶，钢铁已成为英国东印度公司运往广州市场的主要商品之一，而进口钢铁已成为广州市场的重要商品。[60]在此情况下，广东的制铁业迅速衰落。例如，佛山铁锅行："土炉前有三十家，今仅存十余家；锅店前有十余家，今仅数家"，佛山铁砖行："前有十余家，今则洋铁输入遂无此业此者矣"，铁线行："式式俱备，销行内地各处及西北。江前有十余家，多在城门头、圣堂乡等处。道咸时为最盛，工人多至千余，后以洋铁线输入仅存数家。"[61]

山西铁业亦未能幸免。李希霍芬于1870年考察估计山西年产铁16万吨[62]，至1898年肖克利再度考察时，估计其年产铁仅为李希霍芬时期的三分之一，约5万吨。对于他与李希霍芬数据之间如此大的差距，肖克利认为因洋铁输入导致山西炼铁的衰落，因此这一差距是合理的："据泽州的地方官员称，这一地区目前的产铁量只是三十年前的四分之一，三十年前正是李希霍芬考察期间（1870～1872），如果山西其他地区铁业衰退状况亦如此，那么我和李希霍芬的估计便都是合理的。"[63]民国时期《中国实业志：山西省》关于晋城县的土法炼铁亦有此记述："前清道光年间，其业（土法炼铁）甚为发达，全县炉数，计千余座之多，光绪初年，民遭大侵，地方凋敝，炉数顿减过半。"[64]

从西方来的进口钢铁直接导致土法钢铁业的衰落，更重要的是使这些地区农民的收入急剧减少，使他们面临贫困和破产的威胁。1870年，李希霍芬到山西，已经感受到那里的乡民们所面临的生存危机：

> 在大阳地方的无数人家里也是经营各种小的铁工业部门，特别是铁丝和针。……但在几年前，中国人认识到了欧洲的产品，这种光滑而又坚硬的洋针自然是很快地夺取了市场。当我来在此间的时节，世代相传从事此工业部门的一些家庭正在趋向于没落。尽管是人们极度地辛勤，到底还是不能够使价格降到每九十枚售五十文以下。……这些人是怀着忧郁的心情来端详我拿给他们看的英国的针的，因为他们当然心里明白，这种针比他们的要高明得多。[65]

在此情况下，地主和农民之间的经济矛盾开始显现。一方面，地主乡绅仍然需要收取地租；另一方面，由于传统工业收入的减少，农民如果付租的话，将面临饥荒。正是"外国工业的侵入废除了农村手工业，打乱了传统机制"[66]，而农村手工业这一重要齿轮的脱落，使农民和地主乡绅之间的社会关系开始恶化，中国维持了上千年的农业经济系统和社会生活模式受到严重冲击。

四、小结

直到19世纪，中国社会还始终是一个以农业为主的经济系统，长期以来，木、水、铁三大要素构成了维持这一系统运行的稳定的技术体系。[67]中国土法钢铁制造业作为这一体系的一大要素，在长期供需平衡之中维持了上千年。虽然燃料的消耗导致传统炼铁业在地域上的转移和集中，但从供应和需求上看，二者之间的平衡并未从根本上被打破。土法炼铁技术也在这一平衡体系中长期停滞。

土法钢铁业与其他乡村工业一起，作为自给自足的农业经济社会系统中的一个重要齿轮，起到了维持传统农业经济和社会关系的关键作用。

19世纪进口钢铁的输入极大地改变了中国社会钢铁制品的供给状况，土法炼铁与农业经济之间的供需平衡被彻底打破，导致中国传统钢铁业的衰落。

西方工业品给中国社会带来的不仅是传统工业的衰败，也带来了整个农业经济社会系统的衰落，并直接推动了中国现代钢铁工业的诞生。

第二节　中国社会对西方钢铁技术的初识

19世纪下半叶，不仅西方钢铁制品进入中国，冲击着土法钢铁行业，随着洋务运动的兴起，西方近代钢铁技术知识也开始进入中国人的视野。在汉阳铁厂建立之前，中国人是通过以下两种渠道开始接触西方钢铁技术知识的：一是早期洋务企业尤其是军工企业中以钢铁为材料的产品生产，如枪炮船只；二是与洋务企业同时兴起的译书。

一、早期洋务企业的钢铁制造

19世纪中叶，受到第一、二次鸦片战争和太平天国、捻军打击的清政府感受到前所未有的生存危机，以奕䜣（1832～1898）、曾国藩（1811～1872）、左宗棠（1812～1885）、李鸿章（1823～1901）等为代表的洋务派提出为维护清政府的统治应该兴办"洋务"新政，以实现巩固国防的目标。创办新型的军事工业是洋务运动的主要任务之一，从1861年起，一批学习和使用西法制造武器装备的军事企业纷纷建立。其中规模较大的有李鸿章于1865年创办的江南制造局（图2.4）和金陵制造局，以制造枪炮等军火为主，前者还制造轮船；1866年左宗棠在福建创办的福州船政局，专造轮船；1866年三口通商大臣崇厚办的天津机器局，主要制造枪炮等武器。

无论是枪炮还是轮船，这些企业的产品都少不了以钢铁为材料，都需要建立与之相关的钢铁制造设施。由于钢铁不是其最终产品，且限于资源和技术等因素，这些企业的设施主要以钢铁成型为目的，如铸造厂、拉铁厂、熟铁厂等。江南制造局和天津机器局在1890年以后还添建了炼钢厂，成为中国最早用西法炼钢的企业。表2.3所列为这四个军工企业拥有的钢铁制造设施。

表 2.3　中国近代主要军工企业的钢铁制造设施

	厂名	兴建时间	主要设备
江南制造局	铸铜铁厂	同治四年（1865）至同治六年（1867）	磨砂机1部、熔铜炉2座、熔铁冲天炉3座、翻砂模箱等
	熟铁厂	同治四年（1865）至同治六年（1867）	二十马力和三十马力汽炉各1座、进炉水抽2具、大小汽锤3具等
	炼钢厂	光绪十六年（1890）至光绪十九年（1893）	三吨炼钢炉2座，化铁炉2座，炼罐子生钢炉一座，打铁炉3座，各式轧、压、锯、剪钢材之设备，汽机等
金陵制造局	铸铁厂	约同治四年（1865）	
	熟铁厂	约同治四年（1865）	

续表

	厂名	兴建时间	主要设备
天津机器局	铸铁厂	同治五年（1866）至同治十一年（1872）	
	熟铁厂	同治五年（1866）至同治十一年（1872）	
	炼钢厂	光绪十七年（1891）至光绪十九年（1893）	西门子炼钢炉及其配套设备
福州船政局	锤铁厂	同治五年（1866）至同治十年（1871）	300～7000 公斤铁锤 6 个，大炼炉 16 座，小炼炉 6 座
	拉铁厂	同治五年（1866）至同治十年（1871）	炼炉 6 座、展（轧）铁机 4 座
	铸铁厂	同治五年（1866）至同治七年（1868）	铸铁炉 3 座
	打铁厂	同治五年（1866）	炼炉 44 座、3000 公斤铁锤 3 个

资料来源：魏允恭．江南制造局记．1905；孙毓棠编．中国近代工业史资料．第一辑（1840～1895）．科学出版社，1957；沈传经．福州船政局．四川人民出版社，1987

炼钢厂　　　　　　　　　　　　　　　　　轧钢机

图 2.4　江南制造局炼钢厂及轧钢机

资料来源：上海市档案馆．档案 1-11-1-3-36，39

这些企业的生产至少从两个方面让中国人对近代西法钢铁制造有了初步认识：

一是已经采用西方机械手段来进行钢铁成型加工，主要为铸造、轧制和锻造等，虽然尚未接触到近代新式生铁冶炼设备和技术，但通过钢铁成型加工的实践，对现代军事武器所需的钢铁材料的特性有了认识，也逐步了解到近代西法钢铁制造与中国土法之差异。如福州船政局虽然未设生铁冶炼厂，但左宗棠在 1866 年关于设立船政有关章则的奏折中已提及西法炼铁的必要：

> 宜讲求采铁之法也。轮机水缸需铁甚多。据日意格云，中国所产之铁（矿）与外国同，但开矿之时熔炼不得法，故不合用。现拟于所雇师匠中择一兼明采铁之人，就煤铁兼产之处开炉提炼，庶机省费适用。此事须临时斟酌办理。[68]

二是在生产中培养了最早接触西法钢铁制造的技术工人。江南制造局熟铁厂、铸铁厂以及后来的炼钢厂雇用的工人总数达 418 人[1]。1881 年天津机器局雇用的工

---

① 根据魏允恭《江南制造局记》（1905）有关资料统计

人亦有 200～300 人，当时杂志《捷报》称："此地从事制造品质优良的火药和军器——包括枪弹炮弹和水雷。它已训练出一批木工、金工、铁工等技术工匠。"[69]

值得一提的是，福州船政局从 1875 年开始派出四批共 88 名学生赴英法学习造船、驾驶等技术。其中，九人所学与钢铁冶炼和矿务相关（表 2.4）。虽然这些学生接受的不是系统的学位教育，但通过在欧洲的企业和学校的学习和实践，他们成为了当时洋务企业中少数知晓西方冶金知识的中国人。正是由于此，1890 年张之洞筹办汉阳铁厂需要矿务人才之时，首先想到的就是向福州船政局借人：

> 湖南煤铁各矿甚多而佳，拟勘明用机器开采。外洋矿师不便赴湘，
> 拟派中国熟习矿务，化学之员前往查勘。尊处出洋诸生有精于此学者，
> 请选拔数员来鄂。薪水由公酌议，并代付盘费。[70]

张金生、池贞铨等因此被张之洞聘到湖北，参与了为筹建汉阳铁厂而进行的铁矿勘查。

表 2.4 福州船政局第一届出洋学生中学习钢铁冶炼及矿务的学生

	学习时间	学习地点	学习内容
林怡游	1877～1880	法国多朗官厂和仙笞佃洋枪厂	轮机、冶炼、洋枪
池贞铨	1877～1880	法国科鲁苏尼民厂、巴黎矿务学校、德国冶次矿局	采铁炼钢
林日章	1877～1880	同上	矿务、轮机
张金生	1877～1880	同上	矿务
林庆升	1877～1880	同上	采铁炼钢
罗臻录	1877～1880	法国仙笞官学、巴黎矿务学校、德国冶次矿局	矿务
刘懋勋	1877～1880	法国白海士登官厂、多朗官厂、马赛铸铁厂	铸铁
王桂芳	1877～1880	法国仙萨穆铁厂、塞隆艺校、白代果炼铁厂	炼铁、熔铜、五金化验
任照	1877～1880	同上	冶炼、铁胁铁甲制造

资料来源：附录："各界出国留学生一览表". 沈传经. 福州船政局. 四川人民出版社，1987

除军工企业外，1885 年贵州巡抚潘霨获清廷批准，在贵州镇远的清溪镇开办了我国第一个新式铁厂。铁厂于 1886 年开始筹建，因潘霨之弟潘露在江南制造局多年，精于西学，因此被调至贵州督办铁厂。铁厂机器设备由英国谛塞德（Teesside）地区购进，大约于 1889 年建成，1890 年投产。

建成之后的清溪铁厂拥有一座日产 25 吨的炼铁高炉（图 2.5），两座容积为一吨的贝塞麦炼钢炉，炼熟铁炉 8 座，以及轧条机和轧板机等设备。[71]但铁厂投产后一个月，主要管理者潘露就积劳而亡，高炉也事故频发，无法正常生产：

> 1884 年①高炉曾经在火灾中被烧毁，重新建造的新高炉在当地的居民
> 为平息龙神的怒气而进行的 24 小时不间断庆典之后，又一次爆炸被毁。
> 在高炉被毁之后，人们花费了许多时间进行重建。然而出铁口因此堵塞，
> 炉渣出口也一样。人们尝试了许多办法，但最终所有方法都宣告无效。
> 在此情况下，铁水和炉灶"凝塞炉窍"，铁水不能畅出，导致了高炉爆炸
> 一次又一次的发生。铁石和炉渣直接接触高压喷射的冷却水，使得高炉
> 内部火花四溅，直接引发爆炸。当地的人们将这一系列的爆炸看做是家

---

① 因铁厂于 1889 年才建成，此处疑为作者欧仁·吕柏（Eugene Ruppert）之笔误

乡龙神降下的惩罚，出于恐惧，他们四散逃开，等待着龙神的愤怒平息下来。之后很长时间，一直没有人敢靠近所谓"愤怒的龙神"，直到1896年才有人敢去对高炉进行清理。[①]

至此，铁厂在还未来得及制造出像样的钢铁成品之时，就画上了句号。

图 2.5　清溪铁厂之炼铁高炉

资料来源：吕柏. 中国的采矿业与钢铁工业（照片由徐庆沅拍摄）

注：徐庆沅，字芝生，1886 年被任命为清溪炼铁总局帮办，据吕柏记述，曾被派往英国学习钢铁厂业务，1897 年调入汉阳铁厂，吕柏回忆录中关于清溪铁厂的情况来自他的讲述

二、译书

洋务企业的开办使学习西方制造技术成为迫在眉睫之事，而介绍相应学科的中文图书几乎是一片空白，在此情况下，译书成为了又一重要的洋务活动。1868 年创立的江南制造局翻译馆是近代最重要的科技翻译者，近半个世纪译书 234 种，涵盖了科学、技术、医学、文史等西方近代多个学科。其中，矿冶方面的书籍约 15 种。这些书籍亦是中国最早关于西方近代矿冶技术的译书，西方钢铁冶金知识也随着译书的出版进入了国人视野，表 2.5 所列为 1900 年之前与钢铁冶金相关的译书。

表 2.5　与钢铁冶金有关的近代译书（1900 年之前）

译书名	著者	译者	出版情况	内容	备注
金石识别	美国，J. D. Dana（代那）	玛高温口译，华蘅芳笔述	1872 年江南制造局本；1899 年富强丛书本	分十二卷论述各种矿石的分类特征和识别方法，其中卷六论及铁矿石	英文原版为：Manual of Mineralogy. New Haven：Durrie & Peck. Philadelphia；Peck & Bliss. 1855
冶金录（上中下）	美国，Frederick Overman（阿发满）	傅兰雅口译，赵元益笔述	1873 年制造局本二册；矿务刊刻本；矿务五种本；1896 年西学富强丛书本；1899 年富强丛书本	以铸铁技术为内容：上卷论范模法及器具材料；中卷论熔铸事；下卷论金类杂质范铸诸事	英文原版为：The Moulder's and Founder's Pocket Guide. Philadelphia：Carey & Hart. 1851

---

① 这段文字译自汉阳铁厂总工程师吕柏的回忆录之一《中国的采矿业与钢铁工业》，原文为德文。吕柏根据其在中国的经历撰写了大量的回忆录，回忆录由卢森堡国家历史和艺术博物馆整理收藏，湖北武汉张之洞与汉阳铁厂博物馆藏有其复印本

译书名	著者	译者	出版情况	内容	备注
宝藏兴焉之六：炼钢铁法十五卷	英国，William Fairbairn（费尔奔）	傅兰雅口译，徐建寅笔述	1874 年江南制造局本；1897 年上海六合局矿物丛钞本	以钢铁冶炼为内容，分十五卷说明炼铁历史、铁矿和燃料、炼铁、熟铁锻造、炼钢、钢铁强度和化学特性以及钢铁企业等方面的技术理论	英文原版为：Iron, Its History, Properties, and Processes of Manufacture. Edinburgh: Adam and Charles Black. 1861
历览英国铁厂记略	英国，傅兰雅	徐寿笔述	1881 年江南制造局本	记述作者 1873 年在英国考察的钢铁厂情形	原文由傅兰雅用英文撰写
炼钢要言	不详	徐家宝译述	1896 年制造局本；上海石印矿务五种本；1899 年富强丛书本	介绍坩埚炼钢、西门子炼钢、转炉炼钢法，以及钢铁含异质不同之特性，英国试验钢铁的方法等	
求矿指南	英国，John W. Anderson（安德孙）	傅兰雅口译，潘松笔述	1899 年江南制造局本；1901 年富强丛书续辑本	分十卷介绍探矿方法、各种矿石的特性及试验法，卷五论及铁矿	

资料来源：王韬等 . 近代译书目 . 北京图书馆出版社，2003；江南制造局翻译馆 . 江南制造局译书提要 . 1909；魏允恭 . 江南制造局记 . 1905；王扬宗 . 傅兰雅与近代中国的科学启蒙 . 科学出版社，2000

早期冶金译书虽然数量不多，但内容上已经涵盖了采矿、生铁冶炼、炼钢等主要方面，从书源上看，所译之书并非科普读物，而是业内专家之专业著作，有较高的学术价值。其中，最典型的是《宝藏兴焉》之六：炼钢铁法（亦称造铁全法）（图 2.6），该书译自英国著名工程师费尔奔（William Fairbairn，1789～1874）爵士的著作 Iron, Its History, Properties, and Processes of Manufacture。费尔奔是英国 19 世纪最伟大的工程师之一，是英国工业革命时期机械化生产的重要推动者，他也是一名冶金专家，大英百科全书中关于铁的论述就出自他的笔下[72]，江南制造局的这本译书是他晚年出版的一本关于钢铁冶炼的专业书籍，原书共 273 页分 13 章系统论述了包括矿石原料、燃料、炼铁、炼钢等各环节的技术，对于时人系统了解钢铁冶金技术很有帮助。徐维则在 1902 年的《增版东西学书目》中称："译矿学之书以此本为最要。"[73]

此外，译书的销售情况颇为乐观，文人和各大书院均愿购买："局中之书，为官绅文士购存者多，又上海、厦门、烟台之公书院中亦各购存。""察所销售书籍已数万余，可见中国皆好此书。"[74]也许正是因为 19 世纪后期中国社会这一股西学热潮，热销的译书被多次出版，包括冶金在内的各种近代技术知识也就通过这样的渠道被晚清各大通商城市文人所了解。

对于同期洋务企业的实际生产而言，这些译书发挥的作用似乎不大："局内有译书馆已设多年，教习造船或造船汽机或兵戎等法，惟不用局中所刊之书。"[74]其实无论是钢铁制造还是其他，一种源于异地的工业技术是不可能依靠译书这样的形式真正实现移植的，尤其是在晚清这样一个缺少有利于工业技术生根发育的土壤的社会，即使译书本身内容很好，其对于当时生产制造所能发挥的作用也非常有限。

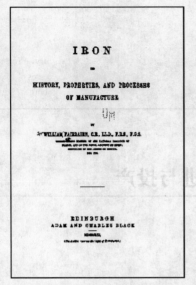

图 2.6 《宝藏兴焉》第六册英文原版（1861 年）封二与中译本（1874 年）第一页

但无论如何，通过这些译书，使得现代冶金知识的传播在汉冶萍公司之前就发生了。

三、小结

洋务运动创办的造船、军工企业，导致中国社会对新式钢铁材料的极大需求，彻底改变了土法钢铁业与农业经济之间维持了上千年的供需平衡。

更重要的是，洋务企业开始运用西方机械化方法来加工钢铁材料，与之相关的译书活动也开始展开，使中国社会开始接触和认识到西方钢铁技术，从而在一定程度上培养了社会对新式钢铁技术的认同感。

在上述两种趋势的作用下，19 世纪末的中国社会已经到达了一个临界点，形成了建立新式钢铁企业的迫切需求。从理论上说，一个较成熟的市场经济社会在此时会有企业家（entrepreneur）的出现，带来创新行为，并有办法承担因创新而导致的高风险。但这不适用于清末中国，而湖广总督张之洞（1837～1909）作为一个活跃的洋务官员，既深切感受到建立新式钢铁业的迫切需求，又有魄力去做这样的事情，于是就有了汉阳铁厂规模宏大的建设，可以说，张之洞充当了理论中的"企业家"这一角色。

第三章
汉冶萍公司的设备引进与投产

如果中国在这条道路上一直稳步向前发展——就像50年前的日本那样的话，今时今日便很有可能完全是另外一个情况。但官僚社会里标志般的不诚实性、黑暗性及其对任何形式的扩张所表现出来的强烈欲望，都深深地阻碍了政府企业的发展。数量庞大的原本用于购置生产用设备的钱财源源不断的流入了官僚们自己的腰包，与此同时，稍微显现了一丝光明的将来也随之消逝在了他们的阴影之下。

——欧仁·吕柏

汉阳铁厂的筹建始于1889年，时任两广总督的张之洞深感进口洋铁对中国传统炼铁业造成的冲击，认为只有仿照西方开办新式铁厂，方能解决"土货日少，漏溢日多"的危机，"在我多出一分之货，即少漏一分之财，积之日久，强弱之势必有转移于无形者。"[75]在此洋务思想下，张之洞开始筹建铁厂。

由于当时的中国没有任何现代钢铁冶金工业的技术基础，缺乏熟知现代钢铁技术知识的专业人员，因此铁厂从筹建起就开始了一个单向的技术引进的进程，这包括铁厂设备的购置、铁厂的设计和建设。

第一节　汉阳铁厂第一批设备的购置和建设（1889～1893）

一、设备的购置

汉阳铁厂是先订购机器再进行选址和设计建设的。1889年3～4月，张之洞便分别致电驻英国、法国、意大利、比利时四国大使刘瑞芬（1827～1892）① 以及驻

---

① 刘瑞芬（1827～1892），字芝田，早年入李鸿章幕府，1876年代理两淮盐运使，1885年出使英俄等国，后改任英法意比四国大使。1889年被召回广东任巡抚

俄罗斯、德国、奥地利、荷兰四国大使洪钧（1839～1893）[①] 二人，告之拟在粤设铁厂，请他们代查订购铁厂机器的价目："粤多铁矿，质美价廉，惟开采煎炼未得法，故销路甚隘。请查开铁矿机器全副需价若干？炼铁厂将生铁炼熟铁，将铁炼钢，兼造钢板、钢条、铁板、铁条及洋铁针，并一切通用钢铁料件，需用机器约价几何？粤拟设炼铁厂，请详询示复。"[76] 刘瑞芬于 1889 年 6 月 5 日回复："询明炼铁厂炼熟铁、炼钢、压板、抽条机器、炉具各件，价共需英金二万五千十九镑，运保费在外，十二个月交清。每礼拜出铁二百吨。"[77] 之后张之洞又让刘瑞芬查英国最大铁厂机器若干副，日可出铁若干吨，刘回复说英厂一炉每礼拜出铁六百吨，张之洞即决定以每日出铁百吨的生产量订购铁厂设备。刘瑞芬于 1889 年 10 月 2 日电告张之洞已向英国的谛塞德公司订立合同并付定银，这便是张之洞订购的第一批铁厂设备。

这批设备包括了从炼生铁厂到炼熟铁厂、炼钢厂、轧钢厂在内的全套设备，主要设备有炼生铁厂的两座日产 75 吨的炼铁高炉、炼熟铁厂的 20 座搅炼炉（炉栅表面为 1200/1900 毫米，炉底为 1200/1500 毫米）、西门子-马丁炼钢厂的一座 12 吨平炉、贝塞麦炼钢厂的两座 5.5 吨的贝塞麦转炉以及轧钢厂的两条生产线，一条是铸锭生产线和钢轨生产线，配备有可逆轧钢机；另一条是薄钢和钢板生产线，拥有一个 1800 马力的垂直双向轧钢机。[②]

为张之洞提供这批钢铁厂设备的企业正是若干年前（约 1886～1887）为贵州清溪铁厂提供设备的英国"谛塞德厂"，据薛福成的《出使英法义比四国日记》记载：

> 贵州潘伟如中丞，前年在谛塞德厂订购熔炼矿铁机炉全副，计价英金六千八百三十五镑；又另订炼贝色麻钢炉价一千九百二十七镑，又订轧造钢铁条板机床，价一千四百七十五镑；又订轧造钢铁条板所用汽机等件，价二千三百七十三镑。[78]

吕柏在其回忆录中亦称：

> 当张之洞想要通过实施他美好的采矿业和金属开采计划使得中国变得强大起来的时候，他来到了位于米德尔斯伯勒的 Teesside 公司，并在那里定购了跟当年在贵州省投入使用的同样的一套冶铁设备。唯一的区别在于，他所定购的设备均按照他的要求加大了两倍的强度。[③]

由于替张之洞订购设备的刘瑞芬早在 1885 年即被委任为驻英等国大使，而清溪铁厂也正是在这个时候开始筹建的，由此可以推测他参与了清溪铁厂设备的订购，也许因为有了第一次订购的经历，他就很方便地向同一家企业为张之洞订购了设备。

根据 1891 年英国议会报告中汉口商业贸易部分关于汉阳铁厂建设的叙述，"谛塞德公司"应该是 Tees-side Engine Company of Middlesbrough。[79] 据考证，位于英国北部地区米德尔斯堡（Middlesbrough）提斯（Tees）河畔的谛塞德是 19 世纪

---

① 洪钧（1839～1893），字陶士，号文卿。同治年间中状元，任翰林院修撰。1881 年任内阁学士，官至兵部左侍郎。1889 年至 1892 年任清廷驻俄、德、奥、荷兰四国大臣

② 根据吕柏的《中国的采矿业与钢铁工业》有关资料整理

③ 吕柏. 中国的采矿业与钢铁工业

中叶兴起的工业区，1851 年邻近的克里夫兰（Cleveland）地区伊斯顿山（Eston Hills）的铁矿被发现和开采，再加上提斯河便利的交通，导致米德尔斯堡炼铁工业的兴盛，并带动了提斯河两岸地区的蒸汽机车、工程制造、造船等一系列相关产业的发展。"谛塞德公司" 1865 年由机车制造商 Gilkes Wilson & Co 和制铁企业 Hopkins & Co 合并成立为 Hopkins & Gilkes Ltd，1875 年更名为 Tees-side Iron and Engine Works Company Limited，以钢铁、机车制造和其他与钢铁企业有关的工程制造为主要业务。19 世纪后期正是该公司的兴盛时期，刘瑞芬向该厂寻求铁厂设备制造也就不足为奇了。

二、选址

订购铁厂设备的同时，张之洞于 1889 年 4 月奏请修建芦汉铁路（今卢沟桥至汉口），同年 5 月，清廷颁发上谕，批准芦汉铁路的修建。8 月，清廷派调任湖广总督的张之洞与直隶总督李鸿章，会同海军衙门筹建芦汉铁路。[80] 张之洞认为："修铁路必先造钢轨"[81]，因此决定将向英国订购的这批设备移至湖北，并择定在汉阳的龟山（大别山）脚下，汉水南岸的一片滩涂地上修建铁厂。

张之洞的这一选址招致了众多的批评，通常认为这一选址错在两点，一是这是一块常年受长江汉水的洪水威胁的滩涂地，因此需要耗费巨资深挖地面之后夯实筑高地基，徒费建设成本；二是此地距铁矿和煤矿原料地均远，会增加成本。后人认为这又是他对冶金知识的无知而失策的表现[82,32]。其实从其后铁厂运营的技术经济的角度来分析，其错并不主要在这一选址上①，即便是这一选址使铁厂付出了一定的代价，这样的代价也是难以避免的。因为张之洞面临的是一种两难的决策境地，他于 1890 年农历 5 月 27 日收到蔡锡勇（1847~1897）② 转达总工程师贺伯生（Henry Hobson）的不同意见：

> 新到匠头贺伯生意以汉阳地段虽可填筑，究不如实地之佳，请自省至黄石中间一段另觅高地，相距虽远，轮船一日可达，照料尚无不到，不必拘定省城。[83]

同年 7 月，在他给海军衙门的电函中阐明了选址理由：

> 气局宏阔，亦无庐墓，与省城对岸，可以时常亲往督察又近汉口将来运销钢铁货亦便。惟须填筑地基久尺，则盛涨不淹；沿汉亦须增堤数尺耳。筑地虽费，较之他处筑闸开河，所省尚多。……再中国与外洋不同，此厂若不设在附省，将来工料员役百弊从生，必致货不精而价不廉，一岁出入以数十万计，过于运费多矣。[84]

---

① 参看本章第二节
② 蔡锡勇（1847~1897），字毅若，福建龙溪人。张之洞在湖北兴办洋务企业的具体筹划和组织者1867 广州同文馆毕业。1876 年调任驻美使馆翻译，三年期满后，回广东任实学馆教习及文报局差使。1884 年由张之洞派充广东洋务局总办，负责办理交涉事务，开设银元局、枪炮厂、水陆师学堂以及制造兵轮等事。1889 年由张之洞调任湖北铁政局总办，先后筹办湖北炼铁厂、枪炮厂、银元局、织布局、纺纱局、缫丝局、自强学堂、武备学堂

可见张之洞知道把铁厂设在汉阳需付出相对较高的建设成本和运费，他亦考察过黄石等地的情况，认为在那里的高地建厂需要另外筑闸开河，所费更多。最重要的是，他认为如不把铁厂设在汉阳，则要付出因无法控制腐败所导致的更高代价。由于深知中国社会这一弊端，他选择了以技术上的不经济来换取减少因技术外原因而导致的不经济，这是一种权衡之后的谨慎选择，这一决策已经超出了单纯的技术经济性范畴。

可惜的是，即便是在离总督府隔江相望一步之遥的地方建设铁厂，张之洞也无法真正遏制腐败所导致的代价，正如汉阳铁厂工程师吕柏所述：

> 好心的总督却将这些可以实施皇帝愿望的改革举措交到了官僚们的手里——这是个最腐败，最贪婪以及没有信用可言的世界……数量庞大的原本用于购置生产用设备的钱财源源不断地流入了官僚们自己的腰包，与此同时，稍微显现了一丝光明的将来也随之消逝在了他们的阴影之下。官僚们通过蚕食国家和劳动者的财富中饱私囊，将可能美好的明天以及大清帝国尝试着自强自富的梦想掩埋在了自己的私欲之中。[①]

三、兴建

1890 年农历 7 月 29 日，海军衙门复电批准了铁厂的选址，铁厂进入了建设阶段。经过 3 个月实地测量和规划之后，于 1890 年 12 月 23 日奠基动工兴建[79]。在工程技术上，汉阳铁厂的设计和兴建完全依赖外籍技术人员，主要是谛塞德厂派来的英国人（表 3.1）。

表 3.1　汉阳铁厂建设初期的外籍人员

姓名	职责	国籍	任职期间
E. P. Johnson[1]	设计者兼制图师	不详	1890 年~?
Henry Hobson[1,2]	总监工	英国	1890 年 6 月至 1892 年 6 月
Emile Braive[1]	铁政局参赞，总监工	比利时	1890~1896 年，其间 1892 年 6 月后任总监工
R. White[3]	工程师	英国米德尔斯堡（Middlesbrough）	1891 年~?
Harrison[3]	制砖匠首	英国	1891 年~?

资料来源：

1. 孙毓棠编. 中国近代工业史资料. 第一辑（1840~1895）. 科学出版社，1957.773，780，782，783
2. 湖北省档案馆. 汉冶萍公司档案史料选编（上）. 中国社会科学出版社，1992.101
3. Diplomatic and Consular Reports on Trade and Finance, China, Report for the Year 1891, On the Trade of Hankow

注：表中人员是据现有史料能查到的人员，不包括比利时郭克里尔厂在 1894 年派来的技术人员，因为这批人员主要工作是铁厂开工后的生产

从 1890 年底到 1893 年底，铁厂的建设历经三年，张之洞于 1893 年 11 月 29 日上奏清廷《炼铁厂全厂告成折》，称汉阳铁厂炼生铁、炼熟铁等六大厂和机器、铸造等六小厂以及烟通、火巷、运矿铁桥、铁路、码头等已全行完竣，机器设备一律安配妥当。

---

① 吕柏. 中国的采矿业与钢铁工业

在建设期间,铁厂聘请了近千名来自广东上海等地的工人进行施工建设,这在基本无现代工业的清末是一件不容易的事情,这也是一个学习过程,为幼年的钢铁工业培养了一批熟悉机器的工人。当时的外方人员对这些中国工人的学习能力非常赞赏:

> 他们手下有八九百名中国工人充当砖匠、木匠等活。那些从事要求更高的工种的中国人,如装配机器、驾驶火车头等,几乎全都来自广州和上海。他们非常聪明,在不到一年之前,他们既不熟悉英文也不懂机器,而他们现在的熟练程度足以证明,只要培训得当,中国人就会显示出很好的能力。[79]

不仅如此,张之洞于 1892 年向比利时的郭克里尔厂(Cockrell Works)派送了 40 名工人进行生产培训,以此为条件,汉阳铁厂建设后期所需的设备改由郭克里尔厂提供[85]。

四、设备购建存在的问题

汉阳铁厂筹办时,张之洞估计需用银二百四十六万八千余两[86],铁厂建设之时没有详细的费用清单,因此铁厂建设究竟用了多少款项无从知晓。至 1896 年铁厂因经营困难招商承办时,张之洞给出从开办到此时的用款总额为库平银五百六十八万七千六百十四两[87],大大超出原来的预算。由于一切都是从零开始,铁厂设备、技术人员均来自国外,而勘探和开发煤铁、征地建设等都需耗费大量资金,因此铁厂建设耗资巨大是可以理解的,但除了正常的耗费外,决策者"轻利"的经济思想和有关人员的中饱私囊也是导致高耗费的重要原因,而英方在提供设备和指导时的消极态度也使铁厂付出更高代价。

(一)张之洞"抑商轻利"的思想

汉阳铁厂是在张之洞"开利源,杜外耗"的经济思想下开办的,这也是早期大规模设备引进的目的。但该思想有着浓厚的"抑商轻利"色彩:"就今日铁路一事论之,则不外耗为本,计利便为末,储材为先,兴工为后。就外洋富强之术统言之,则百工之化学、机器、开采、制造为本,商贾行销为末,销土货敌外货为先,征税裕饷为后。"[88]在这一思想下,张之洞几乎不从盈利的角度来做决策,只要能把冶炼技术学到手,尽快制成钢轨,不再让外国钢轨进来就行了。这样的理念始终影响着张之洞在汉阳铁厂第一期设备引进过程中的决策,使他在订购设备时以"大而全"为目的,很少考虑成本。当设备供应商忽然更议,提出涨价时,他认为不必与商人计较,便同意了对方要求:"真电我已允照涨价,酌量增款,自无难再与切商。商贾抬价,图利积习,似不必与之计较。"[89]汉阳铁厂就是在这种"轻利"的思想下完成第一期设备引进和建设,这虽然可以让张之洞的为京汉铁路供应钢轨的理想更快地实现,但也使铁厂的设备引进付出了很高的代价。

(二)官员腐败是另一大突出问题

不仅工程师吕柏在回忆录中反复提到这一现象:"钱财就这么被贪污了,建设中的新式工厂让官僚们获得机会大肆中饱私囊,而在引进设备以及将前期投入的资金进

行理性的盈利生产方面，几乎没有人关心。"[1] 德国人舒玛海（Schumacher Hermann,
1868～1952）在考察了铁厂后也有同样的叙述：

> ……所以会产生这些缺点，是因为这家铁厂——中国几乎还没有哪一家别的企业像它一样，——成为了本国和外国人进行搜刮以饱私囊的对象。……在这种缺乏一切刺激和贪图的环境中使得连外国人并且不在少数的德国人不名誉地把个人的利欲摆在头里，在厂里工作的中国人不消说是更十足地和更普遍地利欲熏心了。有人说，是纯为能从极大的敲诈中得到极优厚的回扣才订货的。[90]

不仅在厂里工作的人，德国人还发现受张之洞委托购置设备的驻外使馆也有类似的问题：

> 我确信，连中国公使本人也从这笔手续费中得到他的一份，并且从这里主要地可以看出他和他的前任之所以坚持要用金揩理[2]和一定坚持要所有的买卖经由中国公使馆居间来做的原因。中国驻其他国家的公使馆方面有同样的情形，也是很有可能的。[91]

（三）英方的消极态度影响设备修建

设备引进和建设过程中，作为首批设备输出方的英国人采取了相对消极的态度来应对中方的技术无知。在建设期间，应由英方提供的各分厂图纸总是迟迟不到，寄到的也总是不全："贝色麻厂、西门马丁厂、抽条拉片厂各图，久未寄到，停工待图，靡费甚巨。"[92]"今年马丁厂图昨亦递到，仅有一纸，系布置总图，非作工细图。前所寄者唯生铁厂总细图皆备，余厂或有总图而无细图，或有细图而无总图。"而英方所派的工程师似乎在指导高炉建设上也没有发挥应有的作用，致使高炉严重的质量缺陷（高炉情况在下节有详细论述）。

英方这样的态度在近代中国引进设备的贸易中似乎并不少见。1907年1月日本大阪的工厂主作山专吉在《工业之大日本》杂志上发表文章阐述他对中国的一些工厂进行实地考察的情况，其中谈到英国向中国和日本提供的同种机械却存在种种差异：

> 尽管都是同一个英国生产的同种机械，但在向日本出口的机械和向中国出口的机械的细微之处却存在着种种差异。在某工厂的视察过程中，在安装机械的时候，我对机械的各个部分都毫无遗漏地、仔细地进行了观察。结果，我发现机械内部要求最细致、最精密的部分零件时常被漏掉了。我开始感到难以表达的惊讶。……具有很好的工业道德的英国人，在分别向中国和日本出售其相同的机械产品时，为何还给予这样不同的待遇呢，这令我深思不已。[93]

更值得注意的是，作山专吉将英国人的做法称为是高明的，原因是清朝的机械操作者

---

① 译自吕柏. 中国的采矿业与钢铁工业

② 金揩理（Kreyer Karl Traugott），德国人，时任中国驻德国使馆翻译。根据一份德国外交部的报告，张之洞通过中国驻德国使馆购置部分设备时，金揩理从卖方得到订货总价的百分之七点五的折扣，德方认为中国驻德国公使也从中得到了好处，所以有这段文字

水平低下，不足以掌握精密的好的机械。不管作山专吉的观点是否合理，却反映出近代中国在技术移植过程中所处的状况：技术输出国会相对消极地对待处于"技术无知"的中国企业。

从筹建开始，汉冶萍公司就处于典型的"干中学"的状态，汉阳铁厂的建设只是学习的初步，这一过程中，钢铁工业最低层面上的技术能力——建筑和操作设备的能力开始获得。但这远远不足以满足近代钢铁工业化的需要。

第二节　汉阳铁厂投产前后（1893～1904）

汉阳铁厂从 1893 年建成之后，其生铁冶炼和炼钢环节就遇到诸多技术问题，直到第二期设备引进之前，这一状况一直未得到根本改变。

一、投产前后的生铁冶炼高炉

从 1893 年 11 月底到 1894 年 6 月正式投产，汉阳铁厂经历了半年的准备期，这段时间由比利时郭克里尔厂推荐的高炉工程师吕柏已经抵达铁厂，他亲身经历并记录了汉阳铁厂高炉在投产之前面临的困难：

> 工程进度和竣工日期一再拖延，究其原因，不仅有局部上和技术上的困难，而且还有财政拮据和官僚主义作祟。……因为影响投产的主要原因是缺少焦炭，所以就急如星火地向德国威斯特伐伦地区订购了 5 000 吨焦炭，计划用完这批焦炭后，就开始使用江夏马鞍山提供的燃料。

> 除了存在焦炭问题外，又发现高炉炉衬也有问题，必须加以修补，否则也不能生产。如果全面整修，工作十分艰巨。至少必须从高炉下部一直拆到炉腰，然后重新砌衬，这样花费的时间要很长，可是我们没有这么多时间。我们采取了部分修补的办法，着重解决从炉底砖、炉缸直到风口部分的缝隙问题。另外，又安装了冷却箱，增加了炉腹的抗高温能力，因为该处仍有一些 20～30mm 的砖缝存在。送风管道和送水管道也做了相应的修改。

> 现在保护装置和安全阀必须安上去，需要的备品备件必须准备好，因为说不定什么地方会出事。

> 在制造风口和渣口大套及铜质鼓风机风嘴和渣口小套时遇到很大困难，因为中国的制造模具的铜纯度低，质地也不好，使用寿命短。使用日本红铜铸造风嘴效果比较好。当工人有了一定的手工技术后，就开始用板材焊接风嘴，在使用中发挥了很好的作用，不仅使用寿命很快超过了铸造风嘴，价格也很合理。

> 在焦炭问题令人忧虑的情况下，这些尝试起初给了我们一些惊喜，我们是被环境所迫，不得不自己制造鼓风机风嘴的，因为我们只买到几十个不合用的，粗糙的铸铁风嘴以及蛇形管。

> 当我们把最后的必要的修改工作都做完并相信有试炼成功的把握时，

便把这一消息报告了张之洞总督。①

经过这样一番准备，汉阳铁厂于 1894 年 6 月 28 日正式投产，一号高炉开炼，使用德国焦炭为燃料，以大冶铁矿矿石为原料。但投产之后高炉生产并不顺利，从 1894 年至 1900 年间，高炉经过五次开工五次停工，尤其是早期阶段因燃料不当以及高炉建筑质量欠佳而使设备险象环生，表 3.2 所列为汉阳铁厂高炉在这段时间的运作情况。图 3.1 为吕柏绘制的汉阳铁厂高炉示意图。

高炉之所以屡开屡停，从技术上说主要是两个原因：焦炭问题和高炉质量问题。具体地，由于焦炭供应不上以及使用质量不佳的焦炭和无烟煤，导致高炉数次停工；而高炉本身严重的炉衬质量等问题导致投产前后几次停炉重新砌衬以防不测。如果进一步究其缘由，这两个问题都与经验和知识的匮乏有关：

表 3.2　汉阳铁厂一号高炉运作情况②（1894 年 6 月 28 日至 1900 年 1 月）

时间	运作情况	燃料的使用	高炉状况	各月产出/吨	备注
1894 年 6 月 28 日至 8 月 14 日	第一次生产	德国焦炭＋中国碎煤块		1800	
1894 年 8 月 14 日至 9 月 3 日	因热风管损坏，停工				
1894 年 9 月 3 日至 10 月底	再次开工生产	德国焦炭＋中国无烟煤	因使用无烟煤导致鼓风机停止工作	1192（9 月） 1643.9（10 月）	无烟煤最高比例达 90%，日产量骤减
1894 年 10 月底至 1895 年 9 月 16 日	因缺焦炭停工		对高炉炉缸、炉腹、炉底重新砌衬		
1895 年 9 月 16 日至 12 月 1 日	第三次开工生产	混合焦炭	高炉经重新砌衬后，运转基本正常	538.85（9 月） 1656.2（10 月） 1938.7（11 月） 226.5（12 月）	
1895 年 12 月 1 日至 1896 年 3 月 1 日	因缺焦炭停工				主要原因是马鞍山焦炭没有如约供应
1896 年 3 月 1 日至 9 月 3 日	第四次开工生产	马鞍山焦炭＋开平焦炭	初期因焦炭不合，使风口、出铁口、出渣口经常阻塞，高炉招致重创。使用备用风嘴和煤油喷油机救急	716.62（3 月） 1035.11（4 月） 1371.5（5 月） 1560.01（6 月） 1723.19（7 月） 1447.605（8 月） 121.1（9 月）	5 月 11 日之后由于找到合适的燃料，生产逐渐正常
1896 年 9 月 4 日至 11 月 14 日	因缺焦炭停工		对高炉鼓风机和冷却系统进行局部改造		

---

① 译自吕柏. 中国的采矿业与钢铁工业
② 据吕柏的记述，1900 年之前汉阳铁厂只有一号高炉开炉生产

续表

时间	运作情况	燃料的使用	高炉状况	各月产出/吨	备注
1896 年 11 月 14 日至 1898 年 1 月 19 日	第五次开工生产	开始使用萍乡焦炭	运转正常	1016.05 (11 月) 2062.595 (12 月) 2014.45 (1 月) 1835.75 (2 月) 2117.9 (3 月) 2044.36 (4 月) 2073.97 (5 月) 2070.76 (6 月) 1984.73 (7 月) 1857.42 (8 月) 1963.74 (9 月) 2264.54 (10 月) 2446.775 (11 月) 1347.3 (12 月) 1503.35 (1 月)	1897 年 12 月 17~29 日进行高炉修缮，更新部分炉砖，加厚炉壁
1898 年 1 月 19 日至 3 月 24 日	因缺焦炭停工				
1898 年 3 月 24 日至 1900 年 1 月	第六次开工生产	萍乡焦炭	运转基本正常	503.25 (3 月) 1506.15 (4 月) 2100.62 (5 月) 2114.95 (6 月) 1960.1 (7 月) 1963.6 (8 月) 1921.1 (9 月) 1858.03 (10 月) 2272.1 (11 月) 2786.25 (12 月) 2802.15 (1 月) 710.40 (2 月) 2016.8 (3 月) 2269.15 (4 月) 2340.14 (5 月) 2252.2 (6 月) 1880.15 (7 月) 1530.38 (8 月) 2434.15 (9 月) 2442.2 (10 月) 2362.1 (11 月) 2444.1 (12 月) 1845.57 (1 月)	1898 年 4 月 14~23 日进行高炉修缮，重新砌衬 1899 年 2 月 8 日至 3 月 2 日进行高炉修缮，原因是给高炉供水的湖泊被抽干使高炉迅速发热，导致铁圈断裂

资料来源：根据吕柏《中国的采矿业与钢铁工业》相关内容整理

首先，在焦炭问题上，虽然张之洞筹建汉阳铁厂时就开始设法寻找合适的煤矿，但他对此并无更具体的知识和概念，他认为无烟煤和焦炭一样对汉阳铁厂适用，经勘查得知湖北、湖南、四川等省煤矿蕴藏丰富，因此他对于汉阳铁厂的燃料供应始终是很乐观的："现查荆门、归州、兴山等处之煤及湘省、川省白煤、石煤、烟煤，各种合用之煤甚多，足供煎炼冶铁之用。"[94] "据洋矿师云，印度无好煤，其煤内灰太多，每百分中有十四分至二十分不等，不能炼铁。……今荆湘之白煤详加化验，灰在十分以内可用者二十余处……此与印度煤劣不能炼钢之情形

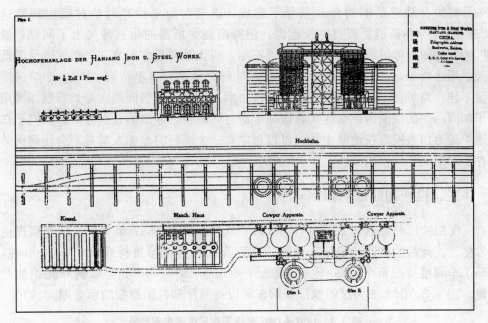

图 3.1　吕柏绘制的汉阳铁厂一、二号高炉示意图

资料来源：根据吕柏《中国的采矿业与钢铁工业》相关内容整理

不同"[95]，汉阳铁厂即将开工之时，虽然铁厂焦炭储备不足，但张之洞认为湖南的无烟煤和马鞍山焦炭足以解决燃料问题，焦炭问题仍未引起足够的重视："现在江夏马鞍山煤井，其煤可作焦炭，合炼铁之用……本年十月内定可一律告成，尽敷生铁一炉及各厂炼钢之用。参以湘省白煤、油煤，即可两炉齐开。"[96]当德国焦炭即将耗尽，国内焦炭未能供应时，中方管理者便要求工程师用无烟煤代替焦炭，殊不知汉阳铁厂的高炉并不适合使用无烟煤，致使产量急剧下降，高炉受损，这才意识到问题的严重性，吕柏在1899年的一封信中对这段经历有着生动记述：

　　孰知开炉后，仅有威斯伐利焦炭五千吨，日供炉用，日见鲜少，而华人之意，以为有五千吨之焦炭，可以用至十余年之久。……届九月三号复开，斯时华人始知化铁炉用炭之多。而炼炭必须有合用之煤，异常慌张，毫无主见。旋闻美国有用白煤者，华人遂与吕斟酌试用，并称白煤华产既多且佳等语。吕曾以白煤质散，一入炉中即行爆裂，若美国用白煤，则另有一种炉式，至汉厂炉，机力既微，风筒亦小，内径仅一百密里美得（作者注：100毫米），断不能用白煤。华人不信，再三强逼试办，吕挽回无术，只得勉为挽用至八成、九成之谱，实属万难再用，屡试无益，华人至此亦知吕言之不谬，只可徒唤奈何而已。[97]

　　其次，高炉严重的质量问题，这和建筑工人缺乏足够的技术经验和专业培训密切相关。据吕柏回忆：

　　缘西历一千八百九十年起造时，系英国泥水工程师，并另有悌赛特厂荐来三人监造，并未按同古法，听凭中国泥水匠砌成，是以地盘及炉脚均未坚固。而炉身之工程尤劣，……吕曾询及中国泥水匠目如何建造，该匠目复称，英工程师并未指点有何方法，故仅照盖房屋工程耳。[97]

一号高炉在缺乏足够的专业指导下建成，以至在尚未投产时炉衬就出现宽达20～30毫米的砖缝，需要拆毁重砌。但修缮高炉所需的耐火砖又出了问题，铁厂购入的耐火砖被放入池塘中浸泡了三年，极大地降低了性能："惟该砖受湿既久，用之修炉，一经开炼，火力之猛，其砖之易酥，自不待言。"[97]由于炉砖质量不佳，高炉在1895年12月重新砌衬之后，因炉砖酥裂而两次停炉修理。而用于加固高炉的铁圈因供水池无故被抽干而过热断裂，导致第三次停炉。我们不知道炉砖为何被浸泡在池塘中，但可以想象，一个懂行的专业人员是不会让耐火砖存于水中的。

二、投产初期炼钢和钢轨生产

汉阳铁厂的炼钢到1897年5～6月；轧制车间到1897年7月之后才实现正常生产。此后生产逐步稳定，贝塞麦炼钢车间的月产量维持在2000～2500吨，马丁车间维持在400～500吨[①]。表3.3列出了1897～1902年炼钢和轧钢的产量。图3.2、图3.3为汉阳铁厂炼钢车间设备照片和吕柏绘制的示意图。

表 3.3 1897～1902 年汉阳铁厂炼钢车间产量

	炼钢		轧钢	
	贝塞麦车间/吨	马丁车间/吨	重锭钢轨生产线/吨	钢板薄板生产线/吨
1897	6 602	1 816	4 691	2 713
1898	18 507	3 399	13 424	2 808
1899	17 140	3 117	12 148	4 055
1900	17 464	4 670	12 257	4 453
1901	10 305	2 146	7 107	1 969
1902	19 114	3 792	13 718	4 637

资料来源：吕柏．中国的采矿业与钢铁工业

这期间钢轨生产的主要问题是因含磷高而导致产品质量不佳。这一质量问题是此前"汉冶萍"研究关注的焦点，多数学者将此作为张之洞不懂冶金常识却盲目引进设备的证据，并普遍认为汉阳铁厂直到1904年李维格出洋考察后才知晓这一问题的缘由。笔者认为，该问题不仅与设备引进时的决策有关，还涉及铁厂从原料、生铁冶炼到炼钢、轧钢等各个环节，很多史实并不清楚，因此对该问题做更深入的探讨，不仅能够释疑，还能够对汉阳铁厂第一期技术引进作出更客观的评价。

首先，从钢轨生产来看，虽然汉阳铁厂同时引进了贝塞麦酸性转炉和西门子马丁碱性平炉，但贝塞麦转炉生产了80％以上的钢，铁厂的主要产品钢轨是用贝塞麦转炉产出的钢轧制的，据吕柏所记："马丁车间生产钢板和扁坯用软质优质钢，该类钢可被碾压成制作钉子用的三角铁和四棱形铁以及制作螺栓和铆钉用的圆形铁。"[②]吕柏还记录下了这一时期汉阳铁厂用于生产钢轨、连接板的贝塞麦钢以及用于三角铁的马丁钢的成分化验结果，钢轨用材的含磷量达0.08％～0.12％

---

① 据吕柏回忆录《中国的采矿业与钢铁工业》记述
② 吕柏．中国的采矿业与钢铁工业

（表3.4），可见此期铁厂所产钢轨的确是用贝塞麦酸性转炉生产，而且磷的含量较高。

表3.4　汉阳铁厂生产钢材的平均成分（单位：%）

车间	用钢	碳	硅	硫	磷	锰
贝塞麦车间	铁轨用钢	0.15～0.25	0.05～0.10	0.03～0.07	0.08～0.12	0.65～0.85
	连接板用钢	0.08～0.12	0.02～0.05	0.03～0.07	0.08～0.10	0.50～0.55
马丁车间	三角铁螺栓等用钢	0.06～0.10	0.01	0.05	0.02	0.50

资料来源：吕柏．中国的采矿业与钢铁工业

Pampen and Gebliisehaus des Bessemerkes der Hanjanfer Eisenicerke.

图3.2　汉阳铁厂贝塞麦炼钢车间的动力设备
资料来源：吕柏．中国的采矿业与钢铁工业

　　其次，从原料来看，汉阳铁厂钢轨含磷高源自含磷高的铁矿石和焦炭，但从大冶铁矿的各区矿石来看，如果在冶炼时合理选择铁矿石，该问题不是不能解决。汉阳铁厂的管理人员也早就知道这一情况，但始终没有很好的解决。为了能给京汉铁路供轨，铁厂技术人员只能用马丁钢轧制样轨来应付检验。

表3.5　大冶铁矿各区矿石成分（单位：%）

	二氧化硅	三氧化二铝	铁	锰	磷	硫	铜	磁性率
铁山	3.10	0.66	66.07	0.191	0.123	0.107	0.068	1.02
纱帽翅	4.65	1.58	63.0	0.223	0.079	0.114	0.081	2.84
象鼻山	7.20	1.88	61.45	0.254	0.051	0.088	0.049	2.48
狮子山1	4.04	1.36	61.11	0.403	0.065	0.125	0.306	
狮子山2	4.90	1.15	63.70	0.318	0.084	0.144	0.256	
管山	7.50	1.16	60.09	0.339	0.334	0.082	0.192	4.80
下陆	14.60	4.93	50.25	0.272	0.025	0.093	0.216	4.86

资料来源：吕柏．中国的采矿业与钢铁工业

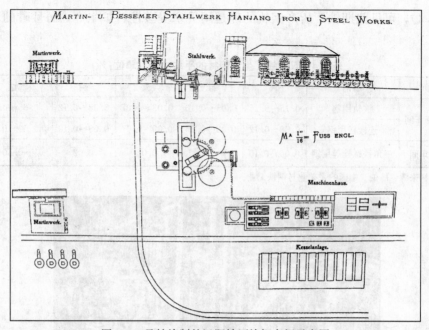

图 3.3　吕柏绘制的汉阳铁厂炼钢车间示意图
资料来源：吕柏. 中国的采矿业与钢铁工业

其实早在汉阳铁厂正常供轨之前，高炉炉长吕柏就向盛宣怀①提出生铁含磷的问题，指出从成本考虑，汉阳铁厂须多用萍乡焦炭，但萍焦含磷重，只能选择含磷少的铁矿配合炼制，才能得到合适的贝塞麦生铁，并对汉阳铁厂未能正常对焦炭和矿石进行化验和分类表示不满：

> 料质到厂，务当从实照常化验，则深知料质，可以参配下炉，照常出铁。刻下半个月化学所未能如法化验，为所中应用药水、器具散乱无条，外人均可混杂进内。……自去年开炉之后，日间尚未照常化验铁质以及各种料质，如矿土、焦炭等类。吕柏为公直陈，以期日后各处实心考究厂中所出铁质钢质，均得要价外售，厂务兴隆，利益日进。[98]

盛宣怀看了信之后致信汉阳铁厂坐办郑观应："记得纱帽翅所开之铁，含磷甚少，请阁下迅速函致赖伦。"[99]可见，汉阳铁厂生铁乃至钢轨含磷高主要有两个原因：一是铁矿石本身含磷较高。大冶铁矿并非全是含磷高的（表 3.5），但在 1899 年之前，铁矿石主要开采自铁山，这恰恰是含磷最高的区域。二是焦炭含磷高。要解决这一问题正如吕柏所说："这是一项基本上无法实现的工作。因为缺少能够正确掌控这项工作的外国专家人才，而且那群从事焦炭开采和运输的苦力们，更是不可能改变这种状况"②。

至 1897 年，铁厂开始向建设中的芦汉铁路最初一段（今卢沟桥至保定）供应钢轨，此时就有检验不合格的报告："……此次所验第三条钢质过硬，拉力只长一分，制钢轨不甚相宜。照泰西章程，验得第三条钢质如此，须将同时所出之钢轨再验一条，倘仍只拉长一分，应将全行钢轨概行废弃。目下各钢已经杂乱，未能

---

① 为解决汉阳铁厂的财政困难，盛宣怀于 1896 年受张之洞之邀接手掌管汉阳铁厂
② 吕柏. 中国的采矿业与钢铁工业

照此章办理。"[100]却未引起重视，直到 1903 年在京汉线使用的汉阳铁轨出现多处断裂现象，时任汉阳铁厂提调的宗得福才道出其中缘故："……又奉敬电，沙多云去年所运北轨，断者甚多，当即两次电复。旋据卜聂①云，外洋轨质含磷只 0.05，汉阳铁厂所拉之轨含磷皆 0.12 不等。历年皆伊设法，另用马丁钢炼成样轨，就铁路洋工师考验。此次验轨之洋人，闻北轨有断，颇觉认真。此后即难蒙混。"[101]原来负责钢轨生产的工程师卜聂多年来以含磷低的马丁炉钢拉成样轨来对付检验，使汉阳铁厂钢轨得以顺利出售近 6 年。

当芦汉铁路订单完成之后，卜聂合同也到期返回欧洲。汉阳铁厂计划在设备保养完成后继续开工，预再次聘请卜聂任钢厂工程师，但卜聂以生铁含磷过重，提出以修改钢轨检验章程为续约的条件：

> 请即函禀宫保，所有续定钢轨，须将锤试机验章程更改。……照以上所开情形，就汉厂所炼生铁，竟无一吨可供炼钢，稍能逾此分数者。即乞宫保嘱柯观察与芦汉局并李部郎与粤汉路局，均照以上所开分数订定钢轨，方合厂情。如有逾度，恐致剔退，缘汉厂生铁含磷加倍之重，故卜预为陈明，庶无后患。[102]

汉阳铁厂生铁含磷问题又一次摆在了其掌管者盛宣怀的面前。

最后，虽然从技术上说，汉阳铁厂钢轨含磷高是由于铁厂设备与矿石不匹配，而张之洞也的确是先订购设备再寻找矿石的。但在投产之后钢轨质量问题是诸多因素综合影响的结果：一是汉阳铁厂急于为京汉铁路供轨；二是在管理上和设施上都无法为生产提供化验等技术上的保证；三是焦炭供应一直是最大的难题，在这一问题没有解决的时候，及时地选择相匹配的铁矿石几乎是不可能的事情。

在 1903～1904 年京汉铁路即将完成之时，铁厂与日本签订了供应铁矿石的合同，筹集到资金。盛宣怀下决心扩建企业，并希望趁此机会对企业进行技术改造，解决一直困扰铁厂的诸多难题。

第三节　汉阳铁厂的技术改造和二期设备的引进（1904～1908）

与第一期设备的引进相比，汉阳铁厂的第二期设备引进要谨慎和周密得多。此时汉阳铁厂已经由盛宣怀接管，并由官办改为官督商办。盛氏对于此次技术改造的指导思想非常明确，就是要在深入分析汉阳、大冶、萍乡三地资源尤其是铁矿石和焦炭的配合性能，以及充分考察国外同等规模钢铁企业的做法的基础上，找到汉阳铁厂的症结，通过技术改造和设备扩充来解决铁厂实际问题，并扩大生产实现盈利。出于这一想法，盛宣怀所做的首要事情就是找一个既通西文，又谙熟厂务的人携带汉阳铁厂的原料和产品出洋"求医问诊"，寻求答案，他最终选择了李维格②。

---

① 卜聂，汉阳铁厂外籍工程师。约 1896～1904 年在汉阳铁厂任熟铁和轧钢总管

② 李维格，字一琴（亦作峄琴），祖籍江苏吴县。1900 年之后任职于汉阳铁厂，掌管汉阳铁厂学堂及西人商务，1904～1917 年历任汉阳铁厂总办、汉冶萍公司协理、汉冶萍公司总经理、大冶铁厂厂长等职，1917 年之后任公司高等顾问

　　即使用今天的眼光看，李维格也是此项任务非常合适的人选。李维格早年游历英伦，驻留驻英参赞李经方（1855～1934）① 行邸，兼习法文，后随崔惠因使美，随李经方使日，因此谙熟英文和西方社会。1896 年 4 月起任汉阳铁厂总翻译，从此进入钢铁事业，虽后来转入《时务报》并致力于《湘报》的创办和湖南时务学堂，但经盛宣怀力邀，最终回到上海任盛氏创办的南洋公学之提调，兼教书译书。1900 年重新回到汉阳铁厂，掌管汉阳铁厂西人商务，从那以后，李维格一生未离汉冶萍公司的钢铁事业。

　　早在 1902 年 9 月，李维格就致信盛宣怀，提出汉阳铁厂减轻成本、广筹销路等六种办法，其中就有游历洋厂一项，并毛遂自荐出洋考察[103]，得到盛宣怀的支持。1902 年 10 月 24 日，李维格登上日本邮船"博爱丸"前往日本，10 月 28 日参观了日本八幡制铁所[104]，当李维格准备再登邮轮前往美国时，却被盛宣怀以铁厂两炉齐开和筹划借款为由召回国，这让本想借此成就一番事业的李维格非常失望，萌生退意，此时盛宣怀面临着李维格去留问题："此君之长，在廉谨明达，不参私见；此君之短，在游移文弱，中无主宰。然与贤阮②絜量高下，实尚略胜一筹。用人难，用人于危疑震撼之间尤难。"[105]，盛宣怀决定让其暂留上海筹借外资。

　　1904 年京汉铁路成，借款筹到，盛宣怀认为时机成熟，便再次指派李维格出洋考察铁政。与上回不同，此次盛宣怀为其详细拟定考验矿质、考究厂务、访聘工师、购办机炉以及筹补用款等五大项 41 小项任务，其中考验矿质被列为头项任务，并分别就焦炭、铁矿、炉砖原材料及其与炼铁轧钢各方面的关系都做了细致要求（表 3.6），可见盛宣怀深知只有掌握了汉阳铁厂炼铁原料的特性，才能对症下药，从而获得合理的技术改造方案和购置机器。

表 3.6　1904 年汉阳铁厂派李维格出洋之任务规定

考验矿质	1. 萍乡生煤含质如何，及其洋炉制炼之法能成何等焦炭。以炼生铁，用足风力，化一吨铁须用一吨若干焦炭。其块煤烧汽炉能得何等火力，全厂能否合用不购外煤
	2. 大冶铁矿含质如何，用萍焦能否相配，其磷轻者可制贝塞麦钢，其磷重者能否制马丁钢，又能制何等翻砂生铁
	3. 萍乡铁矿含质如何，用萍焦能否相配，其磷轻者能否制贝塞麦钢，其磷重者能否制马丁钢，或多麻钢，又能制何等翻砂生铁
	4. 萍乡锰质能否炼成锰精
	5. 萍乡火泥、武昌火泥、磁州火泥、上海制造厂火泥，合者可制上等火砖，为熔化炉之用
	6. 汉阳铁渣如何能做水泥。大冶有专门可做水泥之矿，信义洋行李治带往德国化验，可做上等水泥，须用若干资本方能制造
	7. 汉阳化铁炉所出之生铁，何以不能成上等贝塞麦钢，应用何等新法，俾成佳钢
	8. 马丁钢如不用贝塞麦碎钢，应以何物替用
	9. 用我煤焦，生铁能否做上等马丁钢，以造顶好大钢板
	10. 萍乡化铁炉将来用萍乡铁矿，或须另造多麻钢炉，如何计算布置

---

① 李经方（1855～1934），字伯行，号端甫，安徽合肥磨店（今属肥东县）人。李鸿章四弟李昭庆之子，李鸿章之养子。1886 年随驻英钦差大臣刘瑞芬赴英，担任参赞，1890 年以候补道出任出使日本大臣

② 贤阮：原意为魏晋间"竹林七贤"中的阮籍、阮咸叔侄二人。此处指盛宣怀之堂侄盛春颐，此人 1897～1904 年任汉阳铁厂总办

考究厂务	1. 欧美大厂断不能学，须学小厂规模 2. 萍乡焦炭洋炉成本极重，必须考求能制上等焦炭，并可取做颜色。如专雇一工匠，能否合算得上 3. 生铁炉如何可省焦炭，可否用碎铁石、碎焦炭 4. 生铁炉萍乡目前只造一座，是否以二百吨为合算，或以少为核算；或谓一大炉，坏则全停，不如两小炉可替换，何者为宜 5. 生铁水如何调和，令其直达炼钢炉 6. 贝塞麦炉如何添办 7. 马丁炉如何添办 8. 市面繁货钢板、钢条、轧轴如何办法 9. 商务核算如何办法
访聘工师	略
购办机炉	1. 汉厂应办调和生铁水机器，又热钢坯烘炉连吊车，此二项急须先办先运，因汉厂化铁炉两座必须先出好生铁 2. 汉厂贝塞麦炉应添置风机，使其多出贝钢 3. 汉厂马丁炉应造，使其多出马丁钢 4. 汉厂应添置繁货大轧轴，使其多化大钢板、钢条等 5. 湘东应造二百七或一百六十吨化铁炉，须力求新法，除汉萍能自造各件外，应配购齐全 6. 化铁炉内火砖，中国火泥一时恐不可靠，应购泥带回自造火砖，以省转运破碎之耗费 7. 就化铁炉须造之水泥机，工本不多，锰精恐难外售，亦只需造一小炉，以备自用 8. 萍株路需用大火车头两部，及煤车应用之轮轴机横七十部，应即购齐，预备来年四月之用
筹补用款	略

资料来源：陈旭麓等. 盛宣怀档案资料选辑之四：汉冶萍公司（二）. 上海人民出版社，1986.416~419

　　李维格为这次出洋亦做了充分准备，分别取大冶、萍乡的矿石焦炭样品以及汉阳铁厂的成品装箱随船携带，仅取自大冶的矿石样品就按照矿石地点分装了8箱，每箱半吨。1904年4月8日李氏启程，途中先到日本，再前往美国、英国和德国，历经近8个月，于当年11月27日回到上海。此间在美国匹兹堡等地考察钢铁企业以及钢铁市场行情，对美国企业炼铁原料的使用尤为注意；在钢铁市场行情方面，对中国钢铁在美国西海岸的市场前景非常乐观[106]。在英国寻访钢铁业专家，化验矿石和汉厂钢铁样品，以此征求最适合的炼制办法，得知："大冶铁石、白石、萍乡焦炭，并皆佳妙，铁石含铁百分之六十至六十五分，而焦炭则等于英国最上之品。"[107]对于钢轨生产，考察之后得知："炼钢有酸法碱法之别，酸法不能去铁中之磷，惟碱法能之。"[107]对于汉阳所造钢轨，亦经化验后得知："汉厂贝色麻系酸法，而大冶矿石所炼之铁，含磷过多……而含炭少，磷多则脆，炭少则软。卜聂炼钢，减少含炭分数，使其柔软，以免断裂，然柔则不经摩擦，轻易走样……此汉厂贝轨所以不合用也……"[107]在考核了原料和钢质之后，李维格决定听从英国专家的意见，废弃贝塞麦法而改用马丁碱法炼钢，并据此筹备购买新机炉之事，把新设备的购置重点放在"炼造碱法马丁钢、船料、桥料、屋料等货"[107]。

　　随后的机器购置，在英国顾问工程师彭脱①和萍矿总矿师德国人赖伦②的协助下，采取了招标的方法："自开清单，招英、德、美专门名厂十数家投标，复与同

---

　　① 彭脱（Thomas Bunt），1904年被聘为汉阳铁厂驻英顾问工程师和驻英代表
　　② 赖伦（Gustav Leinung），德国籍矿师，约1896年受盛宣怀委托勘察萍乡煤矿，1898~1914年任萍乡煤矿总矿师

在外洋之萍矿总矿师赖伦及聘定之新工师，投标之各厂家，一再讨论辩难，然后分别定断。"[107]，由于是招标，汉阳铁厂第二期设备分别来自英、德、美三国的 9 个厂家，而且价格上也较省。表 3.7 是李维格列出的出洋期间购置的设备一览表。

表 3.7　李维格 1904 年出洋购置的主要设备

设备名称	数量	型号
碱法马丁炼钢炉	2 座	容积 30 吨
调和铁汁炉	1 座	容积 150 吨
挂梁电力起重机	4 架	1 架起重 50 吨，1 架 30 吨，2 架 15 吨
挂梁电力压顶钢坯出筒机	1 副	
煤气地坑	1 座	
轧坯轴	1 副	径 40 寸
坯轴汽机	1 副	实马力 7 554 匹
条轴	1 副	径 32 寸，能轧工字钢梁至 18 寸深，7 寸宽
条轴汽机	1 副	实马力 11 708 匹
板轴	1 副	径 30 寸，能轧钢板至 375 方尺
板轴汽机	1 副	实马力 7 554 匹

资料来源：湖北省档案馆. 汉冶萍公司档案史料选编（上册）. 中国社会出版社，1992.168

此次出洋采办的机器以炼钢和轧钢设备为主，对于炼铁高炉，李维格计划通过更换风机和添造热风炉来提高原有高炉的产量至每炉每天 100 吨，从而有 200 吨的日产量，与添置的炼钢炉产能相匹配。但他很快有了新计划，1905 年 9 月，他致信盛宣怀提出对原有高炉进行改造的同时，应该再建造日产 200 吨的炼铁高炉一座，并再添炼钢炉两座，以达到月出钢货 8000 吨的产量，满足日益增大的铁路建设需求。[108]

新建设的高炉是由刚回汉阳铁厂任总工程师的吕柏设计的[108]，因吕柏曾担任汉阳铁厂高炉炉长 6 年（1894～1900），他对该厂生铁冶炼情况非常熟悉，因此不管从技术上还是成本上说，他都是新高炉设计者非常适合的人选。

1905 年到 1908 年是汉阳铁厂进行技术改造和第二期设备建设的主要阶段，这段时期汉阳铁厂的贝塞麦炼钢炉已停止了生产，仅依靠冶炼生铁来获得收入。在技术改造方面，除了对原有炼铁高炉进行了提高产量的改造外（图 3.4），还对原有的轧钢生产线进行更新，添置钢坯机、工字桥料机、钢板机和钢轨机，以扩大汉厂钢货制造的能力和样式。在新设备的建设方面，这段时期主要任务是三号高炉、三座马丁炼钢炉以及相应配套设施的建设（图 3.5）。实际上，1908 年之后，汉阳铁厂的扩建工程仍在继续。其中，包括四号高炉和另外 4 座马丁炼钢炉的修建，后来修建的设备从技术特性到型号各方面都是扩建前期设备的翻版（表 3.8）。

此次工程能够顺利实施的重要原因是：工程的筹划和组织者李维格得到了盛宣怀的充分信任和应有的权力。盛宣怀在 1904 年再度选择李维格出洋之时已对其为人和能力有了充分的了解，因此借此机会将汉阳铁厂事业委任于他，此后李维格作为汉阳铁厂总办，铁厂一切建设、生产、行政等事务皆由他领导。在即将上任之时，李维格在信中提醒盛宣怀履行诺言：

此次订购机炉，选用工师，均司员一手经理，久荷知遇，欲委以总办厂务，司员现无可诿辞。……用人行政，须有专一全权，宫保既予之，则或有所设施，或有人请求，事无巨细，均须饬由司员议复。[107]

盛宣怀爽快答复：

该郎中既坚明要约，本大臣自应坦白宣示。……该郎中应即日驰赴汉阳总办厂务，……所有汉厂旧款，新旧兼顾，应用之款，悉系本大臣一人之责，断不使该郎中有内顾之忧。……至本厂用人办事，准如该郎中所禀，给予全权，本大臣必无丝毫掣肘。[109]

从此盛宣怀为汉阳铁厂选择了一位办事可靠、淡于荣利、为钢铁事业鞠躬尽瘁，又精通外文、胸怀见识的管理者，从而成就了汉冶萍公司短暂的黄金时期，也成就了李维格的一生。

表 3.8　汉阳铁厂二期建设之设备情况

设备名称		主要技术型号	建设时期
炼铁高炉	三号高炉	日产量 250 吨	光绪三十一年（1905）至宣统二年（1910）
	四号高炉	日产量 250 吨	民国二年（1913）至民国四年（1915）
西门子马丁炼钢炉	第一炉	容积 30 吨	光绪三十一年（1905）至光绪三十三年（1907）
	第二炉	容积 30 吨	光绪三十一年（1905）至光绪三十三年（1907）
	第三炉	容积 30 吨	光绪三十三年（1907）至宣统元年（1909）
	第四炉	容积 30 吨	宣统元年（1909）至十月（农历）
	第五炉	容积 30 吨	宣统元年（1909）至宣统二年（1910）
	第六炉	容积 30 吨	宣统二年（1910）至宣统三年（1911）
	第七炉	容积 30 吨	民国四年（1915）至民国六年（1917）
调和铁汁炉		容积 150 吨	光绪三十一年（1905）至光绪三十四年（1908）

资料来源：汉冶萍公司事业纪要 . 湖北省档案馆 . 汉冶萍公司档案史料选编（上册）. 中国社会出版社，1992

图 3.4　汉阳铁厂一、二号高炉改造现场（1907）
资料来源：吕柏写于 1917～1918 年的回忆录

图 3.5　汉阳铁厂三号高炉建设现场（1907）

资料来源：吕柏写于 1917～1918 年的回忆录

第四节　汉冶萍公司钢铁生产之技术经济状况（1908～1925）

　　1908 年，汉阳铁厂新的西门子马丁炼钢炉完工投入生产，一、二号生铁高炉也完成了技术改造，萍乡煤矿的建设亦见成效，当时中国正值铁路建设的高潮，无论从生产还是从市场方面，汉阳铁厂均面临着很好的前景，但大规模的技术改造又一次使盛宣怀陷入财政危机，为了解决资金问题，他决定将汉阳铁厂、大冶铁矿与萍乡煤矿合并成立商办的汉冶萍煤铁厂矿股份有限公司，借以筹集社会资本。汉冶萍公司一经成立，便成为远东最大的钢铁联合企业，也将汉阳铁厂带入了一个短暂的黄金时期。

　　与同期西方比较，汉冶萍公司技术上的先进程度究竟如何？整个生产环节体现出怎样的技术经济特征？以下从原材料生产、生铁冶炼、炼钢和轧钢四个主要的生产环节来讨论此问题。由于涉及汉冶萍公司各生产环节的成本与国外相比较，因此在以下分析中均引入当年的汇率将银两进行换算之后，再进行讨论。

一、原料生产供应的技术经济分析

　　就钢铁生产而言，原料的影响最终体现在成本上，原料成本是近代钢铁企业成本中所占比重最大的一项，往往占生铁成本的 75%～85%。对于炼铁厂而言，原料成本直接取决于三个方面：一是炼铁过程对原料的消耗量；二是原料价格；三是运输费用。这三方面又与其他各项技术的经济性相关。炼铁原料以铁矿石和焦炭最为重要，因此我们的讨论集中于此两种原料上。

（一）铁矿石（大冶铁矿）的讨论

1）消耗量。大冶铁矿矿石的高含铁量降低了每吨生铁消耗的铁矿石量，从而使汉阳铁厂每吨生铁成本中的铁矿石成本较低。大冶铁矿含铁量约为 65%，远远高于同期英国、德国、法国国内生产的矿石，甚至优于美国湖区最好的矿石。因此汉阳铁厂所炼生铁每吨需铁矿石较少，约 1.7 吨[110]。而 1914 年以前，英国、德国、法国、比利时四国每吨生铁的铁矿石用量大约在 2.5 吨，美国约 2 吨，1918 年之后，美国和德国由于使用了更富的矿石，消耗量始低于 2 吨。[50]汉阳铁厂如此低的矿铁比无疑是导致其生铁成本中铁矿石费用低的重要原因。（表 3.9、表 3.10）。

表 3.9　汉阳铁厂每吨生铁的铁矿石成本

年份	每吨生铁成本（规银，银元）	合英镑	每吨生铁中铁矿石成本（规银，银元）	合英镑	铁矿石成本所占比重/%
1896	19.468 两	58 先令 5 便士	4.524 两	约 13 先令 6 便士	23.2
1912	30.20 元（21.56 两）	59 先令 2 便士	6.84 元（4.89 两）	约 13 先令 5 便士	22.6
1915	20.2 两	约 47 先令 2 便士	1.6 两	约 3 先令 9 便士	7.9
1920	31.1 两	189 先令 7 便士	3.2 两	约 19 先令 6 便士	10.3

资料来源：陈旭麓等. 盛宣怀档案资料选辑之四：汉冶萍公司（一）. 上海人民出版社，1984；刘明汉. 汉冶萍公司志. 华中理工大学出版社，1990.28；丁格兰. 中国铁矿志. 农商部地质调查所，1923.256

注：银两对英镑的汇率转引自《六十五年来中国之国际贸易统计》和何炳贤著《中国的国际贸易》商务印书馆 1937 年版。（本文汇率出处均同此）

表 3.10　英国、美国每吨生铁的铁矿石成本

项目	年份	每吨生铁成本	每吨生铁的矿石成本	铁矿石成本所占比重/%	备注
英国	1903	42 先令	16 先令 2 便士	38.1	克利夫兰铸铁
	1903	56 先令 2 便士	25 先令 10 便士	45.5	西海岸赤铁矿
	1912	66 先令 9 便士	39 先令	58.6	酸性贝塞麦铁
	1923	84 先令 7 便士	41 先令	48.5	酸性贝塞麦铁
美国（匹兹堡）	1913		32 先令		苏必利尔湖
	1910	58 先令	31 先令 3 便士	53.7	酸性贝塞麦铁
	1923	104 先令 2 便士	40 先令	38.4	酸性贝塞麦铁

资料来源：T. H. Burnham，G. O. Hoskins. Iron and steel in Britain 1870～1930. London；George Allen & Unwin LTD，1943

2）单位成本。简单的开采方式使采掘费用低廉，低生产效率抵消了铁矿石单位成本的优势。

大冶铁矿在汉阳铁厂停工之前主要是露天开采，由公司包给工头，工头再雇小工进行采挖，且以手工挖掘为主，公司按吨付给工头费用。由于采掘方式简单，付给工头的费用较低，因此大冶铁矿的采掘费用很低（表 3.11）。除采掘费用外，矿石成本还包括另一些成本，即利息、折旧、行政人员的工资等。该类成本总额固定，因此分摊到每吨矿石上的此类成本大小与生产效率有关，生产效率越高，每吨矿石的成本越低。

表3.11　大冶铁矿每吨矿石到上船为止的采掘成本

年份	采矿挖土搬运上车费用（银元）	由采矿地到运矿上船的搬运费	合计（银元）	合英镑
1908	0.335	0.33	0.665	约1先令2便士
1912	0.984	0.418	1.402	约2先令9便士

资料来源：丁格兰. 中国铁矿志. 农商部地质调查所，1923

　　大冶铁矿在开办初期效率很低，之后随着产量的增加而逐年提高（表3.12），但与西方国家同期相比（表3.13），其生产效率仍较低。这主要是因为开采方式的机械化程度低，低廉的人工费用和财政上的困难也使大冶铁矿迟迟不改进，直到1918年之后才开始使用气压凿岩机代替手工凿岩。在低的生产效率下，公司由于大量负债，每年需偿还的利息形成了高额的固定成本费用，这在一定程度上抵消了低采掘费用带来的优势。

　　因此，与同期西方国家铁矿石成本相比，大冶铁矿矿石单位成本并不占太大优势。（表3.14、表3.15）。

表3.12　大冶铁矿各年产量和生产效率（单位：吨）

年份	铁矿石产量	每人每年产量
1894	10 000	5.88～6.67
1904	106 378	35.5～38
1910	343 097	171.5
1919	696 935	232.3
1920	824 490	274.83

资料来源：刘明汉. 汉冶萍公司志. 华中理工大学出版社，1990

表3.13　西方国家铁矿石生产效率（单位：吨/（人·年））

年份	英国（克利夫兰）	英国平均水平	美国	德国
1890		400		300
1910	690	670	1000	550
1915	470	770	1400	650
1920	600	540	1450	230

资料来源：T. H. Burnham，G. O. Hoskins. Iron and steel in Britain 1870～1930. London：George Allen & Unwin LTD. 1943

表3.14　大冶铁矿每吨矿石成本

年份	每吨矿石成本	合英镑	备注
1896	2.522两（规银）	约7先令便士	
1908	2～2.2元（银元）	约3先令5便士至3先令9便士	顾琅估计
1912	约3元（银元）	约9先令1便士	丁格兰估计

资料来源：陈旭麓等. 盛宣怀档案资料选辑之四：汉冶萍公司（一）. 上海人民出版社，1984；丁格兰. 中国铁矿志. 1923.129；顾琅. 中国十大矿厂记. 商务印书馆，1916

表3.15　各国每吨铁矿石成本（1913）

国家	矿石种类	每吨成本	铁含量/%
英国	国内最廉者	4先令	30
英国	国产平均	5先令6便士	37
法国	碱性	5先令	30
德国	鲕褐铁矿（Minette）	5先令	30

续表

国家	矿石种类	每吨成本	铁含量/%
比利时	平均	8先令6便士	37
英国	赤铁矿	18先令	50
德国	焙烧菱铁矿（Roasted Spathic）	17先令	50
美国（匹兹堡）	苏必利尔湖	17先令6便士	55

资料来源：T. H. Burnham，G. O. Hoskins. Iron and steel in Britain 1870~1930. London：George Allen & Unwin LTD，1943

3）运输费用。相对便利的运输使铁矿石运输成本较低，进一步提高了每吨生铁的铁矿石成本优势。

大冶矿区东距长江南岸的石灰窑20英里①，石灰窑距长江下游的汉口148公里，大冶铁矿由采掘处通过运矿铁路送至石灰窑，再由石灰窑以驳船经长江水路运至汉阳铁厂码头。因交通便利，每吨矿石从石灰窑运至炼铁炉的成本较低。以1896年为例，共运矿石21 035吨，石灰窑到炼铁厂之间所花费用为24 873.73两[111]，平均每吨1.18两，占每吨铁矿石成本的46.7%，而同期英国北安普敦郡（Northamptonshire）矿石至米德尔斯堡（Middlesbrough）的运费使其成本增加了2倍，比利时和德国的矿石运费则使其成本增长1倍，美国匹兹堡铁矿石运输费用也使其每吨成本上涨了1.3倍[50]。

（二）焦炭（萍乡煤矿）的讨论

1）消耗量。萍乡焦炭的高灰分和水分，导致汉阳铁厂每吨生铁的焦炭消耗量较高。

据顾琅1914年的调查，铁厂一号炉每吨铁需焦炭为1.275吨，二号炉需1.229吨，三号炉需1.148吨[112]。据英国燃料经济协会1916年公布的数据，其中含铁量与大冶铁矿相当的赤铁矿，炼出每吨生铁消耗的焦炭约为1.08吨，[113]低于汉阳铁厂，而汉阳铁厂焦炭消耗水平相当于铁含量仅37%~43%的英国克利夫兰铁矿石炼铁的水平。

2）单位成本。萍乡煤矿每吨焦炭的生产成本很高，这不仅与采煤炼焦的方式有关，更与高昂的非生产费用直接相关。

萍乡煤矿隧道的掘进是用空气及电气凿岩机打眼，用炸药爆破。采煤用六角钢筋、手锤打眼，用镐采挖。直井中煤用升降机运出，横井中用电车运出，至洗煤台筛洗。萍矿有大小两座洗煤台，大洗煤台专洗横井所出之煤。据李建德调查："洗煤台亚洲仅两所，萍矿居其一。"[114]萍乡煤矿作业较高的机械化程度由此可见一斑。小块煤洗净后用于炼焦。炼焦有西法和土法两种，土法炼焦月出焦炭9000吨，出焦率小于70%；西法采用比利时柯伯式炼焦炉，每月可出12 000吨焦炭，日出焦约400吨，出焦率为70%。萍乡煤矿的平均出焦率高于同期的英国，低于德国、法国和比利时，与美国基本相当。因此从设备与技术水平看，萍乡煤矿并不落后。但萍乡煤矿的西式炼焦炉不能利用极为贵重的炼焦副产物，而引进设备之时，正好是西方国家炼焦设备开始由传统的蜂窝式（Beehive Oven）转向副产式炼焦炉（By-Product Oven）的时候。采用副产式炼焦的企业，每吨焦炭的成本可以降低5先令[115]。萍乡煤矿正是在这一时候引进了虽然仍在广泛应用、实则行将过时的炼焦设备。

---

① 1英里=1.609 344千米

　　技术之外的因素对萍乡煤矿焦炭成本的影响更大。萍矿的机构臃肿，且成本管理不善，以至于开支巨大。据 1915 年 12 月 9 日《时报》称："该局员司薪水之厚，有较开滦公司员司薪水多至 7 倍或 10 倍者，实骇人听闻。"萍乡煤矿每月报销产焦开支，只报开支若干两，不报煤焦吨数，因此采煤成本远高于中国其他煤矿。"开滦公司唐山旧井，出煤每吨派工料 1.5 元，马家沟煤井每吨派工料 1.2 元，林西煤井每吨派工料 7.5 角，而萍矿每吨派工料 1.94 两，合洋 2.7 元。"[116]

　　3）运输费用。萍乡与汉阳之间路途遥远，导致焦炭运输费用很高。

　　萍乡煤矿距汉阳约 500 公里。1905 年以前，萍矿的焦炭运输主要靠水路，即由萍河起运，经渌江转入湘江到湘潭，再转运汉阳。1905 年萍株铁路通车后，萍乡的焦炭由铁路运至株洲，再取道湘江运往汉阳。但株洲下游一段浅滩颇多，船舶不能畅行而影响运输，1910 年 8 月株昭铁路通车后，使萍乡的焦炭可经由铁路和水道大量北运。

　　据估算，汉阳铁厂 1914 年左右每吨生铁成本中焦炭运费约 4.42 两[①]，以 1914 年的汇率折算，合英金 11 先令 2 便士，以丁格兰所记 1915 年汉阳铁厂每吨成本 20.20 两计，每吨生铁约 21% 的成本消耗在焦炭的运输上，这一比例远远高于英、美、德等国的水平（表 3.16）。

表 3.16　1926 年各国每吨生铁的焦炭运费

项目	美国（匹兹堡）	英国	比利时	德国（鲁尔）	法国（洛林）
焦炭运费	5 先令 5 便士	4 先令 2 便士	4 先令 2 便士	1 先令 8 便士	13 先令
每吨生铁成本	65 先令 11 便士	53 先令	62 先令 10 便士	53 先令 11 便士	64 先令 8 便士
焦炭运费所占份额/%	8.2	7.9	6.6	3.1	20.1

　　资料来源：T. H. Burnham , G. O. Hoskins. Iron and steel in Britain 1870~1930. London：George Allen & Unwin LTD, 1943

　　综合来看，原料运输费用与炼铁厂的选址有很大的关系。近代的炼铁厂大都建在煤矿区，即"以铁追煤"。这主要出于两方面考虑：一是焦炭在运输过程中易发生损耗；二是如果铁厂与炼焦炉在同一地点，可以充分利用炼焦产生的副产品以降低成本。因此，近代西方国家往往进口煤而不是焦，并在炼铁厂设炼焦炉，以获得更经济的生产技术的配合。

　　有观点认为汉阳铁厂的错误选址是使其衰败的主要原因之一。但从技术经济角度看，我们认为其失误不在铁厂本身的选址上，而在于炼焦地点的选择。虽然汉阳铁厂的原料运输距离较远，但汉阳濒临长江，交通便利，且为华中之政治经济中心，从人才和物流考虑，这样的选址是有其合理性的。但汉冶萍公司将炼焦地点设在萍乡，炼焦和炼铁分离，不能充分利用高炉和焦炉副产物，这无形中增加了铁厂原料的供应费用，导致了不经济性的发生。

　　总之，萍乡焦炭的高灰分、不能利用副产品的炼焦炉，煤矿臃肿的机构和混乱的管理均使焦炭生产成本增加了许多，高的焦炭运输成本加上错误的炼焦地点，进一步导致了汉冶萍公司因焦炭付出极高的代价。因此，汉阳铁厂每吨生铁在焦炭上所耗费的成本普遍高于英美各国（表 3.17、表 3.18），这是影响汉厂生铁成本的重要因素之一。

------

　　①　根据顾琅民国三年的调查数据和全汉升《汉冶萍史略》数据计算

表 3.17　汉阳铁厂每吨生铁的焦炭成本

年份	每吨生铁成本（规银，银元）	合英镑	其中：焦炭成本（规银，银元）	合英镑	焦炭成本所占份额/%
1912	30.20 元（21.59 两）	约 59 先令 2 便士	19.80 元（14.16 两）	约 38 先令 10 便士	65.6
1915	20.2 两	约 47 先令 2 便士	11.2 两	约 26 先令 1 便士	55.4
1920	31.10 两	约 189 先令 7 便士	15.5 两	约 92 先令 4 便士	49.8

资料来源：陈旭麓等．盛宣怀档案资料选辑之四：汉冶萍公司（一）．上海人民出版社，1984；刘明汉．汉冶萍公司志．华中理工大学出版社，1990.28；丁格兰．中国铁矿志．农商部地质调查所，1923.256

表 3.18　各国每吨生铁的焦炭成本

国家	年份	每吨生铁成本	每吨生铁的焦炭成本	焦炭占成本的份额/%
英国	1912	66 先令 9 便士	18 先令 4 便士	27.5
	1923	84 先令 7 便士	28 先令 8 便士	33.9
美国	1910	58 先令 11 便士	17 先令 0 便士	28.9
	1923	104 先令 2 便士	43 先令 9 便士	41.9

资料来源：T. H. Burnham，G. O. Hoskins. Iron and steel in Britain 1870～1930. London：George Allen & Unwin LTD，1943

二、生铁冶炼的技术经济分析

汉阳铁厂原有两座 100 吨的高炉（一、二号），三、四号高炉分别于 1910 年和 1915 年开炉，生产能力为每炉每日 250 吨。生铁产量在辛亥革命之前逐年增加，1911 年 11 月遭破坏而停工，1912 年 12 月一、二号炉修复，产量得以恢复并逐年增长，1919 年达到最高产额 16 万 6 千吨，之后受第一次世界大战结束市场变化的影响，产量开始下降，这样的态势一直持续到 1925 年汉阳铁厂熄炉停工（图 3.6）。

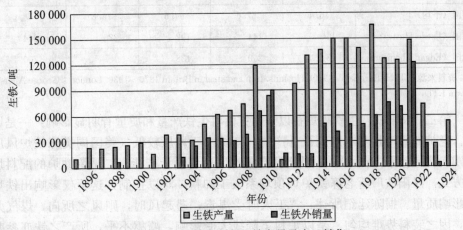

图 3.6　汉阳铁厂历年生铁产量及出口销售

资料来源：刘明汉．汉冶萍公司志．华中理工大学出版社，1990

从销路来看，汉阳铁厂生铁除了供本厂炼钢所用外，1907 年以后有相当份额销往国外市场（图 3.6），主要是与日本定约供给铁料，另销往美国和南洋市场，约占总产量的 50%。

（一）生铁冶炼技术分析

表 3.19 所列为汉阳铁厂炼铁炉的主要技术指标。与当时欧美企业生铁冶炼技

术相比，呈现以下特点：

第一，炼铁炉生产能力不高。汉阳铁厂老炼铁炉属于窄型炉缸高炉，新炼铁炉虽属宽型炉缸，但炉缸直径（3.5米）仍然不大，设计生产能力较小（表3.19），其平均生产能力低于同期美、德企业（表3.20）。这与铁厂设备来自英国有关。汉阳铁厂建设之时，美国等国逐步建立了高强度生产（hard driving）的"美国模式"生铁冶炼，炼铁炉的日生产能力从1872年的不高于50吨增至1900年Carrie三号高炉的790吨[117]。而英国当时的钢铁企业大都是中小企业，高炉生产能力已明显落后（表3.20）。

表3.19　汉阳铁厂炼铁炉之指标

	老炼铁炉（一、二号炉）	新炼铁炉（三、四号炉）
设计生产能力（吨/平方米）		25～28（炉缸面积）
日产量（吨）	90（夏）；100（冬）	230（夏）；250（冬）
风压（磅/平方英寸）	6	6～12
炉缸直径（米）	2.25	3.50
炉腹高（米）	6.00	7.50
容积（立方米）	248	477
热风温度（摄氏度）	680～700	700～750
热风炉	蓄热式炉3座	蓄热式炉4座
进风门（个）	4	8

资料来源：丁格兰.中国铁矿志.农商部地质调查所，1923；顾琅.中国十大矿厂记.商务印书馆.1914

表3.20　1880～1900年各国炼铁炉规模（单位：吨）

	1880年	1885年	1890年	1895年	1900年
英国（平均）	46.4	57.6	64.6	75.8	78
德国（Ilsede Hutte）	110	144	192	226	244
美国（Edgar Thomson）	134	200	428		700

资料来源：T. H. Burnham，G. O. Hoskins. Iron and steel in Britain 1870～1930. London：George Allen & Unwin LTD，1943

第二，汉阳铁厂生铁高炉在以下两方面对生铁产量和质量有明显影响：一是风压。老炉的日产量基本达到设计产能，新炉由于风压较低（美国同类炼铁炉风压为10～20磅/平方英寸①），因此日产量难以达到设计产能。二是炼铁炉的配料加料方式。汉阳铁厂新老炼铁炉炉顶均系人工加料，难以控制，这不仅影响出铁量也影响质量。据陈廷纪所述："工人时受煤毒，遇起风时，则风之所向，煤气尤烈，因之装料势难均匀。是以炉料下降线大受影响，崎岖不平，所产之铁亦参差不齐，徒耗焦炭，殊可惜也。"[118]

第三，高炉煤气未得以充分利用。汉阳铁厂炼铁炉所出的煤气先经过清灰炉与洗灰器，待将灰尘滤清后，一部分煤气供热风炉之用，其余则用于蒸气锅炉提供其他设备动力，但未能完全取代固体燃料。此外，汉冶萍公司炼铁与炼焦不在一处，高炉煤气未能用于炼焦炉，这在一定程度上是一种损失。

---

① 1磅/平方英寸＝703千克/平方米

虽然存在以上不足，但 1908 年之后，汉阳铁厂高炉的运作正常，保持了较高产量。

（二）生铁成本分析

第一，汇率变动极大地影响汉厂生铁成本。1915 年以前，汉阳铁厂每吨生铁成本与同期西方主要产铁国相近，尚具竞争力，销路看好。如 1910 年美国西雅图西方炼钢公司以每吨 13 美元与汉厂签订了为期 7 年半的生铁订购合同，在该价格下，汉阳铁厂可盈利五分以外[119]。但 1915 年之后，汉阳铁厂以英金计的生铁成本数额显著升高，远远大于同期西方国家的水平，其原因主要有二：一是生铁成本本身有所提高，二是银两对英金的汇率在 1915～1920 年间急剧上升（表 3.21）。由于西方国家这段时期的生铁成本亦在增大，因此导致汉阳铁厂生铁成本失去竞争力的主要是第二个因素，即银两的大幅度升值导致了其生铁成本远远超过西方生铁。

表 3.21　汉阳铁厂各年每吨生铁成本（单位：两/吨）

	1896	1908	1912	1915	1919	1920	1922
成本（规银：两）	19.468	约 18～20	21.56	20.2	大于 22.5	31.1	45.5
合英金（先令/便士）	58/5	约 48～53/4	59/2	47/2	大于 142/6	189/7	170/7
海关两与英金的汇率（先令/便士）	3/4	2/8	3/0$_{5/8}$	2/7$_{1/8}$	6/4	6/9$_{1/2}$	3/9

资料来源：陈旭麓等．盛宣怀档案资料选辑之四：汉冶萍公司（一）．上海人民出版社，1984；陈旭麓等．盛宣怀档案资料选辑之四：汉冶萍公司（三）．上海人民出版社．2004；刘明汉．汉冶萍公司志．华中理工大学出版社，1990.28；丁格兰．中国铁矿志．1923.256；（日）大岛道太郎．改造汉厂一号二号化铁炉报告书．1919；Hoyt. Lansing W. Blast furnaces and steel mill in China: a comprehensive survey of China's steel industry. Far Eastern Review，（19）5

注：3/05/8 表示海关两与英镑汇率为 3 先令 05/8 便士，下同

丁格兰在 1923 年《中国铁矿志》中把成本高的原因归结为焦炭成本及运输费用过高，以后的学者也多持此观点。但笔者认为，单纯地以高额的焦炭成本来说明 1915 年之后汉阳铁厂远高于西方的生铁成本是片面的。因为在银两升值之前，汉阳铁厂所耗焦炭成本就已明显高于西方，而其生铁成本并未高于西方生铁。可以说，是汇率的急剧变动带给了汉冶萍公司致命的一击。

第二，从生铁成本结构看，汉阳铁厂生铁原料和工资的比重均低于英美，而其他费用极高，占生铁成本的近 1/3（表 3.22）。汉阳铁厂高昂的日常开支费用从一个侧面说明了公司缺乏有效的管理。1913 年 3 月 4 日的《时报》称："汉冶萍虽名商办公司，其腐败之习气实较官局尤甚……公司职员，汉冶萍三处不下 1200 人，大半为盛宣怀之厮养及其妾之兄弟，纯以营私舞弊为能。"[120]

由于汉阳铁厂是近代中国唯一的钢轨生产企业，其竞争对手全部来自国外，这使得汇率变动成为更加敏感的影响因素。在国家没有有效的关税措施进行保护的情况下，本国货币的升值给国内企业带来的不利影响，只能依靠企业自身成本的降低来补偿，但汉阳铁厂本来就很高的焦炭成本和日常管理费用，大大削弱了其降低成本的能力，导致其生铁在成本上不再具备任何竞争优势。可以想象，如果公司实行有效的管理，加上它的低工资水平，那么银两升值对其造成的影响就不是致命的了。

表 3.22　汉阳铁厂与英、美生铁成本构成（单位：先令/便士，%）

	汉阳铁厂 1915 年		汉阳铁厂 1920 年		美国 1910 年		美国 1923 年		英国 1912 年		英国 1923 年	
	成本数	比重	成本数	比重	成本数	比重	成本数	比重	成本数	比重	成本数	比重
原材料	31/3	66.3	121/4	64.0	49/11	84.7	88/11	85.3	59/0	88.4	70/1	82.9

	汉阳铁厂 1915 年		汉阳铁厂 1920 年		美国 1910 年		美国 1923 年		英国 1912 年		英国 1923 年	
	成本数	比重	成本数	比重	成本数	比重	成本数	比重	成本数	比重	成本数	比重
工资	2/1	4.5	5/5	2.9	2/9	4.7	7/3	7.0	4/2	6.2	7/3	8.6
其他	13/6	29.2	62/9	33.1	6/3	10.6	8/0	7.7	3/7	5.4	7/3	8.5
合计	46/10	100	189/6	100	58/11	100	104/2	100	66/9	100	84/7	100

资料来源：丁格兰．中国铁矿志．1923，转引李鸣和编汉冶萍公司全志；T. H. Burnham，G. O. Hoskins. Iron and Steel in Britain 1870～1930. London：George Allen & Unwin LTD, 1943

三、炼钢的技术经济分析

从 1905 到 1917 年，汉阳铁厂共建设了 7 座西门子-马丁炼钢炉；1 座 150 吨的调和炉；17 座煤气炉；以及打风机、起重机等辅助设备（表 3.23）。1907 年铁厂开始恢复炼钢并持续到 1922 年。1909 年之后钢在最终产品中的比重逐渐下降（图 3.7）。汉冶萍公司由一个以钢轨为最终产品的企业，最终转变成以提供生铁为主的中间产品制造商了。

表 3.23 　汉阳铁厂改扩建之后的炼钢厂设备

设备	规格	数量/座	来源
马丁炼钢炉	容积 30 吨，煤气暖室容积 46 立方米，空气暖室容积 90 立方米	7	英国
混铁炉（调和炉）	容积 150 吨	1	美国
煤气炉	炉径 8 英尺、9 英尺	18	日本和美国
电力打风机		2	
挂梁电力起重车	50 吨	2	
起重车	35 吨	1	
水力机		3	
打钢样汽锤		2	
炉前上料电车		1	
铁路机车		3	

资料来源：顾琅．中国十大矿厂记．商务印书馆，1914；吕柏．1917～1918 年回忆录；刘明汉．汉冶萍公司志．华中理工大学出版社，1990

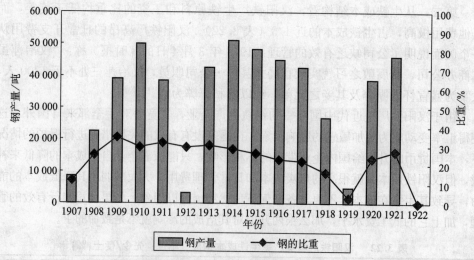

图 3.7　汉阳铁厂钢产量和所占钢铁产量之比重（1907～1922）

资料来源：刘明汉．汉冶萍公司志．华中理工大学出版社，1990.26

（一）炼钢技术分析

从生产能力看，1909 年汉冶萍公司每日可出马丁钢约 250 吨，每年可出钢 7 万多吨；1911 年之后日可出钢约 400 吨以上，每年可出钢在 10 万吨以上。而公司最高的钢产量为 1914 年的 5 万多吨，可见其钢的生产并未饱和。与欧美相比，其炉规模相当于英国 1900 年的平均水平（每炉每年10 000吨），低于美国（每炉每年40 000吨）[121]。

从技术看，汉冶萍公司 1907 年之后采用的是碱性平炉炼钢的方法。炼钢炉料分为两种，一种是生铁加废钢炉料，生铁和废钢各占 50%，另一种是热铁水加废钢炉料，热铁水占三分之二，废钢占三分之一，所加炉料每次 30 吨，每 8 小时出钢一次，出钢率 88%[121]。热铁水加废钢炉料在英美等平炉炼钢厂应用最多，废钢的用量英国约 60%，美国和德国约 50%[122]，均高于汉冶萍公司。使用何种炉料取决于用料的供应和经济原则，汉阳铁厂废钢来源有限，因此废钢的使用自然不高。

燃料的使用是近代炼钢厂重要的技术经济因素，从理论上说，安排得当的钢铁厂除了高炉所需焦炭之外，不需要更多的固体燃料，但近代的钢铁厂往往做不到这一点。汉冶萍公司每吨钢制品从炼铁到炼钢为止需煤约 35.9 英担[①]，略高于英国克利夫兰。从炼钢环节看，汉阳铁厂平炉以煤气发生炉产生的煤气做燃料，而煤气炉每炉每昼夜消耗有烟煤 10 吨左右[112]，其炼钢没有利用高炉煤气或者炼焦炉煤气，这与汉冶萍公司不合理的布局有关。

从炼钢炉砖料的使用看，汉冶萍公司砖料原先不能自给。其炼钢炉所用砖料有三类，炉底和底墙下半截用镁砖，炉墙上半截及炉顶和他处用硅砖，此两种砖均购自英德两国，价格昂贵，风房火房的蓄热砖采用自制的耐火砖。第一次世界大战发生后，镁砖和硅砖不能从欧洲进口了，公司一方面使用旧存的进口砖，另一方面以国产的白云石代替镁砖，而本厂制砖厂研究自造硅砖成功，但产量不大，需向日本购买硅砖以辅助[123]。

从钢的质量看，汉冶萍公司所炼钢锭成分颇为纯净，含氧 0.11%，含锰 0.45% 左右。[124]

（二）炼钢成本讨论

汉冶萍公司每吨钢锭的成本略高于美国一类炼钢厂（大型企业），低于美国二、三类企业（中小型）（表 3.24）。美国三类钢厂的数据显示出，美国钢的冶炼具有明显的规模经济性，即生产规模越大，成本越低。汉冶萍公司的生产规模远低于美国企业的平均水平，更不可能与其一类企业相比，不具备规模经济性。

表 3.24　汉冶萍公司 1916 年每吨钢锭与美国三类炼钢厂 1918 年平炉钢锭成本比较

	汉冶萍（银两）/两	折合/美元	比重/%	美国一类炼钢厂/美元	比重/%	美国二类炼钢厂/美元	比重/%	美国三类炼钢厂/美元	比重/%
原料	20.87	23.60	62.3	26.3	79.0	31.1	75.4	33.93	73.4
配料	0.94	1.06	2.8	0.33	1.0	0.56	1.4	0.84	1.8
燃料	5.12	5.79	15.3	1.54	4.6	2.27	5.5	3.12	6.7
各种砖料	2.21	2.50	6.6	1.05	3.2	1.08	2.6	0.8	1.7

---

① 顾琅．汉阳铁厂载：中国十大矿厂记．商务印书馆，1914.40. 据此数据计算，1 英担＝50.8 千克

续表

	汉冶萍(银两)/两	折合/美元	比重/%	美国一类钢炼厂/美元	比重/%	美国二类炼钢厂/美元	比重/%	美国三类炼钢厂/美元	比重/%
钢锭模	0.07	0.08	0.2	0.38	1.1	0.66	1.6	0.93	2.0
薪工	0.8	0.90	2.4	1.43	4.3	2.6	6.3	2.56	5.5
其他	3.49	3.95	10.4	2.25	6.8	3	7.3	4.07	8.8
总共成本	33.5	37.89	100	33.28	100	41.27	100	46.25	100
除去	1.8	2.04	5.4	0.06	0.2	0.03	0.07	0	0
实际成本	31.7	35.85	94.6	33.22	99.8	41.24	99.9	46.25	100

资料来源：丁格兰．中国铁矿志．1923，引自李鸣和汉冶萍公司全志；T. H. Burnham，G. O. Hoskins. Iron and Steel in Britain 1870~1930. London：George Allen & Unwin LTD，1943

从成本构成来看，汉冶萍公司炼钢有以下特点：

第一，汉冶萍公司的燃料、砖料所耗明显高于美国所有类型的企业，这与上述汉阳铁厂炼钢燃料和砖料供应的技术状况有密切关系。汉冶萍公司炼钢不能充分利用炼铁和炼焦的副产品，因而其燃料所费成本很高。而汉厂砖料所耗费用是美国企业的 2~3 倍，这一方面反映了其进口砖料价格昂贵，另一方面也可能因其炉较短的寿命（100 余炉）所致。

第二，工资所耗很低，说明中国工人极低的工资水平。

第三，各项材料和薪工以外的其他成本接近美国小企业的水平，但其所占份额显著偏高，再次说明汉冶萍公司在日常开支上的管理不善。

四、轧钢的技术经济分析

改扩建之后，汉阳铁厂轧钢生产能力有所提高。表 3.25 所列为汉阳铁厂改扩建之后轧钢设备情形。

表 3.25　汉冶萍公司改扩建之后的轧钢设备

名称	辊径/毫米	数量/架	驱动	功率/马力*	产品
二重式轧机	500	2	英国谛赛德厂制立式蒸汽机	400	轻轨，鱼尾板等
三重式轧机	380	4	卧式双筒蒸汽机	400	轻轨夹板，方钢，圆钢，扁钢
二重式轧机	380	1			
二重式轧机	320	1	卧式双筒蒸汽机		
二重往返可逆式开坯轧机	1 016	1	英国代屋厂造卧式双筒变向蒸汽机*	7 500	钢板扁坯
二重可逆式钢板轧机	770	2	英国代屋厂造卧式双筒变向蒸汽机	7 500	
二重可逆式轧机	800	3	三筒卧式蒸汽机	12 500	重轨
二重可逆式轧机	800	2	双筒复式蒸汽机	6 500	重轨

资料来源：刘明汉．汉冶萍公司志．华中理工大学出版社，1990.19
＊1 马力＝735.49 瓦
＊据笔者考证，英国代屋厂应为英国的 DAVY BRO'S L. d. 公司，位于谢菲尔德市

（一）轧钢之技术分析

第一，从生产能力看，据赖伦 1909 年所计，轧钢设备如全力工作，每年可出钢料 750 吨，此数远远高于当时炼钢设备和炼铁炉的生产能力。但 1909 年汉阳铁厂的三、四号高炉还未建成，炼钢炉只有 4 座完工，炼钢和生铁产能较小。汉阳铁厂二期工程全部完工以后，实际生产情况正好相反，铁厂的生铁产量大于炼钢产

量，炼钢炉的生产能力大于轧钢产量。[124]汉冶萍公司炼铁、炼钢和轧钢设备的产能仍未能匹配，这影响了投入资本的回收。

第二，从设备性能看，汉厂轧钢和炼钢一样，配有当时较先进的辅助机械，如电力滚轴剪钢机、修光厂等。赖伦在1909年叙述："汉阳铁厂之全厂系照刻下最新式样式布置，故虽有笨重料件，可以一气呵成。"[125]

但霍德（Hoyt）在1922年的一份调查报告中指出：

（汉厂）的轧钢设备不无异常，只是这些设备在美国被认为是过时的，尽管在欧洲也许没有过时。……虽然40英寸的初轧机和28英寸的轧轨机仅仅是在15年前安装的，那时却没有人认识到连续生产，而这在1907年的美国已经很普遍了。……（汉厂）机架、齿轮、链接轴、轧辊等的重量对于一套连续生产设备来说都是足够的了（包括动力），然而其产量只有那种生产模式的25%……这些轧机是昂贵和奢侈的。[124]

可见，汉冶萍公司轧钢设备在欧洲人眼里是新式的，在美国人眼里却已过时了。

第三，从产品看，汉冶萍公司轧钢规模不大，但轧制的品种繁多，如钢轨，从85磅的重轨到20磅以下的轻轨共有10种规格，样式亦有中、美、英、法、比各式。而其他几乎所有类型的钢货、型钢汉冶萍均有生产。[126]

以技术经济的观点来看，频繁地变换轧钢品种是不经济的，集中和连续的生产是提高轧钢效率的关键，其前提是产品的标准化，如钢轨的标准化。但在汉冶萍公司时期，各种钢件均没有统一标准，中国铁路大都是外国工程师主持设计，各路钢轨样式轨重各异。汉冶萍公司只能按照各铁路所需的轨样来安排生产，无法实现集中和连续生产带来的规模经济性。李维格将铁轨车辆等无统一之标准作为中国铁业不能发达的两大原因之一："各处铁路，人自为政，所用洋工程师，亦各有意见，路轨车辆样式，杂乱分歧，从无划一之规定。因此各国工师，各出其式，使承造者穷于应付。"[127]

（二）轧钢之成本

与欧美国家比较，汉冶萍公司钢货没有明显的成本优势。1896年汉冶萍公司每吨钢轨成本约46两[128]，合140德国马克①，高于当时德国每吨钢轨的成本90.7马克[129]，1908年其钢货平均成本约50两[130]，笔者没有1908年其他国家的数据，美国1918年钢货平均成本约47.5美元[129]，若汉阳铁厂1908年的50两成本保持不变，以1918年汇率折算，合56.5美元②，略高于美国。

第五节　小　　结

汉阳铁厂是在一种对技术完全无知的状态下进行第一期的设备引进和建设的，

---

① 1896年中国关平银与德国马克的汇率为1：3.39，关平银与上海规银的比率为1：1.114，由此可计算出46两规银折合140德国马克

② 1918年中国关平银与美元的汇率为1：1.26，关平银与上海规银之间比率为1：1.114，由此可计算出50两规银折合56.5美元

这时的中国社会无论在技术知识等基础层面还是技术教育等技术支撑层面，与大规模引进近代钢铁技术完全不相适应。

在这一阶段，与近代钢铁技术有关的基础知识是缺乏的，从理论上讲，技术引进方对技术的掌握程度越低，所付出的代价往往越高。事实也证明，汉阳铁厂的确为技术无知付出了高昂的代价。其投产后屡屡出现的高炉低劣的建设质量、焦炭供应不上以及钢轨质量问题，就是这种代价的体现。

在这一阶段，技术教育、试验等技术支撑层面也远远滞后。在近代，像钢铁生产这样大型的设备引进是一个复杂的系统，尤其是设备引进之后的使用效果，与原料的供应，工匠的培养、化验室等技术设施等方面密切相关。从铁厂兴建和投产的情况不难看出，对于汉阳铁厂而言，焦炭供应、工匠的培养、化验技术和设施等技术支撑系统是影响其设备使用的主要因素。

除了与之相适应的技术基础和支撑外，技术之外的因素对于技术引进也很重要，技术引进的成败往往还取决于参与引进国的文化、管理等方面的特点。在设备购置和建设过程中，汉阳铁厂创建者"抑商轻利"的思想，有关人员的中饱私囊使铁厂付出了更高的代价。在此情况下，首批设备输出方的英国人采取了相对消极的态度来应对中方的技术无知和管理上的无能，这给铁厂的兴建增加了更多麻烦。

从一期设备引进和建设的盲目到二期改扩建的谨慎与合理，这是一个从无知到获得经验的过程，不管付出了多大的代价，中国人毕竟取得了经验，这才有了二期设备较为成功的引进。

经过两次设备引进和建设，汉冶萍公司的钢铁生产呈现出以下技术经济特征，这些特征也是技术引进效果的具体表现。

第一，以设备和工艺而论，汉冶萍公司引进的设备和运用的工艺均属当时主流。但公司引进设备之时，正是西方钢铁生产工艺大变革的时期，以美国为代表的钢铁生产以更高的机械化程度、更合理的工序流程等实现了生产规模的飞跃，从而获得显著的规模经济效益。因此与之比较，汉冶萍公司的设备和工艺虽属主流，但已行将落后。

第二，矿、焦、铁三环节布局不当对汉冶萍公司的影响巨大，突出表现在无法通过各环节充分的技术整合（如燃料的利用）来实现生产的经济性。尤其是炼焦厂未设在钢铁厂附近，焦炉煤气和高炉煤气均未得到充分利用。从技术的角度来看，汉冶萍公司在选址上的失误在于炼焦厂的设置上，而不在于汉阳铁厂的选址上。

第三，缺乏上下游行业的技术支持进一步影响了汉冶萍公司的钢铁生产。如没有合适的国产炉砖，使大修成本增高；下游铁路建设没有统一标准使其产品不能实现大规模连续生产，导致规模不经济的发生。

第四，非技术的因素是导致汉冶萍公司后期生铁和钢失去竞争力的重要原因。汉冶萍公司从创建开始以来就始终面临西方钢铁产品的巨大竞争压力，落后国家的新兴工业产品竞争力往往在于其较低的成本，本国货币汇率的坚挺会削弱这一优势，第一次世界大战后期银两的升值使汉冶萍公司钢铁成本处于明显的劣势，也导致了1918年之后国外钢铁以极低的价格在中国大量倾销。此外，沉重的利息负担，官办企业的习气和非现代企业的作风形成的高额日常费用使其不具备自我保护能力，加上受到日本贷款合同的制约，以及缺乏关税保护，最终使汉冶萍公司的现代化设备和高质量失去了用武之地。

第四章

汉冶萍公司技术能力的本土化进程

维学生必出洋游历，躬验目治专门肄习，乃能窥西学之精，用其所长补我之短。

——盛宣怀

设备的引进和投产使汉冶萍公司获得了生产能力，这只是器物层面的技术移植，而技术能力本土化，更多地体现在本土技术人员和工匠的培养以及制度层面的建设上。1925 年之前，汉冶萍公司经历了一个艰难而独特的技术能力本土化过程，但公司乃至整个国家的本土钢铁技术能力的建立并未走得更远。为什么会产生这样的结局？这恐怕是技术史研究最为关注的问题之一，要讨论这一问题，首先要复原这段历史。因此，本章旨在复原公司在各层面上进行技术能力本土化尝试的史实及其结果，为进一步讨论中国近代钢铁技术移植之问题提供客观的史实基础。

第一节　工程师的本土化

一、早期的外籍工程师及其作用

早期阶段的汉冶萍公司，从建设到钢铁生产，都是在外籍工程师和技术工人的指导和参与下进行的。在此期间，外籍技术人员主要从事以下技术活动：

一是汉阳铁厂的设计和指导铁厂的建设；

二是大冶铁矿早期的勘探和指导工程建设；

三是萍乡煤矿的勘探和指导机械化开采工程建设；

四是指导和参与汉阳铁厂、大冶铁矿和萍乡煤矿的生产活动。

（一）汉阳铁厂早期外籍工程师

汉阳铁厂在从 1890 年筹建到 1912 年首个中国人担任总工程师为止的 22 年，先后有 5 名外籍技术人员担任总工程师（表 4.1），铁厂同时聘请了一批外籍人员担任各生产环节的技术人员。汉阳铁厂各工种工人分为领工、工头、匠目、匠首、工匠、长工、小工、长夫等职位[131]，其中，匠目、匠首、工匠可视为技术工人或技术人员，匠目和匠首为熟练技术人员。1912 年之前，铁厂的匠目和匠首几乎全部由外籍人员担任。

表 4.1　汉阳铁厂总工程师及技术人员（1890～1912）

总工程师	国籍	任职期间	工程师和工匠的情况
Henry Hobson（贺伯生）	英国	到 1892 年 6 月	英国人
Emile Braive（白乃富）	比利时	1892～1896	比利时人和卢森堡人
Gustav Toppe（德培）	德国	1896～1897	比利时人、卢森堡人和德国人
Kennedy（堪纳第）	美国	1897～1898	比利时人、卢森堡人和德国人
		1898～1905	
Eugene Ruppert（吕柏）	卢森堡	1905～1912	比利时人、卢森堡人和德国人
吴健（Woo Zung Tse Kim）	中国	1912～	比利时人、卢森堡人和德国人 1914 年以后中国人

资料来源：欧仁·吕柏回忆录（德文）

注：根据其他史料考证，白乃富任总工的时间应为 1892～1895 年

从时间上看，汉阳铁厂早期外籍技术人员分为三个阶段：

1890～1893 年，汉阳铁厂兴建期。因铁厂设备和设计来自英国的谛塞德（Teesside），故工程技术人员以英国人为主，总工程师先后为英国人贺伯生（Henry Hobson）和比利时人白乃富（Emile Braive）（表 4.1）。此阶段工程师的任务为兴建铁厂，但对于这些外籍人员具体情况和工作状况，人们知之甚少。照吕柏后来的叙述，英国人的指导工作并不合格，导致生铁高炉质量非常糟糕[97]。而谛塞德厂提供的设备和图纸屡次出现错漏，以至延误工期，加之比利时企业为汉阳铁厂培训工人的承诺，铁厂后期的一些配套设施便转向比利时的郭克里尔厂订购，铁厂的外籍工程师也因此更换。

1894～1904 年，铁厂建成投产。绝大部分工程师由郭克里尔厂推荐而来，主要为比利时人、卢森堡人和德国人。总工程师先后有 3 位，分别是比利时人白乃富、德国人德培（Gustav Toppe）、美国人堪纳第（Kennedy）（表 4.1）。工程师们的主要任务有两个：初期为继续完成铁厂的建设，保证顺利投产；投产之后为维持铁厂的生产。此阶段聘请的外籍人员较多（表 4.2），尤其是 1896 年钢轨正常生产之后，外籍人员最多达到 35 名①。1904 年芦汉铁路行将竣工，铁厂设备停工整理，外籍人员均思回国，多数人与铁厂谈妥废约返欧。盛宣怀趁此时机派李维格出洋考察，实施大规模技术改造和扩充。图 4.1 为 1894 年汉阳铁厂部分外籍工程师的合影。

表 4.2　1896 年汉阳铁厂各部门外籍人员数

部门	职务
	总管 1 人
东码头	洋匠 1 人
炼铁高炉	总管 1 人；匠目 2 人

---

① 根据吕柏的《中国的采矿业与钢铁工业》所述

续表

部门	职务
西法炼焦炉	烧焦匠1人
熟铁及轧轴	总管1人、匠目1人；轧轴匠2人；炉匠首1人；炉匠3人
化学房	化学师1人；化学助理1人
西门子-马丁炉	匠目2人；工匠1人
贝塞麦炉	开车匠1人；炉匠及管排1人；冲天炉匠1人；汽管火砖匠1人
轧轨轴	轧轴匠2人；烘钢匠2人；开车匠1人
其他	总绘图1人；装机匠1人；医生1人；文案1人；
合计	32人

资料来源：陈旭麓等编. 盛宣怀档案资料选辑之四：汉冶萍公司（一）. 上海人民出版社，1982. 74，75
注：该表的人员统计为时任汉阳铁厂总工程师德培所作

1905～1911年，铁厂实施改扩建之后。李维格在欧洲考察时，为铁厂选定了新的总工程师：前高炉炉长吕柏，同时聘定四名新工程师："一生铁炉、一钢厂、一轧轴厂、一修理机器厂。"[132] 考虑到吕柏多年在德国工作，萍乡煤矿总矿师赖伦也是德国人，因此新工程师也聘用德国人。此外，在吕柏的介绍下，约17名卢森堡人于1906～1911年间陆续加入汉阳铁厂，成为主要技术人员（表4.3）。此阶段工程师们的任务为二：一是进行新设备的建设和旧设备改造，二是改扩建初步完成后的钢铁生产。由于改扩建工程和生产在同一批技术人员手中进行，这也从技术上保证了汉阳铁厂在1908年之后的顺利投产。图4.2为1911年汉阳铁厂卢森堡籍工程师合影。

表4.3 1906～1911年加入汉阳铁厂的卢森堡籍工程师

年份	姓名	职务
1906	Leon Lentz	Schmelzmeister（熔炼师）
	Jean Hauffels	Schmelzmeister（熔炼师）
1907	Bernard Duchscher	Oberingenieur（主任工程师）
	Franz Cox	Oberingenieur（主任工程师）
	Dr. Jean Pierre Arend	Laboratoriumschef（实验室主任）
	Jean Pierre Soisson	Stahl-und Walzwerkschef（炼钢和轧钢主任）
	Camille Beissel	Hochofeningenieur（高炉炉长）
	Ferdinaud Schanen	Elektro-Ingenieur（电气工程师）
	Michel Schroeder	Elektriker（电工）
	Jean Groff	Hochofenschmelzer（高炉师）
1908	Franz Hoffmann	Konstrukteur（建筑师）
	Emil Hamelius	Elektriker（电工）
	Mathias Groff	Hochofenschmelzer（高炉师）
	Leopold Paquet	Walzmeister（轧钢师）
1910	Jean Mich	Bildhauer（雕刻家）
1911	Victor Moyen	Konstrukteur（建筑师）

资料来源：Von Eugene Ruppert. Die Chinesische Eisenindustrie und der Luxemburgische Ingenieur in China. Revue Technique Luxembourgeoise，1937，(6)

1905年之前汉阳铁厂频繁的更换总工程师，其历任外籍总工程师的情况如下：

贺伯生（Henry Hobson），英国人。1890年驻英大使薛福成替汉阳铁厂聘得，据薛福成日记记载，贺伯生"先在英国北境得兰福太音江热罗地方之巴麦厂①为匠首，学艺颇精，于选地建厂安机熔炼各事，均甚谙练。辞退巴麦厂事，本年六月抵鄂，合同以三年为期，每年薪水英金一千五百镑"[133]。他于 1890 年 6 月至 1892 年 6 月作为建设汉阳铁厂的总监工，领导了汉阳铁厂的建设施工，并对汉厂的选址提出了异议，但未被采纳。与之同事的中国监工为蔡锡勇、王廷珍（大桃知县）和蔡国桢（湖北候补知县）。

白乃富（Emile Braive），比利时人，原为盛宣怀开办的招商局之矿师[134]。1889 年 10 月盛宣怀受张之洞之托，派其前往湖北大冶等地勘探煤铁，1889 年底，勘得大冶之铁矿甚佳。1890 年初（光绪十五年十二月三十日），受张之洞的委派，再次会同德国矿师毕盎希和英国矿师巴庚生，前往大冶等地详勘铁矿，并勘察大冶附近是否有可供炼铁之煤，取得铁矿并化验表明确实是佳矿，但勘查煤矿未果。[135] 1890 年 7 月左右，白乃富就回到了汉阳，协助蔡锡勇建设汉阳铁厂，直到1895 年。1892 年 6 月至 1895 年 7 月，白乃富任汉阳铁厂总工程师。

德培（Gustav Toppe），德国人，毕业于德国矿业大学（German Mining University），去汉阳铁厂之前，在德国联合钢铁厂（Union A. G. fur Bergbau u. Stahl Industrie zu Dortmund）任总工程师[136]，1895 年张之洞致函驻德大使许景澄，请他托克虏伯厂为汉阳铁厂推荐总工程师[137]，克厂举荐德培，德培约 1895 年 7 月到达汉阳铁厂，任总工程师，月薪 2250 马克。1897 年 2 月，德培与汉阳铁厂解除合同，此时正值日本八幡制铁所建设时期，其技术负责人大岛道太郎（1859～1921）② 欲为企业寻找一名德国工程师任总工，当他得知德培有意去日本的消息，便直接致函向他发出邀请，并派铁厂的一名主管前往上海与之商谈，德培最终与八幡制铁所签订合同，于 1897 年 11 月抵达日本，日本政府给他的薪水是 19 200 日元，两倍于日本首相的薪水。但日本人对德培的工作似乎也不满意，于 1901 年 4 月将他辞退。[138]

堪纳第（Kennedy），美国人，约 1897 年 3 月抵达汉阳铁厂，盛宣怀以成本为考核指标，试用三个月[139]，1897 年 6 月开始总管汉阳铁厂生产大权[140]，但他与汉阳铁厂坐办郑观应关系不合，与汉阳铁厂其他欧洲工程师的关系也紧张，仅一年后就离开了汉阳铁厂。

堪纳第离开后，1898～1905 年汉阳铁厂没有聘任总工程师。

因此，1890～1898 年短短的 9 年间，汉阳铁厂先后更换了 4 名国籍不同的总工程师，除了白乃富外，其他三人的任期均不超过两年。总工程师的频繁更迭给汉阳铁厂带来了极大的痛苦，铁厂也为此付出了很高的代价。直到 1905 年吕柏回到铁厂担任总工，才使困扰铁厂多年的总工程师问题得到解决。

（二）大冶铁矿和萍乡煤矿早期外籍工程师

大冶铁矿和萍乡煤矿早期的外籍人员主要工作有二：一是铁矿和煤矿资源的勘探，二是指导矿区的建设和开采。

---

① 英国北部 Tyne River 地区的钢铁厂

② 大岛道太郎（1859～1921），日本人，早年就读于德国矿务学校，工学博士。1890 年任日本皇家财产局（Imperial Estate Bureau）专家，1896 年任八幡铁厂总督办，1899 年任八幡铁厂总工程师，1908 年起任东京帝国大学工程系教授。1914 年起根据汉冶萍公司与横滨正金银行签订的借款合同规定，汉冶萍公司聘请大岛道太郎为工程顾问

图 4.1　1894 年汉阳铁厂部分卢森堡籍工程师和中国同事

图 4.2　1911 年汉阳铁厂卢森堡籍工程师

资料来源：吕柏. 中国的采矿业与钢铁工业

表 4.4　大冶铁矿早期外籍技术人员

时间	事件	外籍人员
1889 年 11 月	勘查铁矿	比利时人白乃富（Emile Braive）[1, 2]
1889 年 12 月	勘查铁矿	白乃富、巴庚生（英）、毕益希（德）、司瓜兹（Schwarze）（德）[1]
1890 年 12 月~1893 年	修建铁山运道、码头等	德国人时维礼（P. Scheidtweiler）任运道工程主管，聘德国人帕德波古、帕司儿、赖伦（G Leinung）、马克斯为矿山技师[1, 3]
1893 年以后	开采铁矿	1895 年聘德国人马克斯为总矿师（克虏伯厂荐）[3]

资料来源：

1. 孙毓棠编. 中国近代工业史资料. 第一辑（1840~1895）. 科学出版社，1957. 752，755，756，761，762

2. 陈旭麓等编. 盛宣怀档案资料选辑之四：汉冶萍公司（一）. 人民出版社，1982. 3

3. 湖北省档案馆编. 汉冶萍公司档案史料选编（上）. 中国社会科学出版社，1992. 79，80，118

　　大冶铁矿的勘探最早始于 1877 年，盛宣怀聘请英国矿师郭师敦（A. W. Crookston）勘查铁山，取回铁样并化验，后盛宣怀开办铁矿未果。1889 年筹建铁厂之时，张之洞派数名外籍矿师再赴大冶勘探，探得佳矿，于 1890 年 12 月起开始开办铁矿，修建铁山运道、码头，采办机器，并聘数名德国技术人员（表 4.4），1892 年 10 月运道工程告竣，1893 年开采机器等设妥，铁矿亦于当年开始产出矿石。

　　早期外籍矿师的铁矿勘探对开发大冶铁矿发挥了重要作用。但现在已经很难找到他们的详细情况，只能从史料的零星记载中简单了解：郭师敦，英国矿师，有关他的最早记录是美国纽约时报 1874 年 9 月 24 日的 "Passengers Sailed"，记录了他从印第安纳乘船前往英国的格拉斯哥[141]。他大约在 1877 年之前就到了中国，1877～1879 年在中国九江海关任矿师，并于 1877 年勘察了大冶铁矿，1877 年的海关关册中赫德（Robert Hart）[①] 写道：“蒙湖北省政府的矿师郭师敦君供给我下述关于湖北省矿产情况的资料：……本省的煤矿虽然贫乏，但其他矿藏丰富，尤其是铁。在大冶县境内各处铁矿很多，尤其在黄石港以南十五英里的地方……”[142] 郭师敦回到英国的时间不详，他后来成为美国矿业工程师学会的会员，在 1896 年的会员名册上，他的地址是英国的格拉斯哥惠灵顿街（Wellington Street）。

　　巴庚生，英国人，1890 年由清廷驻英国大使薛福成在英国替张之洞聘得：“广东去年设西艺学堂，考究矿学、电学、化学、公法律例学、植物学共五种，须延洋教习五人。……又托英国矿学大掌教，选觅在义国开矿之矿师巴庚生，铜铁锡矿学化学皆精，系学堂出身，开矿有效，每年薪水英金一千磅，先订两年合同，客冬抵粤，由粤到鄂。”[143]

　　德国矿师毕盎希、司瓜兹，亦是跟随张之洞从广东来到湖北[135]，但详情不知。

　　在修建大冶铁矿工程的工程师中，铁矿运道工程主管时维礼（Scheidtweiler）尤其值得注意。时维礼是一名德国铁路工程师，1886 年 10 月，德国俾斯麦（Otto Von Bismarck）[②] 政府为了争夺中国铁路的让与权，决定用国家经费派遣一些德国铁路工程师到中国学习中文，1887 年德国派出两名经过国家甄选合格的工程师和两名工程绘图员来到中国，其中一名就是时维礼。为了此项任务，俾斯麦动用了他的秘密费用的 1/4，即 30 000 马克。两名工程师附属于德国使馆，德国政府给他们的指示是：密切注视中国铁路技术的发展，并随时把情况报告外交部。1890 年，在使馆的帮助下，时维礼被安置在张之洞总督处，在得知张之洞计划修建京汉铁路后，时维礼立即为这一铁路拟了一个计划，并奉张之洞之命，于 1890 年春从汉口出发，测量铁路路线。时维礼的计划后来未能实现，但他仍然利用在张之洞处工作的机会，使大冶铁矿运道专用铁路向德国订购材料。不仅如此，他还担任了张之洞建设各种工厂及其他工程的顾问，从而使德国获得了范围广泛的订货，包

---

　　① 赫德（Robert Hart，1835～1911）英国人，1861～1911 年担任清政府海关总税务司

　　② 俾斯麦（Otto Von Bismarck，1815～1898），1862～1890 年任德国首相，他使德国走向统一，人称“铁血宰相”

括约值 6 000 000 马克的枪炮厂全部设备，这笔买卖使德国外交大臣马歇尔异常高兴，他使这位工程师除了在张之洞处的收入外，每月还支官俸 500 马克，另外每天给日用费 20 马克，这使得德国公使巴兰德（Max August v. Brandt，1835～1920）愤愤不平地说，时维礼每月可赚 2100 马克，几乎比公使本人还要多。[144]

1896 年盛宣怀接管汉阳铁厂之后，开始勘探和开办萍乡煤矿。因为开办资金来自德国礼和洋行的借款，所以萍乡煤矿的勘探、设计、设备采办和修建工程均由德国工程师负责（表 4.5），其中以德国矿师赖伦（G. Leinung）最为重要。赖伦自 1896 年被盛宣怀派往萍乡煤矿之后，其在中国的职业生涯便和萍矿紧密相连，1898 年之后他一直任萍矿总矿师，直到 1914 年中国留学生回国。卸任总矿师之后，他仍然为汉冶萍公司工作至早到 1923 年①（表 4.6）。

表 4.5　萍乡煤矿早期外籍人员

时间	事件	外籍人员
1896 年 9 月	勘查煤矿	德国人马克斯、赖伦[1,2]
1898 年初	勘查煤矿	
1898～1907 年	成立萍乡等处煤矿总局，开工建设萍乡煤矿，修建萍株铁路	聘赖伦为总矿师，德国人施密特等协助。铁路修建聘德籍总工程师李治、副工程师马克[2]
1907～1911 年	煤矿生产	赖伦为总矿师，其他人员不详[2]

资料来源：
1. 湖北省档案馆编汉冶萍公司档案史料选编（上）. 中国社会科学出版社，1992，177～185
2. 刘明祖等编. 汉冶萍公司志. 华中理工大学出版社，1990，60～63

表 4.6　赖伦在汉冶萍公司经历简表

1896 年 9 月	赴萍乡煤矿勘探
约 1898 年	因暴乱和传教士被害事件，被迫离开
1900 年	重返萍乡
1904 年	与李维格同赴欧洲，协助订购设备和聘用新工人
1911 年 10 月	辛亥革命爆发，撤到汉口
1912 年 1 月	多数工程师乘船返德，赖伦决定留下，获汉冶萍公司电函，重新管理萍矿
1913 年 4 月	返回萍乡，开始工作
约 1914 年	辞去总矿师一职
1917 年	第一次世界大战爆发，汉冶萍公司致函政府，请留德国工程师赖伦
1923 年 3 月	受公司委派，调查萍乡煤矿和永和煤矿事

资料来源：The Pinghsiang Colliery: a Story of Early Mining Difficulties in China. The Far Eastern Review，1916.12（10）；湖北省档案馆，汉冶萍公司档案全宗有关资料整理

（三）汉冶萍公司早期雇用外籍工程师之特点

早期阶段的汉冶萍公司对外籍工程师的雇用存在一些突出的特点，由于外籍人员担当了几乎全部的技术职责，因此这些特点是影响这一阶段汉冶萍公司技术活动的不容忽视的因素。

第一，汉冶萍公司对外籍工程师的选择，突出地体现出各国在中国之政治经济利益的争夺。在吕柏眼里，这正是 1900 年之前汉阳铁厂工程师频繁更换的重要原因：

当时西方强国正在试图让其政治和商业利益在中国找到立足点，因

---

① 湖北省档案馆汉冶萍档案全宗存有 1923 年"汉冶萍公司派赖伦调查萍矿及永和煤矿事的函"

此外交代表们都有控制正在增长的中国工业的任务，基于这一原因，1890～1900 年为了外交的利益，这个工厂的外方经理曾先后由英国人手中，到比利时人手中，德国人手中，美国人手中，最后又回到比利时人手中。①

吕柏的这番话是有依据的，他担任汉厂高炉炉长期间，正是汉厂总工程师更迭最频繁的时期，先后由比利时人白乃富更换为德国人德培和美国人堪纳第。而此间比利时人一直在寻找机会重新让他们的工程师主持汉阳铁厂。1897 年 7 月，比利时驻上海领事法兰吉得知铁厂总工程师堪纳第与总办郑观应不合，便致信盛宣怀，劝说其辞退堪纳第，任用比利时人为总工：

> 即大人亦知加纳地于制造中毫无见识，现堪纳第满意将汉阳厂洋人改请美国人，此固无疑矣。倘大人略为细思，某知其必惊觉，此中糜费之多也，故鄙见整顿铁厂此其时矣。果欲铁厂起色，必须选择忠正之人商办一切方妥。大人本意欲用总管，鄙见此总管必由郭克利厂内选荐前来，如是则汉阳厂人员均归为同国之人相聚办理。[145]

一个多星期后，该领事又找到将任汉厂总办的盛春颐，再次劝说汉厂用比利时人替代堪纳第：

> 昨比领事来，面谈良久。密云：堪纳第万不可令其再来管厂，恐各工师不受其节制，必须与之决裂散场，于大局实有关系。……况堪纳第系美国人，无论工作外行，即再添美工师，亦恐于铁路事宜不能顺手。路工均该国人承办者多，美人在厂所出钢轨，铁路必多挑剔，则不若本国人之较为相安无事。[146]

到 1898 年，比利时领事又劝辞吕柏，原因是比利时正与德国争夺向萍乡煤矿的借款权，而吕柏与萍矿德国籍总矿师赖伦交情甚好，当时在汉厂任炼钢总管的卜聂致信吕柏告之事情真相：

> 尔我交情，凡尔之事，我无不关切，尔所深知。……七月初七八，我到上海见法兰吉时，伊即谈尔之事，伊之攻尔伊并不掩藏，且谓赖伦已帮助借成礼和之款，比公司欲得厂、矿之计，为此借款所败。此计赖伦知否，不得而知，但伊实与郭厂为难，而尔常在郭厂保举赖伦，谓其帮助比人。现在观其行为，一切反是，此系法兰吉所告我之大略也。伊之计策系设法使尔失去汉阳之事，因疑尔与赖伦同谋，否则亦为其所愚。伊为比国领事，其本分系攻击德人，并帮助德人之人云云。[147]

也许正是卜聂的这封信让吕柏在回忆录中写下了上面一段话。

更值得注意的是，赖伦于 1903 年将此信转给盛宣怀，作为揭露比利时对汉厂和矿山的野心的证据，目的在于劝说盛宣怀与德国礼和再订贷款合同，另建铁厂：

> 倘大人允与礼和立合同，准给其大冶矿石照售与日本人之价，又准

---

① 吕柏．中国的采矿业与钢铁工业

给其萍乡焦炭、生煤照售与汉厂之价，彼愿立借银二百万马克，悉照去年合同办法，惟招商局作保不在内。赖已与礼和理奈商议，彼意在汉口或别处租界内设一铁厂。至股份大人亦可随意入股。[147]

前述大冶铁矿运道工程主管时维礼的情况，更体现了德国政府对争夺中国市场的重视。而大冶铁矿、萍乡煤矿聘用德国人为技师正是德国在这场利益争夺战之中获胜的结果。

第二，在公司运作过程中，华洋不合频繁发生，尤其是 1905 年之前，外籍工程师和中方管理者或同事之间经常出现信任危机。导致信任危机的原因是多方面的，有外籍工程师本身不称职而招致中方管理者的不满，汉厂德国籍总工德培就属这一类"熟铁洋匠卜聂与制造股董芝生所论熟铁炉节煤之法，德培非惟不知，乃竟不以为然，纵无私意，亦岂总监工之才乎！盖总监工应无所不知也。克虏伯厂岂有不知其才，竟荐为中国总监工之理，恐不欲我中国铁厂收效获利，彼得多卖枪炮于中国耳。"[148]德培辞去汉厂职务后去了日本八幡铁厂，其表现同样遭到日方的批评。不信任也有因中方人员的不称职而招致外籍工程师的不满，如萍乡煤矿总矿师赖伦就屡次致信批评其中国同事：

> 本矿实不能倚靠华矿员，因华员于矿务科学上及实地练习上两均缺欠，此等事不能交与裁断，且对于意外险事不能防救也。[149]

而美国籍总工堪纳第与汉厂总办郑观应之间的不合更为复杂，1897 年堪纳第刚到厂中，汉厂并未与之签订长期合同，而是以六个月为限，以整顿绩效考核之，这当即引起堪纳第的不满：

> 请转禀大人，倘照现在情形，展期六月之约，堪难遵命。……堪本拟在工一日，尽心一日，竭全力以保护铁厂之利益，初不料欲以试用人员责令尽洗积弊，如果以堪为能，似宜与堪从长计议，俾以全副精神办理厂务，则堪美国原办之事亦可辞去，综请大人速定为妙。[150]

随后，堪纳第将事先拟好的三年期合同交给郑观应，并称如不同意就当即返美，这导致了两人关系的恶化，此后堪纳第在厂务管理上不愿与郑氏沟通：

> 至钢轨厂与西门马丁厂尚不能成全金达①之定料单，实因无权添雇洋匠，并不能随时改章，必须事事禀明，乃可行事。然一切禀明大人，则需时候太多，因大人未识五金之学，然堪愿将此竭力陈明钧听，恐一时亦难尽述。[151]

而郑观应也多次向盛宣怀表示对堪氏的不满，在此状况下，堪氏并没有如合同所定为汉厂效力三年，仅仅在一年之后就离开了铁厂。

从根本上说，汉冶萍公司的华洋不合有东西方文化背景差异的原因，但早期汉冶萍公司事先对所雇外籍工程师不做深入了解，在外籍工程师的雇用上存在着

---

① 金达（Kinder Claude William，1852～1936），英国人，最早来华经营路矿的工程师。1878 年任开平矿务局总工程师，并主持修建了唐胥铁路。1891 年起受李鸿章聘请，任北洋官铁路局总工程师，把唐胥铁路延长修至卢沟桥

较大的盲目性，也是导致该问题的原因之一。

正是外籍工程师与中方管理者之间的不合，以及各国在中国之政治经济利益的争夺这两方面因素，共同导致了汉阳铁厂早期阶段总工程师的频繁更迭，铁厂也为之付出了高昂代价。

第三，外籍工程师在进行勘探和建设工程之中，常遇到当地居民的敌视和抵制，尤其是萍乡这样相对内陆的地区，外国人和外来的机械化技术严重冲击着地方乡民的意识。1896 年，盛宣怀为开发萍乡煤矿，派德国矿师赖伦赴萍乡勘探，当时正值宜春、萍乡两县的县试，应试的童生们从《汉报》中得知此事，而"萍民素畏机器，谓能使山崩地陷，田园庐墓悉被震伤，而借煤为业之人又恐官招新股，夺其现成之利。"[152] 因此童生们具名撰写揭帖，号召乡民反对洋人入萍："……且后洋人踞此，始则崩坏陵谷，断绝地脉，继则铲伤庐墓，永绝人文，竭本地之精华，绝土民之生路。……兹合邑公同愤议，洋人一到，各家出一丁人，执一械，巷遇则巷打，乡过则乡屠，一切护从通事之人皆在手刃必加之例……"[153]，这使得赖伦的萍乡之行屡屡遇险，依靠军队的保护才得以安全到达矿山。

1898 年洋矿师斐礼在大冶铁山钻探时也遇到乡民以破坏风水为由的阻挠。这些事件让外国工程师们体会到从未有过的无奈，也反映出近代西方机械化采矿技术在中国的移植之艰难，因为其阻碍不仅来自技术基础和经验的欠缺，更来自中国传统社会无处不在的乡土意识和排外情绪。

频繁出现的矛盾和问题，让公司的管理者倍感缺少本土工程师所带来的高昂代价和痛苦，促使公司领导者下决心培养自己的工程师。从 1902 年起，汉阳铁厂及之后的汉冶萍公司陆续资助选送了至少 10 名中国人到英国、美国、德国、比利时等国家的大学专攻与钢铁冶金相关的专业①，从此展开了我国钢铁工程师本土化的进程。

二、早期参与汉冶萍公司技术工作的中国人

虽然外籍工程师指导和参与了早期所有技术活动，但从汉阳铁厂筹建之日起，公司就努力寻找和任用了一些掌握矿冶知识的中国人（表 4.7）。这些人大都为清末中国最早的留学人员，包括福州船政局的学员和留美幼童，他们在欧美学习过采矿，成为当时屈指可数的知晓西方矿冶知识的中国知识分子，因此被张之洞或盛宣怀找到，在早期阶段参与了为铁厂勘探矿产的工作。

表 4.7　早期参与技术工作的中国人②（1889～1908）

姓名	学历出身	参与时间	工作或职务
徐建寅	洋务知识分子	1890 年 8 月	勘查煤矿[1]
张金生	福州船政局出洋学生	1890 年 8 月、1893 年 3 月	勘查煤矿、铅矿[1]
游学诗	福州船政局出洋学生	1890 年 10 月	勘查煤矿[1]
池贞铨	福州船政局出洋学生	1893 年 9 月	勘察铜矿[1]
邝荣光	早期留美幼童，就读于拉法耶特学院 (Lafayette College)	1896 年 11 月、1897 年	勘查湘矿[2]

---

① 目前能找到的档案资料显示为 10 名，不排除多于 10 名的可能性

② 表中所列为目前已知的

续表

姓名	学历出身	参与时间	工作或职务
徐庆沅	曾出国学习，原在贵州清溪铁厂	1897年	汉阳铁厂炼钢分董[3]

资料来源：

1. 孙毓棠编．中国近代工业史资料．第一辑（1840～1895）．科学出版社，1957.768，769
2. 陈旭麓等编．盛宣怀档案资料选辑之四：汉冶萍公司（一）．上海人民出版社，1984.257，258
3. 吕柏回忆录的相关内容整理

　　虽然从事了汉冶萍公司的一些技术工作，但因人数和专业限制，这些人员远远不能满足汉冶萍公司对技术人才的需要。

三、本土工程师的培养

　　1902年至1918年，汉阳铁厂及汉冶萍公司先后出资送培的10名学生如表4.8所列。

表4.8　汉冶萍公司出资培养的工程师

姓名	籍贯	留学情况	任职情况
吴健（任之，慎之）[1,2]	上海	1902～1908年，英国谢菲尔德大学钢铁冶金专业，1908年获冶金学士、硕士学位	1909年到差 1909～1912年汉阳铁厂工程师，1912～1923年汉阳铁厂厂长，1916～1923年大冶铁厂厂长
卢成章（志学）[1,2,4]	浙江宁波	1907～1911年，英国谢菲尔德大学钢铁冶金专业	1912年到差 1912～1915年汉阳铁厂制钢股股长
郭承恩（伯良）[1,5]	广东潮阳	1910～1915年，英国谢菲尔德大学机械专业，1913年获工程学士学位	1915年到差 1915～1923年汉阳铁厂机器股股长，1923年任大冶铁厂副厂长
黄锡赓（绍三）[1,2,6,7]	江西九江	1910～1913年，美国里海大学采矿专业	1913年到差，历任大冶工程坐办，萍矿总矿师，萍乡煤矿矿长
杨卓（云岩）[1,2,6,7]	上海	1911～1914年，美国里海大学矿冶专业，1913年获硕士学位	1914年到差，汉阳铁厂制钢股副股长，钢铁处主任
陈宏经[3]		1911～1914年，美国	1914年到差，汉阳铁厂轧钢厂工程师
金岳祐（湘生）[1,2]	浙江诸暨	1911～1915年，德国矿学专业	1915年到差，萍乡煤矿炼焦处长，正矿师
朱福仪（志鹏）[1,2]	浙江绍兴	1913～1915年，美国威斯康星大学	1914年到差，汉阳铁厂机电处主任
程文熙[1]		1913～1918年，比利时	
赵昌迖（伯华）[2,7,8]	湖北武昌	1918～1922年，美国里海大学冶金专业	1922年到差，汉阳铁厂化铁股工程师，大冶铁矿铁山采区主任

资料来源：

1. 湖北省档案馆，汉冶萍公司档案．档号 LS56－1－1919
2. 刘明汉．汉冶萍公司志．华中理工大学出版社，1990.190～209
3. 湖北省档案馆．汉冶萍公司档案史料选编（上）．中国社会科学出版社，1992.437
4. 宁波文史资料第11辑：宁波光复前后．111，112
5. 郭承恩之子郭慕孙先生提供的材料
6. 上海市地方志办公室编．上海青年志
7. 里海大学王东宁提供的资料
8. 湖北省档案馆汉冶萍公司档案之 LS56－1－210

（一）第一位留学归国的本土工程师：吴健

　　吴健是汉阳铁厂选送的第一个学生，也是中国第一个攻读冶金专业的留学生。去英国之前，他是上海圣约翰大学第一批正科毕业生①，并在这个以英文教学著称

---

① 正科，即大学部，圣约翰大学于1891年设立正科

的学校里教授英文八年，学校对这位与之有 13 年机缘的校友评价颇高："吴君教授英文八年，前后在此共计十三年。对于学生事业尤为热心。曾任文学辩论会会长，体育会会长，学生军副队长，及约翰声编辑等职。"[154] 辞去圣约翰大学的教职后，吴健被聘为南洋公学的英文教员。南洋公学由盛宣怀于 1896 年创办，这所著名的新式学堂"以通达中国经史大义厚植根柢为基础，以西国政治家，日本法部文部为指归，略仿法国国政学堂之意，而工艺机器制造矿冶诸学，则于公学内已通算化格致诸生中，各就质性相近者，令其各认专门，略通门径即挑出归专门学堂肄习。"[155] 出于以西学为旨归的办学宗旨，盛宣怀从 1898 开始，在南洋公学和北洋学堂中挑选优秀者赴欧美等国的大学深造，这是中日甲午战争之后中国首批前往欧美的留学生①，吴健正是其中一员。这批留学生的留学经费来源不一，"或由公学筹给经费，或由该学生自行筹集资斧"，[156] 所学专业也可不相同，吴健是当时唯一受汉阳铁厂委托培养的学生。

光绪二十八年九月（1902 年 10 月），吴健签订了出洋留学甘结，即保证书（图 4.3）：

图 4.3 吴健出国留学甘结（保证书）

资料来源：湖北省档案馆．汉冶萍公司档案全宗．档号 LS56-1-1919

---

① 甲午战争爆发之前，中国分别有两次派学生留学欧美的举措，一是留美幼童，二是福州船政局派出的学生。甲午战争结束之后，受到战败日本的刺激，大批学生留学日本，留学欧美者甚少，在设立庚款留美制度之前，南洋公学这批学生是为数不多的欧美留学生之一

具甘结吴治俭^①今承

南洋公学资遣出洋，学习钢铁厂工艺。以学成为度，不论年限。学成回华，在湖北汉阳铁厂充当工程师。头两年每月薪水银贰百两，以后每年月加银贰拾伍两，加至肆百两为止。如欲别就，即将所有出洋学费缴楚，方能离厂。如在外洋学业未成而欲回华，亦须缴回学费。具此甘结是实。

光绪二十八年九月二十二日具甘结吴治俭

父：吴锡祥

保：顾缉庭

援照郭承恩例，自回华日起算，在厂报效十年。宣统二年十月二十一日^②

保证书明确约定了其在英国学习的专业——钢铁厂工艺；以及月薪额度等。该保证书也成为之后所有由汉冶萍公司送培留洋学生保证书的样本^③，确立了汉冶萍公司送培工程师的各项条款。

吴健大约在 1902 年底抵达英国，根据谢菲尔德大学（The University of Sheffield）的档案，他先在伦敦的城市行业技术学院（City and Guilds Technical College, London）学习了一段时间之后，于 1904 年进入谢菲尔德大学攻读冶金专业（图 4.4）。对于这所大学来说，吴健亦是开先河的人物，因为他不仅是该校第一位外国学生，而且是该校首批获得冶金专业学士学位和硕士学位的学生之一，他非常幸运地参加了 1908 年 7 月 2 日的谢菲尔德大学第一届学位授予典礼，并被授予荣誉冶金学士学位和冶金硕士学位[157]。与他同时获得该荣誉的马瑟（Richard Mather）在一篇回忆大学生涯的文章中称吴健是一个受欢迎和非常能干的学生[158]。当时的人们并未意识到，这所新兴的大学为中国培养了第一位钢铁工程师。

在获得学士和硕士学位的同时，吴健于 1907 年还取得了钢铁冶金职业会员认证（Associateship in Iron and Steel Metallurgy，AISM）（图 4.5），这是一个标准非常高的资格认证，据学校的史料记载："为了保证该资格的获得者成为一个既有实践能力又有科学性的冶金专家，该资格认证考核设计得非常全面和严格……1890 年之后，尽管有 500～600 名学生入学，但直到 1897 年只有 20 名学生得到了这一认证。"[159]虽然人们缺少 1907 年的数据，但可以肯定的是，同时取得学士、硕士学位和 AISM 的吴健，在谢菲尔德接受了钢铁冶金专业全面的培养，在知识储备和实践能力上具备了成为一个钢铁厂工程师的条件。

1908 年底，吴健回到了汉阳铁厂，成为汉阳铁厂第一位中国工程师，正是这一年，汉阳铁厂与大冶铁矿、萍乡煤矿合并成立汉冶萍公司。

---

① 根据湖北省档案馆汉冶萍公司档案保存的一份关于留学生统计表中记录：吴治俭（任之），现充坐办，公司其他档案中所记当时铁厂坐办均为吴健，字任之。而吴治俭出国保证书所载之时间和其他细节均与吴健相符，因此可以推测吴治俭即吴健

② 此处为时任铁厂坐办的李维格于 1910 年（宣统二年）所加

③ 湖北省档案馆的汉冶萍公司档案全宗亦保存有其他留学生的出国留洋保证书，其内容与吴健签订的保证书内容几乎一样

图 4.4　谢菲尔德大学化学社 1905～1906 成员合影，第四排左一为吴健
资料来源：由谢菲尔德大学东亚学院 Tim Wright 教授帮助提供

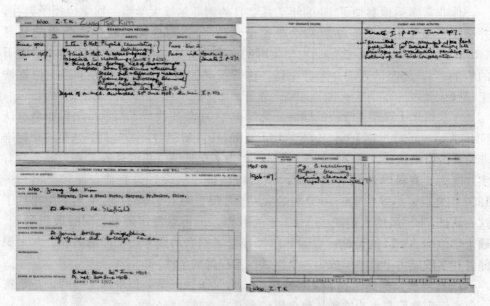

图 4.5　吴健在谢菲尔德大学的学生档案卡

左上半部分为所修的课程和通过考试的时间，左下半部分记录了吴健取得学位和 AISM 职业资格的时间，分别为 1908 年（学士和硕士学位）和 1907 年（AISM）。右上半部分为："Permitted, upon payment of the fees prescribed for Degrees, to enjoy all privileges as Graduates pending the holding of the First Congregation."

资料来源：Department of Corporate Information and Computing Services，Sheffield University

（二）汉冶萍公司送培留学生的特点

1908 年对于汉阳铁厂来说是充满希望的一年，技术改造之后的美好局面使公司领导者更加重视人才的培养，1910 年、1911 年、1913 年是派出留学生的高峰时期，有 8 名学生被送出（表 4.8），2 人去了英国的谢菲尔德大学，4 人去了美国（其中两人就读于里海大学，一人就读威斯康星大学，另一人不详），其余 2 人分别去了德国和比利时。1918 年公司派出最后一名留学生赵昌迭也到了美国里海大学学习。综合来看，汉冶萍公司送培学生有如下特点：

第一，以欧美为学习目的国，这一现象值得关注，因为甲午战争之后，中国掀起了一股留学日本，学习东洋的热潮，而汉冶萍公司派出的学生无一去日本。

第二，所学专业与钢铁工业密切相关，或是钢铁冶金，或是机电工程，或是采矿和炼焦，并且大都拿到了硕士或学士学位。

第三，学生大都有良好的家庭背景（表 4.9），这是汉冶萍公司留学生的一个很突出的特点。具体地，他们均出身于清末民初的富裕商人、洋务企业家或士绅之家。由于家庭经济状况良好，他们出国之前都受过非常好的新式教育，10 人中至少有 5 人曾就读和任教于上海圣约翰大学，1 人就读于北洋大学。

表 4.9　汉冶萍公司送培学生的背景情况

姓名	籍贯	家庭背景	出国前的经历
吴健（任之，慎之）[1, 2]	上海		上海圣约翰首届正科毕业，圣约翰大学、南洋公学教员
卢成章（志学）[3]	浙江宁波	父亲卢洪昶为宁波富商，曾任萍乡煤矿运销局坐办	就读于南京某学校，因言词激烈被迫退学
郭承恩（伯良）[4]	广东潮阳	在上海经商的富有的广东商人家庭	上海圣约翰大学毕业，圣约翰大学教员
黄锡赓（绍三）[5]	江西九江		毕业于上海圣约翰大学
杨卓（云岩）[5,6]	上海	父亲为清末民初书画名家杨逸	毕业于北洋大学
陈宏经			
金岳祐（湘生）[7]	浙江诸暨	父亲金聘之，追随张之洞多年，曾任湖南铁路总办、黑龙江漠河金矿局总办，兄长金衡生任萍乡煤矿炼焦处主任，著名哲学家金岳霖是其六弟	毕业于上海圣约翰大学
赵昌迭（伯华）[8]	湖北武昌	父亲赵时骧，任汉阳铁厂稽核股股长，大冶厂矿厂长	毕业于武昌文华大学，上海圣约翰大学

资料来源：
1. 上海市档案馆. 圣约翰大学档案 Q243-1-10
2. 圣约翰大学学生出版委员会编. 圣约翰大学 50 年史略：1879～1929. 1929.
3. 卢成章. 钢轨制造试验法. 科学仪器馆 1909. 序言
4. 郭承恩之子郭慕孙先生提供的材料
5. 上海市地方志办公室编. 上海青年志
6. 湖北省档案馆. 汉冶萍档案全宗. 档号 LS56-1-1919
7. 刘培育主编. 金岳霖的回忆与回忆金岳霖. 1995. 31, 32, 379
8. 湖北省档案馆. 汉冶萍档案全宗. 档号 LS56-1-210

由于良好的家庭环境，我们可以推断，汉冶萍公司的这批留学生选择学习与钢铁工业相关的专业并不是为了生计，而是一种更为自觉的职业选择。这与甲午战争之前福州船政局派出的学生有显著不同，福州船政局选派的学生大都来自福建本地或广东地区的普通家庭，他们没有好的家庭背景，甚至船政学堂付给他们的膳宿费和月规成为赡养其家庭生活的重要经济来源。[160]

第四，依靠与汉冶萍公司有关系的人士推荐是公司选择留学人员的途径。从背景看，这些留学生的家庭多与汉冶萍公司有或远或近的关系，直接有关的如卢成章、赵伯华的父亲都曾在汉冶萍公司任职，吴健、金岳祐等亦与公司管理人盛宣怀、李维格有关，因为这样的私人关系，通过有关人士（前期如李维格，后期如吴健）的推荐，他们得到公司的资助完成学业。

第五，采取开放宽松的培养方式，公司只是以事先签订保证书的形式，对他们所学方向和学成后的安排做出约束，但不直接规定和干涉他们在校的学业安排，甚至不规定学习年限；这与福州船政局亦截然不同，福州船政局的学生处在船政局所派监督的严格管理之下，从学习的课程、住宿到服装等日常生活船政局都做了具体的规定和安排，并派专人跟随学生进行监督[160]。在这样的管理模式下，他们不以学位为目的。而汉冶萍公司的留学生在校期间与其他同学毫无差异，他们接受了欧美大学完整的工科教育，并在获得学士或硕士学位之后，回到汉冶萍公司成为一名工程师，这样的教育不仅使他们能够胜任工程师的工作，而且使他们有能力为处于幼年的中国钢铁技术的发展做更多的事情。

透过汉冶萍公司送培的留学生，使人清晰地感受到在早期的近代化进程中，中国社会的演变过程。如前所述，西方工业品的进入使传统的乡村工业衰落，不仅给赖以生存的农民带来生存危机，也危及传统乡绅的土地收入，中国传统的乡村经济系统随之被破坏。这导致了传统社会精英阶层——士绅们的观念改变，他们逐渐把目光从土地转向了现代化工业，希望依靠发展工业来补充土地收入的日渐减少和稳定他们的地位。

汉冶萍公司派出的学生的富裕家庭背景，正是这一社会演变的突出表现：中国传统社会的精英阶层——富裕的士绅或知识分子，选择将他们的后代由公司派往海外攻读采矿冶金这样的专业，这样一种并非迫于生计的选择，表明传统的士绅阶层开始自主地融入工业化之中。

更为开放和自主的本土工程师的培养模式也反映了在 20 世纪初，一个与工业化更加相容的社会正在产生。随之产生了一个新的职业群体：企业工程师。

四、中外工程师的交替

1908 年底，汉阳铁厂派出的第一个留学生吴健回到中国开始了他的钢铁工程师生涯。当时的公司掌管者盛宣怀对留学生们寄予厚望："各矿急需好手，甚盼南洋公学派赴外洋学生学成回国，备我驱遣也。"[161] 吴健回到铁厂后，在总工程师吕柏手下任职，当时正值新马丁炉建成投产，铁厂的主要任务就是以平炉炼钢轧制铁轨供应接踵而来的订单，并加紧建造三号高炉以提高生铁的供应量，这给了吴健很好的锻炼机会。1910 年 3 月汉阳铁厂三号高炉建成投产，当年公司实现了成立以来最高的盈利，一切似乎都在顺利进行。

1911 年 10 月辛亥革命爆发，地处汉阳的铁厂设备遭到了前所未有的破坏，铁厂全面停产，盛宣怀避难于日本，外籍工程师撤回上海，多数人离开了中国，但总工程师吕柏选择了留下观望事态的发展。1912 年，远在日本神户的盛宣怀因与日本借款的合同约定，迫切需要重新开炉。1912 年 2 月，吴健被委任为总工程师，负责铁厂设备修复恢复生产的工作，盛宣怀对其能力仍不放心，嘱咐："弟总恐其经验不及吕柏，望嘱其遇有难事仍与吕商。"[162]

对于汉阳铁厂来说这是一个非常有意义的时期，铁厂的第一任中国总工程师吴健带领着刚刚回国不久的几个中国学生严恩棫、卢成章等进行着前所未有的高炉和其他设备的修复工作，这一时期前任外籍总工程师吕柏也在厂中，给他的接班人以协助，当修复工作即将告成之际，这位任期最久的外籍总工被任命为汉冶萍公司驻欧顾问，离开了中国。1912 年 11 月，铁厂一、二号高炉恢复生产。汉阳铁厂就是在这样一个特殊的事件中完成了总工程师的中外交替，汉阳铁厂的技术工作从此由中国工程师所领导。

汉冶萍公司派出的留学生在 1914 年前后陆续回到公司任职，同时公司雇用了一批以其他渠道出国学习的毕业生（表 4.10）

表 4.10　1914 年前后汉冶萍公司雇用的部分非本公司送培的毕业生

姓名	籍贯	学业概况	任职情况
严恩棫[1,2]	江苏上海	1906 年入日本京都帝国大学矿业专业，获学士学位	约 1912 年到汉阳铁厂，化铁股长
李鸣和[3,4]	江苏江宁	1909 年入美国威斯康星大学，化学工程冶金工程专业	1914 年到汉阳铁厂，任炼钢股副工程师
王宠佑（佐臣）[7]	广东东莞	1895～1899 年天津北洋大学采矿专业；1901～1902 年美国加州大学伯克利分校采矿专业；1902～1903 年纽约哥伦比亚大学采矿和地质专业，获硕士学位	约 1914 年到大冶铁矿，任矿师，后任矿长
程义藻（荷生）[4,6]	江苏吴县	1909 年入美国康奈尔大学机械专业	1914 年到汉阳铁厂，任炼钢股副工程师
程义法[4]	江苏吴县	1909 年入美国科罗拉多矿业专门学校，采矿工程	约 1914 年到萍乡煤矿，任工程师
黄金涛[5,7]	福建	美国哥伦比亚大学熔冶专业，1915 年获硕士学位	1915 年到汉阳铁厂，高炉工程师
王观英[8]	广东香山	留学美国	1915 年到大冶铁矿，任得道湾采区采矿主任
仝咸澍（支生）[9]		法国电科专业	1915 年到汉阳铁厂，任电机副工师
杨华燕[7]	广东	1907～1908 年美国耶鲁大学城市工程专业，获学士学位；1909～1910 年里海大学采矿专业，学士学位；1911 年获美国哥伦比亚大学采矿地理专业硕士学位	1916 年到大冶铁矿，任工程师

资料来源：
1. 中国科学技术协会编. 中国科学技术专家传略. 工程技术卷. 冶金卷 1. 1995. 23～31
2. 刘明汉. 汉冶萍公司志. 华中理工大学出版. 1990. 198～209
3. 民国三年七月二十四日王勋、于浚年致公司董事会函. 湖北省档案馆编. 汉冶萍公司档案史料选编（上）. 1992. 435
4. 陈学恂，田正平编. 中国近代教育史资料汇编. 留学教育. 1991. 191～196
5. 民国三年十一月三日王勋致公司董事会函. 湖北省档案馆编. 汉冶萍公司档案史料选编（上）. 1992. 435
6. 民国三年十一月二十七日王勋、于浚年致公司董事会函. 湖北省档案馆编. 汉冶萍公司档案史料选编（上）. 1992. 436
7. Who's Who in China：Biographies of Chinese Leaders. Shanghai：The China Weekly Review, 1936. 110, 247, 270
8. 大冶铁矿矿志办公室编. 大冶铁矿志. 第一卷上册. 187
9. 民国四年三月十六日王勋致公司董事会函. 湖北省档案馆编. 汉冶萍公司档案史料选编（上）. 1992. 436

至 1918 年，公司 90%以上的技术人员是中国人，各主要生产部门中几乎所有的技术负责人和工程师、副工程师都是留学海外，学有专攻的中国学生，表 4.11

为汉阳铁厂1918年各部门技术人员名单。而此时汉阳铁厂的外籍技术人员只有4名（表4.12）。

表 4.11　　1918 年 9 月汉阳铁厂技术人员名单（华员）

机关	职司	姓名	号别	籍贯	年龄	到差年月	月支薪数/元	毕业院校
厂长处	厂长	吴健	任之	江苏上海	45	宣统元年二月	800	谢菲尔德大学
车务处	工程师	唐瑞华	叔坪	广东香山	34	民国三年二月	310	康奈尔大学
	管理车辆兼修理	张汝梅	茹湄	江苏武进	39	光绪三十一年八月	35	
化铁股	股长	严恩棫	冶之	江苏宝山	33	民国元年八月	420	日本京都大学
	副工师	黄金涛	清溪	福建厦门	30	民国三年八月	286	哥伦比亚大学
	副工师	程义藻	荷生	江苏吴县	31	民国三年十一月	286	康奈尔大学
	试用副工师	瞿宝文	耕孙	江苏上海	31	民国七年一月	200	哥伦比亚大学
	试用副工师	李锡之	仲荣	安徽合肥	30	民国七年五月	150	麻省理工学院
	技士	熊说严	筑云	湖北广济	30	民国四年一月	80	
	技士	陈箕畴	雪馥	浙江山阴	26	民国二年三月	40	
	技士	王樟生	显文	浙江乘县	28	民国四年六月	30	
	技士	李维文	器先	浙江湖州	26	民国六三月	30	
	学生	俞鎏	柏三	浙江鄞县	25	民国七年三月	20	
制钢股	副股长	杨卓	云岩	江苏上海	32	民国二年八月	393	里海大学
	试验钢样	方镇江	牧华	湖南兴化	27	民国六年十一月	20	
	学生	翁德坚	毅民	广东顺德	20	民国七年二月	12	
炼钢厂	主任	李锡文	石安	江苏宝山	34	光绪二十八年八月	200	
	副工程师	徐守桢	崇简	江苏吴兴	28	民国七年六月	150	
	管理员	苏建勋	俗民	江苏黄岩	32	民国元年八月	80	
	管理员	陈经番	宝览	江苏上海	26	民国元年十一月	50	
	管泥匠工作	张祥	松樵	湖北	38	光绪三十三年十一月	32	
	驻冶验矿石	李正奎	振魁			民国三年七月	20	
轧钢厂	工程师	翁德銮	达臣	广东顺德	29	民国三年四月	286	格拉斯哥大学
	工程师	黄锡恩	佑川	江西九江	29	民国六年十一月	200	密歇根大学
	管理员	吴锡藩	永康	江苏句容	39	光绪三十三年三月	150	
	验看钢料	杨应中	东海	广东番禺	34	民国二年二月	43	
	学生	俞光	国梁	江苏江宁	21	民国六年七月	10	
车辖厂	管理员	顾西仪	稚云	江苏川沙	31	光绪二十八年七月	150	
铁货厂	代管理员	顾西智	宝儒	江苏川沙	23	民国二年十二月	30	
钩钉厂	管理员	郑涟	子忠	湖南	38	民国元年四月	75	
机器股	股长	郭承恩	伯良	广东潮阳	34	民国四年一月	460	谢菲尔德大学
	副工程师	何宝章			37	民国七年二月	200	伦敦大学皇家中央实业学校
	副工程师	荷宗朝	海秋	江苏江都	29	民国七年六月	150	密歇根大学
	实习生	范熙敬	辑臣	江苏上海	21	民国六年十二月	7	

续表

机关	职司	姓名	号别	籍贯	年龄	到差年月	月支薪数/元	毕业院校
电机处	主任工师	王文就	正甫	江苏昆山	36	民国元年三月	322	
	工程师	朱福颐	志鹏	浙江嘉兴	29	民国三年五月	322	威斯康星大学
	工程师	仝咸澍	支生	四川巴县	31	民国四年一月	215	
	副工程师	易鼎新	修吟	湖南	32	民国七年三月	150	里海大学
	技士	薛代章	平伯	江苏崇明	29	民国五年六月	60	
	技士	杨缘生	钟英	安徽幽州	25	民国元年八月	40	
	实习生	李安信	子俊	浙江宁波	23	民国四年六月	10	
扩充处	主任	费相德	咸一	浙江慈溪	28	民国二年十月	320	法国北方大学
	监工员	杨福岩	诋园	安徽池州	44	光绪三十一年八月	85	
	监工员	王慎之	宏谟	安徽青阳	40	民国三年十二月	35	
	监工员	李翰岑	小鲁	山东泽县	39	民国三年十二月	20	
	监工员	戴敏达	贯一	浙江宁波	24	民国四年三月	20	
	监工员	楼文雄	志刚	浙江宁波	24	民国四年三月	20	
	监工员	盛克绍	缕香	浙江绍兴	38	民国五年十二月	17	
绘图房	工程师	陈福习	麦孙	福建闽侯	25	民国三年十二月	286	康奈尔大学
	绘图员	杜震元	少英	江苏上海	37	光绪三十年十月	60	
	绘图员	胡宪章	申生	浙江鄞县	38	民国七年八月	70	
	绘图员	朱玄虚	庭岐	湖南湘乡	32	民国三年五月	34	
	绘图员	刘兢业	树诚	江苏上海	30	民国五年五月	25	
	绘图员	徐其辅	少棠	安徽	36	光绪三十一年十一月	25	
	绘图员	赵祖培	慰苍	江苏上海	23	民国六年三月	25	
	绘图员	乐俊沈		浙江宁波	22	民国五年二月	20	
	绘图员	郭亦鳌	镇戴	广东番愚	26	民国二年六月	20	
	绘图员	于藻		湖南浏阳	26	民国四年三月	20	
绘图房	绘图生	瞿运行	佩三	安徽休宁	20	民国五年二月	8	
	绘图生	熊兆飞	本乔	湖南衡山	25	民国六年七月	6	
	绘图生	包明达	少诚	安徽泾县	18	民国七年八月	6	
	绘图生	张天冶	化工	山东藤县	27	民国六年五月	6	
	绘图生	刘隆南	星齐	江苏常州	20	民国六年三月	5	
化验股	管理员	黄锡桂	丹龄	江西九江	45	光绪二十年十一月	172	
	化验员	钱鼎铨	春生	江苏吴县	26	宣统元年七月	50	
	化验员	狄斌	子英	江苏莱阳	28	宣统元年一月	30	
	化验员	蔡华庭	知秀	湖北武昌	41	光绪二十一年十月	20	
	化验员	周光旺	子熊	湖南湘乡	33	民国三年五月	20	
	化验员	邓泉棠	波涛	湖北汉川	28	宣统三年一月	20	
	化验员	叶佐周	桢其	江西九江	26	民国二年六月	20	
	化验员	刘燻坝	伯谨	浙江上虞	21	民国三年三月	15	
	化验员	侯继宗	绳武	江苏仪徽	20	民国四年二月	12	
	化验员	朱溪	临齐	湖北汉阳	21	民国六年十月	10	

资料来源:
1. 湖北省档案馆.汉冶萍档案全宗.档号 LS56－1－1518
2. 中华工程师学会会报.第五卷第七期，1918
3. 中华工程师会会报.1914

表 4.12　1918 年 9 月汉阳铁厂外籍人员名单

机关	职司	姓名	国籍	年龄	到差年月	月支薪数/元
轧钢厂	领工	禹伴	比国	40	宣统元年十二月	477
炼钢厂	领工	喇师	露国	48	民国七年一月	320

机关	职司	姓名	国籍	年龄	到差年月	月支薪数/元
机器股	工程师	史樨	德国	40	光绪三十四年四月	583
化验股	领班	万佛利地	意国	47	民国五年六月	200

资料来源：湖北省档案馆．汉冶萍公司档案全宗．档号 LS56-1-1518

注：比国即比利时；露国即卢森堡；意国即意大利

从以上两表不难发现，汉冶萍公司工程师与一般人员之间薪金差异很大。按照公司规定，副工师一职，由公司派出的学生到厂后第一年工资为二百两，以后每年月加二十五两加至四百两止；而其他出洋的学生第一年工资一百两，第二年月加五十两。[163]此外，公司雇用的未经出洋的学生第一年每月数十两至一百两不等。这体现出公司更加信任有留学背景的技术人员。

无论如何，这些回国不久的年轻的中国学生们已经逐渐成为了汉冶萍公司的技术骨干。

五、本土工程师在汉冶萍公司中的角色和作用

1）作为技术骨干，留学回国的工程师们不仅保证了汉冶萍公司厂矿生产的顺利进行，还完成了铁厂四号高炉和新的马丁炼钢炉的建设和投产。

铁厂 1905 年开始进行的大规模的改扩建工程，主要设备包括日产 250 吨的三、四号高炉以及七座 30 吨的西门子-马丁炼钢炉，一座调和铁汁炉。辛亥革命之前，设备建设由外籍工程师主持和参与。辛亥革命之后，中国工程师们接手并展开了四号高炉和七号马丁炉的建设。

四号高炉与三号高炉同为总工程师吕柏设计，但兴建时对部分附属设施进行了修改，由吴健和大岛道太郎（1859～1921）商议定夺。[164]在总工程师吴健的主持下，汉阳铁厂于 1913 年展开四号高炉修建工程，虽然仍有一些外籍工程师的参与，但主要是在中国工程师的手中建成的。1914 年公司对建设工程的工程师做了如下分工：

> 至第四炉进行之工程，现华洋工程师分任其事如左：一、华工程师李君芸孙①，担任建筑部分及一切详细之工程。二、洋工程师列培德，担任于该炉建筑期内，留心察看该炉之工程，遇有应行更改之处，向李君商量一切。三、华工程师王君正甫②，担任该炉建筑期内机器房所应做之一切工程。四、以上三员须不时会商一切，以期促进该炉之工程，并于每星期将该炉工程之进行情形，造一报单，以备查核。[165]

1915 年 6 月 12 日，四号高炉开炉投产[166]。

2）勘探矿产资源是汉冶萍工程师的另一项重要工作，他们是独立勘探矿产资源的本土工程师的先驱。1913 年由美国里海大学矿学专业毕业的黄锡赓③回国，被派往大冶铁矿充当矿师，他随即对大冶各铁矿进行了详尽勘察，目的在于估计大冶铁矿矿

---

① 汉阳铁厂工程师，详情不知

② 即王文就，字正甫，1912 年加入汉冶萍公司，汉阳铁厂电机处主任工程师

③ 黄锡赓，字绍三，汉冶萍公司送培留学生之一，1910～1913 年就读于美国里海大学采矿专业。历任大冶工程坐办，萍矿总矿师，萍乡煤矿矿长

石储量，这也是由中国矿师首次独立勘察大冶铁矿。1913 年 9 月他写成大冶铁矿勘察报告，由李维格转交给盛宣怀，李维格在信中称："与李御、赖伦报告参阅，似黄之报告较为精细。……若以此二千六百余万吨计算，除去含有铜矿、各矿外，断不能再添炉座。"[167]可见此次勘察大冶铁矿是为公司是否添设高炉提供依据。

1914 年，民国政府颁布了新的《矿业条例》，允许外资开办矿业，这激发了外国人在华找矿的热情，汉冶萍公司为自身利益也须探矿，且必须用中国的矿师："惟政府新矿章发表，已允各国可以合办各矿，外股不得过四十分，所以外人均到内地寻矿，以后大冶矿石难再售出，必须另行设法。现在访查沿江沿海，当有铁矿可得，但必须中国矿师，方能机密。"[168]因此勘探矿山就成为当时刚毕业的中国学生的主要任务之一，在此情况下，王宠佑（1879～1958）[①]被汉冶萍公司聘用，投入探矿工作：

　　　　汉冶萍公司拟请阁下为矿司，兹据面称须两个月到差，应自本年五月十五日起，按月给发薪水银四百两，不拘何时，听候公司派往各处勘查矿山，并须兼理测量、化验矿样等事，随时报告公司，均须严守秘密，不得漏泄。所有出差一切费用，准即核实开支。先行试用一年，届时派有一定专职，再订合同。特此委任宠佑矿司查照。[169]

除黄锡赓、王宠佑外，1913 年之后，汉冶萍公司陆续派出数名矿师沿长江进行矿产勘察（表 4.13），为了保密，探矿均由中国矿师进行，并一直持续到 1919 年。

几乎在同时，刚成立的农商部地质调查所也展开了一系列的矿产资源调查，1913～1915 年间丁文江、翁文灏先生分别对山西、山东、河南、云南、贵州、四川、江西等地的煤、铁、铜矿进行勘探，1916 年夏，地质调查所正式开始国土资源地质调查工作。[170]所不同的是，汉冶萍公司中国矿师的矿产调查结果属商业秘密，只向公司报告，并未公开发表。而地质调查所的调查后来以地质专报或期刊上发表的形式被世人所知，这也使得地质调查所的矿产调查被载入了中国相关学科的史册，而无人知道汉冶萍公司工程师们在这方面的工作。其实，汉冶萍公司的中国矿师们的工作证明了在那个时代，中国企业已经可以不依赖外国矿师进行矿产勘探了。

表 4.13　1913～1919 年汉冶萍公司矿师探矿情形[②]

探矿人	勘探时间	勘探地点
黄锡赓	1913 年 9 月	大冶铁矿[-1]
	1913 年 11 月	大冶下游长江流域（九江、安徽、徐州等地）[2]
温秉仁、魏允济	1913 年 12 月～1914 年 1 月	湖南衡州，攸县勘察铁矿，湖南常来锰矿等[3,5]
徐元英	1913 年 12 月	湖南攸县、江西萍乡交界处，湖南宁乡县勘察铁矿[4]

----

① 王宠佑（1879～1958），字佐臣，我国著名的矿冶专家。1908 年在长沙建立中国第一座炼锑厂，1909 年在英国出版名著《锑》，被国际上称为"锑王"（Antimony King），先后担任大冶铁矿矿长、汉口炼锑公司总工程师、汉阳铁厂厂长、六河沟煤矿经理、扬子工程局工程师、汉口商检局局长、云南钢铁厂筹备委员会主任委员、美国华昌公司研究室主任等职；曾获美国哥伦比亚大学奖章和美国矿冶工程师学会荣誉勋章

② 此表所列为目前有档案材料记录的探矿活动，不排除另有一部分勘探活动没有记载

续表

探矿人	勘探时间	勘探地点
缪籲升	1917 年 8 月	安徽太湖县新仓煤矿[6]
	1917 年 9~11 月	安徽当涂铁矿[6]
黄锡赓	1917 年 11 月	进贤煤矿[6]
缪籲升	1917 年 11 月~12 月	江苏六合至江西九江一带、安徽当涂铁矿[6]
王观英	1917 年 12 月~1918 年 1 月	安徽芜湖、繁昌县铁矿、安徽泾县煤矿、太平府铁矿[6]
杨华燕、周开基	1918 年 4 月	安徽芜湖一带[6]
缪籲升	1918 年 7 月	浙江长兴县铁矿[6]
	1918 年 9~10 月	山东磁窑煤矿[6]
沈渊儒	1919 年 4 月	温州一带铁矿[6]

资料来源：
1. 李维格致盛宣怀函. 盛宣怀档案资料选辑之四：汉冶萍公司（三）. 上海人民出版社，2004.641，642
2. 盛宣怀复黄绍三函. 盛宣怀档案资料选辑之四：汉冶萍公司（三）. 上海人民出版社，2004.659，660
3. 温秉仁、魏允济致盛宣怀函. 盛宣怀档案资料选辑之四：汉冶萍公司（三）. 上海人民出版社，2004.698，699
4. 徐元英致盛宣怀函. 盛宣怀档案资料选辑之四：汉冶萍公司（三）. 上海人民出版社，2004.712，713
5. 温秉仁、魏允济呈盛宣怀禀. 盛宣怀档案资料选辑之四：汉冶萍公司（三）. 上海人民出版社，2004.736~751
6. 湖北省档案馆编. 汉冶萍公司档案史料选编（上）. 中国社会科学出版社，1994.405~411

3）部分工程师很快得到了重用，在各分厂矿担任了要职。汉冶萍公司各厂矿的日常管理权也逐渐地向专业技术人员倾斜。

除吴健于 1912 年被任命为驻汉阳铁厂坐办[①]外；王宠佑 1914 年在刚任大冶铁矿矿师不久，便升任为大冶铁矿矿长，负责铁矿工务；黄锡赓 1914 年也升任为萍乡煤矿总矿师，负责萍矿工程事务。这是继中外工程师交替之后，汉冶萍公司的又一重要的人事更替，即由留学生们代替部分老的中方管理人员。但这一权力的更替并不顺利，不同意见始终存在着，1915 年，王宠佑和另一名管理者便遭到弹劾："考彼二人之学问（王宠佑及副工师王观英），据闻于书本工夫以及洋文程度，足为大学教习，若办矿务，惜阅历经验俱无，万难称职，亦犹当年富有诗文之少年科第，遂行临民，任性妄为，必至愤事而后已"[171]这是时人对这些年轻的留洋归国的管理者的典型看法，将他们比作少年科第，认为他们只能做学问不能办企业。

虽然汉冶萍公司引进国外的设备，雇用国外的工程师多年，但它始终是一个由盛宣怀这样的官商执掌大权的企业，这种企业有着非常复杂的关系网，可以说中国社会的一切习气都在企业中。留学生们在刚刚毕业之后就迅速被委以重任，可见当时中国技术人才之难得，但这样的重用自然会影响到原来的关系网和一些人的利益，从而招致不满。大多数留学生会在磨合之中找到立足点，而王宠佑选择了离开大冶铁矿，他在离开之后开创的事业足以证明大冶铁矿损失了一个难得的实业人才。

4）由于与日本借款之合同约定，汉冶萍公司 1914 年开始聘请日本工程师作为最高工程顾问，中国工程师的作用受到制约和影响。

1913 年汉冶萍公司辛亥革命之后的设备建设和复工缺少资金，盛宣怀决定再次向日本横滨正金银行和日本制铁所借款，同年 12 月签订 150 万日元借款合同（其中九百万为 1911 年合同余款），合同约定"公司应聘日本工程师一名为最

---

① 即厂长

高顾问工程师。……公司于一切营作改良修理工程及购办机器等事，应允与最高顾问工程师协议而实行。"[172]随后，汉冶萍公司聘请了原日本制铁所的技术总管（Chief Engineer）大岛道太郎（Oshima Michitaro）为最高工程顾问。大岛上任之后，实际上获得了汉冶萍公司厂矿工程建设有关的主要决策权。他不仅变更了汉阳铁厂四号高炉附属设施原先的建设方案："前函述四号炉所属附之件，……查第一、第二两项储水之法及起卸矿石机本早已筹划预算，嗣因大岛之来，顿翻前议，故以迟滞"[173]，而且不久便取代了吴健，被任命为大冶新厂建设工程的负责人，全面负责大冶铁厂的设计和建设。[174]可以说，日本人不仅通过贷款合同获得了他们急需的矿石和生铁，还通过最高工程顾问影响着汉冶萍公司的工程技术活动，这不仅限制了中国工程师能力的发挥，更重要的是左右并改变了汉冶萍公司的发展方向。

5）这些留学生们虽然在各厂矿担任要职，但始终未能进入公司最高领导层。汉冶萍公司从成立之日起至辛亥革命，公司经理及董事长均由盛宣怀一人担任，1913年盛氏又被选为总经理和董事会长，1915年改任副会长，由孙宝琦（1867～1931）[①]任董事长。1916年盛宣怀去世之后，由李鸿章之子李经方（1855～1934）任副会长一职，夏偕复[②]为经理，盛宣怀之子盛恩颐[③]为副经理。公司的执事董事均为与盛宣怀关系密切之人，其他人很难进入最高领导层面。

六、汉冶萍公司本土工程师的命运

（一）汉冶萍公司的衰败

1908年之后，汉冶萍公司进入了黄金时期，虽然1911年遭到重创，但经过设备修复之后，生产得以恢复和发展。1914年开始的第一次世界大战给汉冶萍公司提供了非常有利的发展环境，汉冶萍公司的钢铁产量也在这一时期达到顶峰。但1919年以后，随着战争的结束，钢铁市价大跌，欧洲钢铁再次涌入中国，在没有国家任何保护措施的情况下，汉冶萍公司钢铁产品遭受前所未有的竞争，加之企业受到日本借款合同的束缚，以及自身管理上的欠缺，致使公司很快由盛到衰，以1925年汉阳铁厂停产为标志，汉冶萍公司由钢轨制造商变成了为日本提供铁矿石的原料基地。以下是1919年以后汉冶萍公司的衰败过程。

1919年2月，汉阳铁厂的工字钢、槽钢、角钢销售困难，暂停炼钢。1920年2月复工，改产钢轨。同年，汉阳铁厂一、二号高炉停炼。

1920年大冶铁矿矿石创开采以来的最高产量。

1921年12月，民国政府改变钢轨样式，汉阳铁厂库存钢轨48 000吨报废，炼

---

① 孙宝琦（1867～1931），字慕韩，浙江杭州人。1913年起先后任熊希龄、徐世昌内阁的外交总长，一度兼任国务总理。1914年以后任民国政府（北京）税务处督办、审计院院长、财政总长兼盐务署督办等职。1915年4月，盛宣怀与民国政府总统府教事堂丞杨士琦商量，内定孙宝琦为下一届董事会会长。通过孙的活动，使袁世凯答应维持汉冶萍公司财政

② 夏偕复，辛亥革命后曾任天津造币厂总办和驻美公使。1916年9月起任汉冶萍公司总经理。1924年在公司副总经理盛恩颐和董事会副会长傅筱庵的排挤下，被迫辞职

③ 盛恩颐（1891～?），盛宣怀的第四子，1916年5月任汉冶萍公司董事，同年9月起任公司副总经理，1924年12月起任公司总经理

钢厂停工。

1923 年 9 月，汉阳铁厂四号高炉停炼。

1924 年 10 月，汉阳铁厂三号高炉停炼，至此，汉阳铁厂全部冶炼设备停。

1924 年 12 月，大冶铁厂二号高炉停炼。

1925 年 10 月，大冶铁厂一号高炉停炼。同年，萍乡煤矿因铁厂停工，焦炭无销路，生产压缩。

1927 年，武汉政府交通部成立整理汉冶萍公司委员会，同年，决定接收萍乡煤矿。

1928 年 11 月，江西省政府接管萍乡煤矿，萍乡煤矿脱离汉冶萍公司，汉冶萍公司维持生产的厂矿仅剩大冶铁矿一家。

(二) 离开汉冶萍公司后的本土工程师

由于钢铁生产的萎缩，本土工程师们相继离开汉冶萍公司。离开汉冶萍公司之后的本土工程师的经历大致为三种，一是作为技术专家进入资源委员会、经济部等政府部门，从事与矿冶相关的职能工作，如严恩棫、黄金涛、李鸣和等。尤其是作为资源委员会的技术专家，他们参与了中央钢铁厂、云南钢铁厂等企业的筹建；二是加入其他企业任技术管理或顾问工作，如王宠佑加入六河沟公司，吴健任兴业公司的高级顾问等；三是创办实业，如卢成章、郭承恩、杨华燕等，且大都是在某一领域开先河的实业。到抗战前后，在政府部门或其他钢铁企业任职的工程师们大都参加了后方钢铁厂的建设和生产。

以下是部分工程师离开公司后的经历：

吴健：1923 年由汉冶两厂调往汉冶萍公司上海总公司；1923～1927 年，兼任劳工商部工业处主任；1928～1929 年，汉口商品检验局专员；1929～1936 年，先后任黎元洪总统和高级工业委员的顾问，中国工程师学会副会长和理事，中国技术培训协会会长，扬子机器公司高级顾问；1937 年为建设钢铁工业事宜，随行政副院长孔祥熙和翁文灏赴英德考察；1938 年参加汉阳铁厂、大冶铁厂迁建四川大渡口的工作；1939～1945 年，任中国兴业股份有限公司高级顾问。[175～177]

值得一提的是，长期在汉冶萍公司的任职使吴健对中国企业的现状和存在的问题非常了解，并影响着他在离开汉冶萍公司之后所做的工作。他对于当时中国企业技术工人专业水平不高，缺乏对技术工人和工科学生进行系统训练的状况有着深切的体会，这导致了他在政府部门任职的同时，还热心地加入了美国传教士斐义理 (Joseph Bailie) 教授发起组建的中国技术培训协会 (Chinese institute of technical training) 的工作。早在 1924 年，斐义理在美国福特公司等的支持下，就致力于协助在美国大学学习工科的中国学生安排在美国企业里工作，以提高他们在所学领域的实践水平，这一年他会晤了在劳工商部工业处任职的吴健，吴健对他说起中国企业技术工人的状况："在交谈中，他（吴健）谈到他的企业（汉阳铁厂）许多技术工人都开办了自己的厂子，但规模都超不过初级水平。"[178]斐义理认为其原因在于这些工人与美国工人相比较，缺乏受教育的机会。之后，在中华文化教育基金会资助下，斐义理着手组建中国技术培训协会，请吴健担任协会顾问，1927 年 11 月吴健向斐义理就协会章程提出建议，拟订了协会的三个宗旨：

①通过学校、演讲和其他教育工具，让中国企业的劳资双方认识到劳资间是相互依赖的，劳资合作可以为他们带来共同的利益，以及高效率的重要性，在工业中实现相互理解与和谐，从而帮助中国的工业避免工业主义的恶果，最终实现人道的结果。②帮助企业的学徒和学生获得理论和实践教育，促进中国的工业学校和工业企业之间在教育上的合作。以及通过提高咨询和介绍等方式，帮助中国的工科学生到国外的企业实习。③对技术人员和企业进行资质方面的登记，旨在保持专业人员和企业之间的相互接触和联系。[179]

1928年中国技术协会执行委员会正式成立，吴健担任协会主席，希望通过民间协会这样的方式，为改善中国企业技术教育状况，提高技术工人水平作出他的贡献。

卢成章：1915年遭人弹劾离厂；1915年创办我国第二大锰矿公司裕生公司。中华工程师学会矿冶科第一届会员，1928年担任矿冶工程学会学术委员会金属组主任。[180]

郭承恩：1924年离开汉冶萍公司，赴杭州任沪杭甬铁路段工程师，1930年提升为京沪、沪杭甬铁路两路局局长，同时任上海中央造币厂厂长；1932年在上海创办实克农场，养蜂、养羊、植桃，并创办"中国养蜂月刊"；1933年创办中国工艺炼气公司，分离空气制造氧气和氮气，电炉法制电石、乙炔、引进金属焊接，填补了当时的空白。该厂后来成为上海吴淞化工厂。1946年在上海去世。①

王宠佑：1916年离开汉冶萍公司，1916～1918年，任汉口炼锑公司总工程师，1918～1922年，任山东煤矿接收委员会主任委员；1921～1922年华盛顿会议中国代表团成员；1923年任六河沟公司扬子机器厂炼铁主任；1923～1924年，六河沟公司技术部主任；1924年以后，六河沟公司顾问工程师；1929年东京世界工程会议副主席、中国代表团主席；1931～1938年，任南京国民政府军事委员会委员，汉口商检局专员，局长。1938～1939年由资源委员会派遣考察欧洲和美洲的锑、锡工业发展情况；1939～1940年，任云南钢铁厂筹备委员会主任委员，1941～1958年，在美国任华昌公司研究室主任等职。1958年8月去世。[181,182]

严恩棫：约1926年离开汉冶萍公司，1928～1935年，任南京国民政府中央研究院工程研究所研究员；1935～1938年，任资源委员会中央钢铁厂筹备委员会委员，技术总负责人。1938～1939年，任钢铁厂迁建委员会委员，拆迁及重建规划的技术负责人；1939～1945年，任云南钢铁厂筹建委员会委员、工务处处长、理事会理事兼工程处处长，云南钢铁厂厂长。1945～1948年，任资源委员会钢铁组组长。[183]

黄金涛：约1930年离开汉冶萍公司，1929年兼任汉口市政府技术顾问；1931年任南京政府工业部高级技术专家；1932年任工业部采矿处主任；约1936年任中央钢铁厂筹备委员会成员。美国矿冶工程师学会、中国矿冶工程学会会员。[184]

杨华燕：约1920年离开汉冶萍公司，1920～1921年任上海Commercial and Saving Bank董事会英文秘书；1920年创办中国联合有限公司（China Union Com-

---

① 根据郭承恩之子郭慕孙先生提供的资料整理

pany, Ltd), 1925 年创办联合汽车公司 (Union Motors), 后者成为当时唯一直接代理国外汽车的中国企业。[185]

李鸣和:离开汉冶萍公司之后, 任龙烟铁矿公司工务主任, 参加筹建北平西郊石景山钢铁厂工作。抗战期间及胜利后任经济部矿业司司长, 嗣任工商部参事, 国民政府迁台后续任经济部矿业司司长, 技监等职。[186]

程义法:离开汉冶萍公司之后, 采勘湘潭锰矿及湘省其他矿产。1931 年任实业部矿业司司长。抗战后由资源委员会派为中央钢铁厂筹建主任, 继为赣省钨业管理处处长。抗战胜利后参加华北煤矿接收工作。[186]

总的来说, 大多数工程师既在政府部门担任职务, 又在实业界任职, 不论何处, 他们的命运与中国的冶金行业有着千丝万缕的联系, 30 年代尤其抗战之后, 无论是中央钢铁厂的筹建, 汉阳铁厂迁建、云南钢铁厂的筹建以及重庆后方钢铁企业的建设, 都有这些"老汉冶萍"的参与, 他们用汉冶萍积累下来的技术经验, 支持着那个特殊时期的中国钢铁工业的艰难开展。

七、汉冶萍公司本土工程师与中国近代钢铁技术移植

中国近代钢铁工业化的历史就是西方钢铁技术在中国进行移植的历史, 汉冶萍公司的本土工程师是这一历史进程中的关键一环。如果说译书使西方冶金技术知识被国人初识, 那么汉阳铁厂的建设和投产则开始了钢铁生产技术能力本土化的进程, 依靠外籍技术人员完成的最初的设备引进只能说是技术移植的最初级阶段, 而本土工程师的培养及其能力的积累才是本土技术能力形成的关键。从钢铁技术移植这一层面上说, 汉冶萍公司本土工程师所发挥的作用体现在以下几个方面:

1) 作为我国第一批受过西方专业教育并能够在国内学以致用的技术人员, 他们为中国近代钢铁技术能力的本土化做了很多开先河的工作。

1909 年, 还在英国谢菲尔德大学读书的卢成章[①]独立撰写了中国第一部钢轨制造的专业书籍《钢轨制造试验法》, 由上海商务印书馆印刷, 上海科学仪器馆发行。这本书可以说是他的学习笔记, 他分章节详细介绍了英国钢轨制造和检验的原理和方法, 并附有美国出口钢轨的标准订货合同。该书也是第一部由中国人用中文撰写的钢轨制造方面的专业书籍(图 4.6)。

辛亥革命之后, 本土工程师们在汉冶萍公司完成的每一项工作, 几乎都是开先河的。一、二号高炉的修复是我国工程师首次进行的大规模炼铁高炉的修复, 四号高炉和七号马丁炉的建设也是首次在中国工程师主持下完成的。1913 年起汉冶萍公司本土矿师们进行的矿产资源勘探活动, 标志着中国企业已经可以不依赖外国矿师进行矿产勘探了。

2) 他们为中国积累了最初的现代化钢铁生产和技术经验。汉冶萍公司作为我国近代唯一集采矿、采煤、炼焦、炼铁、炼钢、轧钢于一体的钢铁联合企业, 为冶金及相关专业的留学生们提供了无可替代的学以致用的舞台。从修复一、二号高炉到自行建设四号高炉, 经过 10 多年生产建设经验的积累, 这批工程师们已经

---

① 卢成章, 字志学, 汉冶萍公司送培的留学生之一。1907~1911 年就读于英国谢菲尔德大学, 1912~1914 年任汉阳铁厂炼钢股工程师

图 4.6　1909 年卢成章著《钢轨制造试验法》封面和作者照

资料来源：中国国家图书馆藏书：卢成章. 钢轨制造试验法. 上海科学仪器馆，1909

具备了独立进行新式高炉和其他钢铁设备的安装和操作能力。中国也因此初步获得了早期现代化钢铁生产和技术的经验积累。

3）通过汉冶萍公司培养的这一批本土钢铁工程师，中国近代钢铁技术得以从早期汉冶萍公司向后期钢铁厂扩散。

正是由于有了在汉冶萍公司的实践经验，这批工程师成为了近代中国难得的钢铁冶金专家，这使得他们能够在汉冶萍公司衰败之后，继续致力于钢铁工业的发展。也正是由于有他们的参与，使中国钢铁事业在汉冶萍公司衰败之后虽然一落千丈，但没有完全消亡。他们参与建立的扬子机器公司成为抗战之前出产生铁最多的国资企业，抗战时期后方钢铁厂的建设中，他们的经验发挥了重要的作用。例如吴健，在后方被中国兴业公司钢铁部聘为最高级顾问，同时受经济部钢铁管理委员会的委托，协助各新建的钢铁厂作技术改进工作。在 1948 年出版的《中国实业人物志》中，叙述了吴健和严恩棫等老工程师参加的一个战争中钢铁界人士的大会：

> 这一些斑白了头发的人，都在后方从事创造新的事业。……这里坐着的都是为重工业努力的设计人。他们建起一百吨的大炉将汉阳的旧厂在内地复兴了；他们适应地方资源的特性，分别建起五吨到十五吨的小炉，在散兵线式的出铁，他们在奖掖扶助土炉，使农民式的工人为国增产，实验室里，做完了铁的试验，又在试验着钢。[187]

吴健在会上说："这一生，虽然我只进了三家公司，我却从来没有见过像今天这样的艰苦。……我提议像今天这样的团体应当是常设的，有人专门作研究，有地方出钱来帮助，将各种各式的小炉子一个接一个作起来。"[187] 正是这些工程师们，使中国的钢铁技术能力得以保存，并在战争中得到利用和传播。

八、小结

1）汉冶萍公司是先办企业，后培养人才的。缺乏本土的技术人才是汉冶萍公司所进行的钢铁技术移植活动的一大瓶颈。公司早期设备引进过程中付出的高昂代价，以及在任用外籍技术人员的过程中出现的一系列问题，重要原因之一就是本土技术人员的缺乏。

2）汉冶萍公司送培工程师的行为，是我国近代钢铁技术移植进程中的一个关键举措，这一行为促进了钢铁技术能力的本土化。而汉冶萍公司作为唯一的钢轨制造商和钢铁联合企业，为中国近代冶金等相关专业的留学生们提供了一个学以致用的舞台，近代大多数矿冶留学生都加入过汉冶萍公司，可以说汉冶萍公司成就了中国第一代钢铁工程师。

3）汉冶萍公司送培的本土工程师大都来自我国传统绅士家庭，是我国传统精英阶层随着近代化进程开始蜕变的典型代表；而他们在汉冶萍公司以及汉冶萍之后的经历和命运，则是近代钢铁工业化和技术移植艰难进程的最直接体现。因此，从这批本土工程师身上，可以直接感受到半个世纪中国近代化之中的技术和社会演进。

4）从技术移植的角度来看，一个地区或国家是不可能先改变社会条件再进行技术移植的，因此这就需要这样一种参与者，他们既掌握技术又能通过其活动使技术在现有的社会条件下得以生根。在早期中国钢铁技术移植的进程中，汉冶萍公司的本土工程师就在努力扮演着这样的角色。

5）就企业而言，汉冶萍公司仅仅完成了技术人员本土化的转变，而日本势力的侵入使公司技术最高决策权丧失，在此情况下，技术能力本土化便失去了土壤，也失去了实际意义。

第二节 本土技术工人的培养

一、早期汉冶萍公司工人的概况

汉冶萍公司的工人可分为技术工人（匠目、工匠）和非技术工人（长工、小工、苦力、矿工等）。早期汉冶萍公司工人状况也是影响技术能力本土化效果的重要因素。

（一）早期的非技术工人

从工人的来源看，苦力、矿工等非技术类工人，大都是来自于厂矿所在地以及周边地区的农民。汉阳铁厂的建设初期，雇用了 800～900 名本地人充当砖匠、木匠等工。[79]大冶铁矿早期矿工也都是当地农民。[188]萍乡煤矿的矿工则来自江西本地以及湖南、湖北。[189]

在厂矿生产早期，由于工人和矿工来自传统的乡村，他们的一些特点与规模化生产不相适应，成为影响生产效率的因素。总工程师吕柏曾提到工人们按照地域结社对组织生产的影响："由于这种原因，我们不得不对在钢铁厂工作的工人实行按地区编组劳动，因为要把不同派系或不同省份的工人混合编组工作的话，会给工作带来很大麻烦。"① 1915 年 12 月，新任大冶铁矿矿长的杨华燕在给公司董事会的信函中陈述了影响矿石产量的三大原因，均与矿工有关：

---

① 译自吕柏．中国的采矿业与钢铁工业

> 冶属矿工多属农民，初夏乃种麦与各瓜菜时期，至秋间则为收获时期，期内悉自理农事，其肯就工采矿者皆于农隙而来也，窒碍一。且该处向有一种恶习惯，一遇微雨与夫适好收成之矿，稍获工资辄行停工，窒碍二。人力少则出矿自少，欲招集外处工人以承乏之，恐此间民情妒忌，不难酿出争端，窒碍三。[188]

而萍乡煤矿总矿师赖伦在上任之初，也面临着同样的困难：

> 一开始矿工来自浏阳，之后一些人来自湖南。最后雇用了大冶铁矿他熟悉的矿工。然而，每一次的结果都令人失望。当地人大都吸食鸦片，不愿意按正常的时间工作。来自浏阳的矿工是一群不守纪律的法盲，而那些来自大冶的工人认为他们可以不用工作就得到报酬。这使得赖伦先生经常感到绝望，多次想放弃这一煤矿的开办工作了。[189]

实际上，这些困难几乎不涉及技术问题，因此经过一些组织管理上的方法，以及对工人进行适当的引导和训练，情况大都在不久之后得到改善。正如吕柏所述："只要能好好地对待他们，正确地引导，切实地按劳付酬，他们还是一支很能干和可靠的工人队伍。"① 总矿师赖伦也是在与矿工们的交往中逐渐地找到了解决问题的办法，如取消包工制，为工人修建宿舍以消除矿工对帮会头目的依赖，以及教给矿工更科学的采矿方法并让他们从中得到好处，从而克服了开矿之初的种种困难。

（二）早期的技术工人

从来源看，汉冶萍公司早期技术工人大都是广东、福建、上海、江西等省人，他们大都来自较早接触和开展现代工矿业的省份。汉阳铁厂兴建时，那些要求更高的工种，如装配机器，驾驶机车等，所雇用的中国人几乎全部来自广州和上海。[79] 投产之后，1895年汉阳铁厂至少雇用了两百余名广东工匠："各匠不服，率众粤匠二百余人罢工。"[190] 张之洞亦曾指示蔡锡勇："上海、香港熟手工匠不少，尽可招觅。"[191] 大冶铁矿除矿工外的技术工人，也来自上海、宁波、厦门等地。[192]

由汉冶萍公司早期技术工人的来源至少可知两方面状况：一是汉冶萍公司在成立之初，本地技术工人相当缺乏。二是即使在近代早期，熟练工人在各地之间的流动已经很普遍。笔者在湖北省档案馆所藏汉冶萍公司档案中见到翻砂工匠严荣生的荐保书，该工匠曾在上海制造局做翻砂领班，因制造局停工而前往汉阳铁厂工作（图4.7）。在重庆档案馆保存的钢铁厂迁建委员会的档案中，有一份从汉阳随厂迁至重庆的老职工陈万安的档案，陈万安于1899年入厂，入汉阳铁厂之前，曾充上海信昌艺徒，上海江南制造局、台湾兵工厂、香港咋也上海老厂等处工匠（图4.8）。

工匠在各地间的流动也体现了近代中国随着工业化的展开而初步形成的一种技术支撑体系。

虽然雇用了来自各地的技术工人，但对于汉冶萍公司来说，仍然缺乏熟悉钢铁生产的专业技术工人。因此，早期汉冶萍公司曾尝试通过送培工匠和开办学堂来解决这一问题，但没有维持下去。而汉冶萍公司本身的生产实践是培养技术工人的最主要途径。

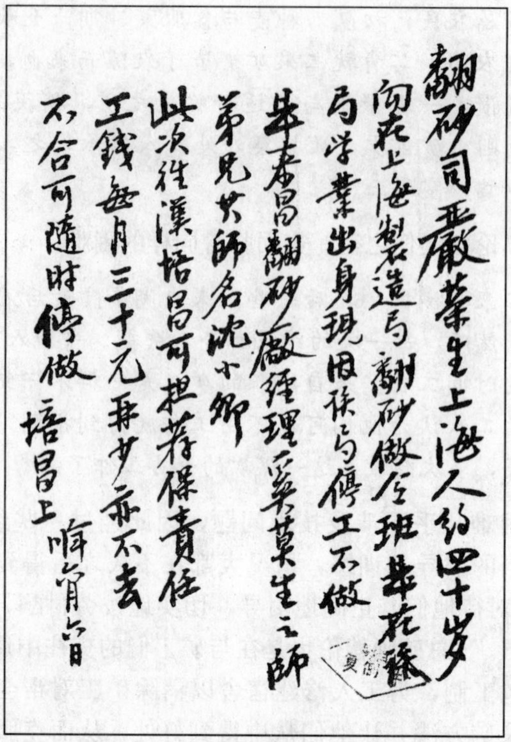

图 4.7　汉阳铁厂翻砂工匠荐保书

资料来源：湖北省档案馆．汉冶萍公司档案全宗．档号 LS56－1－1919

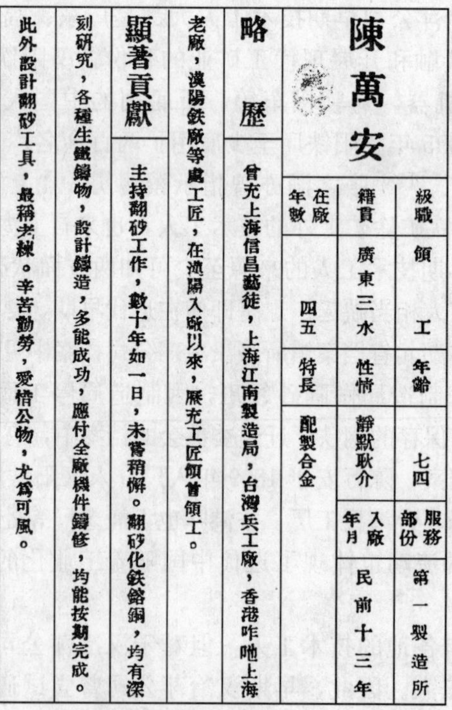

级職	領		工		年齡	七四
籍貫	廣東三水		性情		靜默耿介	服務 部份 第一製造所
年歲	四五		特長		配製合金	入廠 年月 民前十三年

陳 萬 安

略　歷

曾充上海信昌藝徒，上海江南製造局，台灣兵工廠，香港咋咁上海老廠，漢陽鐵廠等處工匠，在渝隔入廠以來，歷充工匠領首領工。

顯著貢獻

主持翻砂工作，數十年如一日，未嘗稍懈。翻砂化鐵鎔銅，均有深刻研究，各種生鐵鎔物，設計鑄造，多能成功，應付全廠機件鑄修，均能按期完成。

此外設計翻砂工具，最稱老練。辛苦勸勞，愛惜公物，尤爲可風。

图 4.8　钢迁会在厂服务四十年职工纪念册一页

资料来源：重庆档案馆．档号 0182－1－235

二、技术工人的培养

(一) 送培工匠

由于缺少能炼钢铁的技术工人，张之洞在购置设备时就考虑向设备引进企业送培工匠，1890 年他致电驻英大使薛福成，让其询问谛塞德厂是否能培训工匠："熔炼钢铁工程繁重，拟遣精壮工徒五十人到英厂习练，以半年为期，请商谛厂收留教导，给与住处，能供伙食尤妙。每月须贴费若干？切恳速询电示。"[193] 但未果，后经汉阳铁厂的比利时总工白乃富介绍，拟将工匠派往比利时的郭克里尔厂："鄂铁厂洋监工比国人请派精工四十人赴比郭格里尔厂学炼钢铁，闻该厂制炼极精，欧洲著名，然否？"[194]，在得知郭厂的确可信后，张之洞决定派工匠到比利时进行生产培训。

工匠分两批派出，第一批于光绪十八年（1892）正月初八出发："昨派翻译俞忠沅带工匠十名赴比国郭厂学炼钢铁，如有可为力之处，请费神分照。"[195] 第二批于同年六月派出："二批华匠十二名，二十二日由沪赴比国郭厂，派翻译沈鉴带去，遇便请费神分照。鄂厂需用铺轨器具，及水力起重机、造炉底机，已电郭厂列单送尊处。"[196]

正是因为郭克里尔厂答应帮助培训工匠，汉阳铁厂建设后期所需的设备材料也就由郭克里尔厂购入，"查郭厂本非极大之厂。此项屋料，先经马参赞在英国海德来增厂讲定，价尚稍廉，工尚稍速，后因郭厂许收教鄂省炼铁匠徒四十人，不能不与成交以示酬劳。海厂又来理论，乃给津贴费一百镑以了事。"[197] 由此可见张之洞对培训技术工匠的重视。

对于这批工人的学习和工作的具体情况人们知之甚少，只知道第一批工匠大都祖籍广东，他们在比利时郭克里尔厂学习了一年九个月，于光绪十九年十月启程回国，回国之后，参与了铁厂早期高炉安装风管，高炉生产等工作。[198] 吕柏在回忆录中对他们有着并不太好的评价：

> 在建设铁厂的同时，张之洞派遣了大约 80 名①中国工人去往欧洲，在那里接受成为技工或者独立操作生产部门的培训。以便于能够回到汉阳之后以较高水准投入生产的第一线。这条举措同样收效甚微。已经习惯了舒适生活的先生们几乎没有学到什么东西。当然也是有原本懒惰的员工在学习过程中开始变得勤奋和积极，最终成为可靠而能干的工人。②

(二) 开办学堂始末

汉阳铁厂从筹建起就计划开办学堂，培养化学、矿务方面学生。1890 年 12 月 20 日，张之洞在咨呈约估筹办煤铁用款折中开列炼铁需用的经费有学堂一项：

> 学堂经费项下：矿学学堂两年经费约银一万两。化学学堂两年经费约银一万两。购买洋书图画仪器约银五千两。化学馆常用药料器具约银

---

① 据张之洞电稿和薛福成日记，送培人数应该是 40 名，这里疑为吕柏记录有误
② 吕柏. 中国的采矿业与钢铁工业

五千两。共约银三万两。[199]

1892 年 3 月 25 日张之洞再次奏请拨借铁厂经费的折中有：

> 至原估化学、矿务各学堂，即系为采铁、炼铁、炼钢、开煤本厂所
> 用而设，以备分司各事，与此次遣工出洋学习炼铁，均俟习成以后，即
> 可少用洋匠，籍可稍节经费，亦免造不如式，动需改作，耗弃工料；并
> 非为日后他处应用之计。[200]

强调铁厂开设化学、矿学堂的必要。

铁厂的学堂何时开办，开办之后的具体情况已无从查找，至 1896 年张之洞改造自强学堂，此时正值汉阳铁厂改官办为商办，张氏决定将铁厂所设化学堂并入自强学堂，在札蔡锡勇等改定自强学堂章程一文中有：

> 又本部堂前设化学学堂一区，延洋人骆丙生为教习，附隶铁厂，虽
> 为化验矿产而设，其实该教习学术以及设备器具，均不止专化金石。兼
> 可化验动植物各种原质与地土所宜。……今铁厂已招商承办，所有铁政
> 局内原设化学一堂，即并入自强学堂，别为一门，旧日学生，其学业已
> 成者，半已分赴各省各局之招堂中，自应选补。惟化学精奥断非不通西
> 文者，所能受业。亟宜另选已通西文之学生，陆续挑补，仍令骆丙生接
> 续教授，以副本部堂创始经营之意。[201]

由此可知铁厂化学堂确已设立，目的是培养能化验矿产的学生。聘请骆丙生执教。

盛宣怀接管汉阳铁厂之后，铁厂没有专门学堂。1897 年李维格曾拟了一份《汉阳钢铁厂学堂章程》，规划"设立学堂四所，一曰化算学堂，一曰炼铁学堂，一曰炼钢学堂，一曰机器学堂"[202]。但由于经营艰难，当时的铁厂既无经费也无精力去做这件事情。至 1901 年，李维格受盛宣怀之邀，再次加入铁厂，他就铁厂现状致信盛宣怀，提出铁厂四病，其中一病为人才未养：

> 一、人才未养。二十二年宪台接办铁厂，卑职即有设立学堂之请，
> 一搁五年，殊为可惜。今日此举万万不能再缓，拟请访延化炼钢铁教习
> 一人，机器教习一人，就厂设学，招南洋公学中院卒业生到厂肄业，半
> 日读书，半日历练，三年以后，人才自出矣。[203]

可见 1896～1901 年汉阳铁厂的确未设学堂，而对于李维格的设学堂的提议，盛宣怀始终没有回应。

（三）招收学徒

虽然汉阳铁厂始终未设正规的专门学堂，但通过化学房（化验室）和各车间招收学徒的方式，公司培养了一批技术工人和化验员、绘图员等。

汉阳铁厂高炉车间从一开始就配有化验室（即化学堂），早期以外籍人员主持，并招收学徒学习化验矿石等法。表 4.14 为汉阳铁厂各个时期化验室主任情况。

表 4.14　汉阳铁厂历任化验室主持人

时期	化验室主持人	国籍	备注
1894～1896	骆丙生（Robinson）[1]	英国	月薪四十一镑
1896～?	史麦耳[2]		月薪三十五镑
1907～?	阿亨博士（Dr. Jean Pierre Arend）[3]	卢森堡	
1912～?	黄锡桂[4]	中国	此人 1894 年即到厂

资料来源：

1. 薛福成. 出使英法义比四国日记. 岳麓书社，1985.188

2. 陈旭麓等编. 盛宣怀档案资料选辑之四：汉冶萍公司（一）. 上海人民出版社，1982.75

3. Von Eugene Ruppert. Die Chinesische Eisenindustrie und der Luxemburgische Ingenieur in China. Revue Techique Luxembourgeoise, 1937, (6)

4. 湖北省档案馆汉冶萍公司档案全宗. 档号 LS56 - 1 - 1518

　　汉阳铁厂早期的化验所虽然目的是化验矿石，但发挥了重要的教育功能，培养了知晓化验技能的学生。尤其是在汉阳铁厂投产初期，当时的中国难以找到掌握化学知识的人从事化验，而对于钢铁生产而言，此项工作是必需的，因此汉阳铁厂所设的化验室就兼任了化学堂的功能，化验室主任骆丙生也兼任化学教习。至 1896 年汉阳铁厂化学堂并入分离出去，铁厂化验室仍然存在，并继续吸收学徒从事化验，尤其是 1907 年阿亨博士的加入（图 4.9），化验室有了很大改善，也培养了一批合格的化验人员。

图 4.9　汉阳铁厂化验室主任阿亨博士 Dr. Arend 和中国学生
资料来源：吕柏回忆录

　　1904 年大冶铁矿添设化验所，由汉阳铁厂派出一名自己的学生承担此项工作：

　　博矿师意，矿山须添化学堂①一所，以资化验。商诸汉厂，拨派一化学生随带化铁药料器具，就矿山公事房内匀出房间安置炉座，求省费而事举。现化学生已抵矿山，月薪二十四元，并由汉厂定。[204]

―――――――――

　　①　此处化学堂为化验所，而非学堂

足见汉厂化验室在培养人才方面的作用。

不仅化验室，汉阳铁厂的绘图房以及各车间，都招收了大量学徒从事绘图、机器装备、火车驾驶、修理等具有技术含量的工作，在实践中培养了众多技术工人。

1909 年《东方时报》转载了美国一钢铁公司经理马而根的一篇文章，文中记述了汉阳铁厂的外籍机械工程师对华人匠目和学生的钦佩：

> 厂之机械工师杜耳君，颇赞许华人机械之技能。所用之辘轴，俱华人所自造，唯聘欧洲人一，为之布置而已。……杜君将一亲历之事告余，以证华人之灵敏。前汉厂由美国购到火车头一部，到厂后尚须一小分装配，以成一体。然当时细图尚未到华，某华匠目不知，杜君亦未提及，乃不久车头已装成，而在厂中之铁道上行使。系该匠目之功。杜君甚为诧异。余问杜君云，此非奇能乎。杜君云，若细图未到，余亦不能装配。杜君又述及华人作事之准确详细，只观绘图房学习绘图之少年，当摹仿图样时，见原稿上有偶然之墨迹污点，即仿抄之。[205]

吕柏把汉冶萍公司的工作人员分为四类：一是官员和大小职员；二是受过教育的文人；三是技术工人和工长；四是苦力。他批判中国官员，鄙视科举文人，同情苦力，却对技术工人这一阶层给予了很高评价：

> 那些掌握着一定技能的熟练工人，比如钳工、机械师、各手工业工人等，一般都是较优秀的公民，在长期与外国人打交道的过程中，他们通过自身的勤奋和努力逐渐接近和习惯了外国传统。他们并不一概地仇视外国人，对外国人也基本上不会仇视。他们大部分都是受过教育，勤劳而拥有激情。只要好好领导，会有很好的成绩。①

三、小结

在生产初期，来自乡村的工人与大规模工矿生产之间存在某种程度的不相适应，但其原因并非技术性的，经过一段磨合期之后，状况大都得到改善。

汉阳铁厂建立之时，熟练技术工人非常缺乏，在没有系统的技术教育的社会里，汉冶萍公司自身就承担起了教育主体的角色。通过招聘上海、广东等地的熟练工匠，送培工匠，化学所、绘图房等部门招收学徒的方式，中国最早的钢铁技术工人得以培养，保证了汉冶萍公司钢铁生产的进行。

洋人对技术工人这一群体几乎一致的好评，也体现出中国社会悠久的工匠传统，说明在这一层面上，中国有着有利于钢铁现代工业和技术发展的因素。进一步地，现代工业和技术移植的阻力来自于其他层面。

---

① 译自吕柏. 中国的采矿业与钢铁工业

第三节　钢轨制造标准的制定

一、汉阳铁厂早期钢轨生产与铁路建设

汉阳铁厂兴办的目的就是修建芦汉铁路，因此其最终钢制品以铁路钢轨为最大宗，1916 年之前，其钢轨销售比重仅次于生铁。作为中国近代唯一的钢轨制造企业，汉阳铁厂承造了京汉、津浦、正太、陇海、沪杭甬、粤汉、株萍、南浔、广九等铁路的钢轨[206]。据笔者粗略统计，截至民国十一年（1922 年）底，中国已通车铁路约19 961.56里①，其中用汉阳铁厂钢轨铺设的铁路里数约 6695.9 里（表4.15），占已有铁路的 33.5%。

表 4.15　汉阳铁厂钢轨修建铁路里数估计

铁路	铺设/里	建设时间
京汉	2003.5	1896～1906
津浦	约 583.4	1898～1912
正太	486	1902～1907
陇海（徐州—观音堂）	912.5	1905—1915
沪杭甬（沪杭段）	295	1906～1909
粤汉（粤境内）	约 558	1901～1915
粤汉（湘鄂段）	782.5	1910～1918
株萍	181	1899～1905
南浔（九江—涂家埠）	157	1908～1915
四洮（四平—郑家屯）	176	1915～1917
吉长	280	1909～1912
广九	281	1907～1911
合计	约 6695.9	

资料来源：凌鸿勋.中国铁路志.文海出版社，1982.173～240；阮湘.中国年鉴.第一回.商务印刷馆，1924.862～867；肯德.中国铁路发展史.爱德华·安德诺书店，1907

从京汉铁路开始，中国进入了第一个铁路建设的高潮时期，但铁路建设所需的巨额资金难以筹集。1895 年，为解决京汉铁路建设的资金问题，盛宣怀开办中国铁路总公司，采取官股、商股和洋债并用的办法，实际上，由于官资和商资难以筹措，1911 年之前的铁路修建均依靠举借外债进行。1897 年，盛宣怀与比利时银行工厂合股公司在汉口签订了芦汉铁路借款合同 17 款，其中有"比公司举荐总工程师监修路工"[207]一款，以京汉铁路借款合同为蓝本，以后各路借款合同中均约定由债权方举荐工程师监修铁路。由于中国尚无钢轨制造标准，各国工程师依照他国钢轨样式来设计和修建铁路，使得各铁路钢轨轨式各异，美国、英国、法国、比利时等式五花八门（表 4.16），致使钢轨制造商汉阳铁厂不能规模生产，徒耗精力和成本。

---

①　中国年鉴.第一回.上海：商务印书馆.1924.862～867 据此数据计算

表 4.16　1911 年之前各铁路借款和轨式

路线名	借款国	轨式
京汉	比利时	比利时式 76 磅轨
津浦	英国	德国式 67 磅轨
正太	法国	法国式 28 磅轻轨
陇海	比利时	37.7 公斤、42.2 公斤轨
沪杭甬	英国	英式 75、85 磅轨
粤汉	美国	美式 85 磅轨
株萍	中国商办	英式 76、85 磅轨
南浔	英国、日本	比利时式 76 磅轨, 日式 60 磅轨
吉长	日本（南满铁道会社）	美国式 60 磅轨
广九	英国	英式 85 磅轨

资料来源：凌鸿勋. 中国铁路志. 文海出版社，1982.173~240；湖北省档案馆编. 汉冶萍公司档案全宗. 档号 LS56-3-328

二、第一部钢轨制造标准产生始末

集中和连续生产是提高轧钢效率的关键。而集中和连续生产的前提是产品的标准化，如钢轨的标准化。20 世纪初，英国和其他欧洲国家正是试图通过产品的标准化而调整生产模式，从而提高生产效率和降低成本。

为解决钢轨生产的这一问题，1911 年 7 月，汉冶萍公司在坐办李维格的主持下，以英国通行章程为蓝本，拟定了《八十五磅钢轨及附属品制造验收通行章程》，并通过盛宣怀以邮传部的名义上奏[208]，以英式 85 磅轨为标准，统一中国干线铁路钢轨样式规格以及制造、验收标准。该标准详细规定了 85 磅轨和附属品的样板、制造法、化验、剪裁、整齐、长度、钻孔、标志、试验法、试验器具、出钢号数及日期登记、试验费、剔退钢轨记号等规范，并附有样板图纸和计算方法。1911 年 8 月清廷准奏[209]，由邮传部颁布该标准。我国第一部钢轨制造技术标准由此产生（图 4.10）。

值得注意的是，该章程是在与时任粤汉铁路北段的英籍总工程师格林森（A. H. Glinson）①商议后确定的，"验收钢轨等件规则已与格林森议定，兹特具禀呈部，务乞即日具奏颁行，愈速愈好，此事与厂甚有关系也。"[210]格林森在华多年，曾参与津浦铁路设计，任过沪宁铁路总工程师。1911 年 4 月盛宣怀与英法德美四国银团签订《湖北湖南两省境内粤汉铁路湖北境内川汉铁路借款合同》，合同约定选用英国人为湘鄂段总工程师，格林森受聘担任了该职。而川汉粤汉铁路是当时汉阳铁厂最大的客户："厂中钢轨现已拉完，日盼部饬议订川粤汉购轨合同，即可开拉"[211]而李维格与格林森交情很好，[212]在李维格的提议下，盛宣怀选定了英国人格林森作为钢轨制造验收章程的议定者，因此该章程以英国章程为蓝本，采用英式 85 磅轨为标准也就不足为奇了。

很快爆发了辛亥革命，该部颁标准还未来得及实施就随着清政府的覆灭而失效了。

---

① 格林森（A. H. Glinson），英国人，铁路工程师。1903~1911 年先后任沪宁、津浦、粤汉铁路湘鄂段总工程师

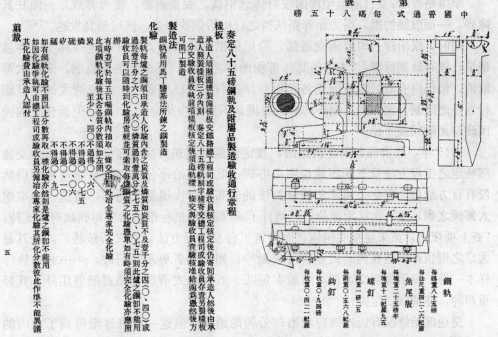

图 4.10 邮传部《奏定八十五磅钢轨及附属品制造验收通行章程》和样轨图式（1911）

资料来源：湖北省档案馆汉冶萍公司档案全宗．档号 LS56-3-328

三、辛亥革命后汉冶萍公司为统一轨制所做的努力

辛亥革命之后，由于标准失去了官方地位，铁路工程的修建仍然未能统一，汉冶萍公司只能依靠自己的力量与客户再三磋商，将钢轨纳入标准之内。如陇海铁路：

> 陇海路百里格总工程司始开列比国轨式，嗣与再三磋议，方改归八十五磅之定式，然鱼尾板等件，仍与定制不符；而验收章程，则又有远出定制之外者。[213]

即使是由格林森负责的粤汉铁路也未完全依照标准：

> 粤汉路格林森总工程司所拟验轨章程，亦与颁行之验收章程多有出入。[213]

1913 年李维格在《时报》上发表文章"中国钢铁实业之将来"，总结中国铁业不能发达的两个原因：一无国家保护，二无统一标准，呼吁政府加以重视：

> 各处铁路，人自为政，所用洋工程师，亦各有意见，路轨车辆样式，杂乱分歧，从无划一之规定。因此各国工师，各出其式，使承造者穷于应付。数年前欲救正此弊，曾呈准邮传部，奏定以英国八五磅轨式，定为吾国干路轨式，方谓自此或有同轨之望。而军兴之以后，各路并置前案，洋工程师仍以意为之，各出各式，穷于应付。……此中国之铁业，不能发达之二也。[83]

李维格呼吁："目前但望民国政府体念钢铁之关系重要，极力养成，一面祛其障碍，一面鼓励协助，竭力保养而扶持之，以后钢铁事业，庶可望其发达。"[127]。

同时，汉冶萍公司致函交通部，希望借助交通部的力量推行这一标准，并恳请早日颁布轨制标准："查前清邮传部所颁行之定制，系根据英国轨制，未经大部取消，似仍应有效，拟请通饬各路局一律遵行。如已失效力，亦拟请大部早日颁行划一之定制，俾路局及钢厂均有所遵循。不胜翘企待命之至。"[213]但新建立的民国政府无暇顾及于此。

1915年，政府颁布民业铁路法，规定铁路的建筑方法及车辆构造，应依交通部核定之工程方法及车辆图式说明书办理。此时汉冶萍公司的钢轨制造标准仍然没有官方地位，因此公司希望借铁路法的颁布，再次说服交通部，将这一标准纳入部颁之列，这一次汉冶萍公司还增订了60磅轻轨的标准，希望得到政府的支持："查上项规定，虽未经指明钢轨，而建筑工程及工程方法，意义所赅甚广，是其最大宗之钢轨，当然在内。民业者尚求划一，则部辖者更不宜纷歧。……兹送轨件样本一份，拟请陈明交通部，除前奏定八十五磅轨式请饬各路遵照够用外，其轻重两种，亦请颁一定式。"[214]

交通部始终没有正式回应汉冶萍公司的请求。但这一标准逐渐得到了业内的承认。1914年，新成立不久的中华工程师会在第四期会报上全文登载了这部标准（图4.11），只是将标题中的"奏定"改成了"规定"。工程师会会报将此标准刊出，表示此标准得到了铁路工程师团体的认可，由于汉阳铁厂是当时唯一的钢轨制造商，该标准实际上起到了临时统一中国钢轨标准的作用。

2005年笔者见到了在南宁造船厂发现的汉阳铁厂造钢轨，其中一根造于标准制定之前的1904年；另一根造于民国二年（1913年），系为陇海铁路所造。两钢轨的铭文标志完全不同，1904年轨之标志从右到左为"1904汉阳铁厂造"（图4.12），而1913年轨标志从右到左为："部定八十五磅轨制 汉阳铁厂造民国二年十廿月"（图4.13～图4.15），后者与《八十五磅轨及附属品制造验收通行章程》关于标志的规定相符："轨之一面须轧成每码重量及承造人之名，其文曰规定八十五磅轨制汉阳铁厂造字样，以一寸半高为度。"[215]。

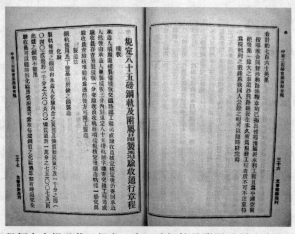

图4.11　中华工程师会会报登载《规定八十五磅钢轨及附属品制造验收通行章程》（1914）

资料来源：中华工程师会会报.1914,（4）

图 4.12　汉阳铁厂 1904 年轨标志"1904 汉阳铁厂造"
方一兵 2005 年摄于南宁造船厂

图 4.13　汉阳铁厂 1913 年轨标志一"部定八十五磅轨制"
方一兵 2005 年摄于南宁市博物馆

图 4.14　汉阳铁厂 1913 年轨标志二"汉阳铁厂造"
方一兵 2005 年摄于南宁市博物馆

图 4.15　汉阳铁厂 1913 年轨标志三"民国二年十廿月"
方一兵 2005 年摄于南宁市博物馆

民国交通部于民国六年（1917）才成立铁路技术委员会，1921 年颁布钢轨标准，民国十一年（1922）开始实行[216]，这是继清邮传部标准之后，我国第二个由政府颁布钢轨制造标准。由于新标准轨式的更改，使汉阳铁厂库存钢轨全部报废。

四、小结

虽然国家应该是行业技术标准的制定者，但在一个新兴行业创办初期，技术标准往往产生于最早进入行业的企业，汉冶萍公司就是这样的企业，作为国内唯一的钢轨制造者，加上其掌管者盛宣怀特殊的官商身份（邮传部大臣，中国铁路总公司督办），汉冶萍公司便成为了我国第一个钢轨制造标准的实际制订者，也是唯一的执行者。

但企业的力量往往有限，政府行为可以促进行业技术的发展。辛亥革命以后，汉冶萍公司与政府之间的"亲密"关系不复存在，前清的这一部标准也始终未能得到政府的再次支持。政府的不合作往往会给企业带来巨大的副作用，1922 年交通部标准的出台就是这样的例子。

第五章

汉冶萍公司技术移植与近代钢铁技术体系的构建

我敢保证，九十五磅一码的钢轨，目前我们已经可以轧出来，供给铁路的需要。交通有了办法，物价有了办法，我们钢铁业也就有了办法。

——吴健

汉冶萍公司对西方钢铁技术的移植有两个层面的意义：一是企业自身技术能力的建立，二是中国近代钢铁技术体系的建构。因此，在前述史实的基础上，本章首先对汉冶萍公司自身钢铁技术移植的特点加以讨论；然后将汉冶萍公司放在中国近代钢铁体系建构这一更高层面，进一步描述和讨论汉冶萍公司的技术移植活动对近代中国钢铁技术体系的影响。

第一节　汉冶萍公司技术移植活动的特点

从史实可以看出，汉冶萍公司技术移植活动不仅体现在设备的引进和投产，还体现在从人员到制度建设层面的本土技术能力的培养，而在不同层面上，其特征和结果是不同的。

一、设备层面

汉冶萍公司技术引进的三个阶段呈现不同模式和特征，公司在此基础上实现了设备层面上的技术移植。

有学者认为，技术引进的过程就像一个通信系统，它包含技术来源即信源、技术本身即信息、技术传递渠道即信道、技术接收者、被引进的技术即信宿以及通信效果。[217]技术引进活动往往因这几个环节上的不同特点而呈现出不同的模式（图5.1）。

汉冶萍公司的技术引进可据此分为三个阶段（表5.1）：第一阶段是1890～

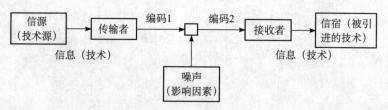

图 5.1　技术引进的示意图

1904 年汉阳铁厂的第一期建设和生产时期，第二个阶段是 1905 年汉阳铁厂第二期建设至 1913 年；第三个阶段是 1913 年底公司与日本正金银行签订贷款合同并聘请日本工程师为最高工程顾问以后。每个阶段技术引进呈现出不同的特征，是近代早期我国新式钢铁技术引进的演变过程的真实反映。

表 5.1　汉冶萍公司技术引进的三个阶段及特点

阶段	主要技术引进活动	技术来源	技术引进的渠道	技术引进的决策参与者	技术人员	特点或影响因素
第一阶段（1890～1904）	汉阳铁厂第一期设备引进和建设、投产	英国、比利时	由英方设计规划铁厂、提供设备、负责建造	湖广总督张之洞、驻英大使刘瑞芬等官员	英国、比利时、卢森堡等国的工程师	政府行为，无技术基础，单方面全方位依赖技术输出国，直接跨越不同社会系统
第二阶段（1905～1913）	汉阳铁厂第二期设备引进和改扩建	德国、英国、美国	采纳英国专家建议，由汉厂外籍工程师设计规划，以招标方式购置设备	汉厂督办盛宣怀，总办李维格、萍乡煤矿总矿师赖伦、顾问工程师彭脱	1905～1911 年为外籍工程师，1911 年之后以中国工程师为主	企业行为，在本土技术能力欠缺的情况下，一次相对合理和成功的技术引进
第三阶段（1914～1925）	大冶铁厂的设备引进和建设	日本、美国	日本工程师进行设计和建设，美国厂商提供设备	汉冶萍公司最高工程顾问大岛道太郎、汉阳铁厂厂长吴健	大部分为日本工程师	在中国已具备一定的本土技术能力情况下，由日本技术人员控制的相对失败的技术引进

1）第一阶段（1890～1904）是汉阳铁厂第一期设备引进、建设和生产时期，其引进模式是由政府操作的，一种在毫无技术基础之下的单方向、全方位的技术引进，而且技术在转移过程中跨越了两种截然不同的社会文化体系。

首先，技术引进是政府行为，技术引进的决策参与者是政府官员，而且是在没有本土技术基础的情况下进行的，即技术接受方中国对现代西方钢铁生产技术知之甚少，也缺乏与之相关的矿学、化学等知识。在此情况下，决策者张之洞获得技术信息的途径是依靠驻外大使官员的咨询，可以想象，晚清的外交官员不可能是一个熟悉钢铁技术的专家，依靠此途径来做出的选择本身就存在相当大的风险。而风险还来自决策者对相关矿化学知识的缺乏，这也是让汉阳铁厂一投产就遇上焦炭供应不上以及钢轨质量不合格等诸多困难的主要原因。

其次，从技术引进方式看，由于没有技术基础，该阶段技术传递只能单方面全方位地依赖技术输出方，不仅铁厂的规划设计和设备来自技术输出国，而且技术工作也由来自输出国的外籍技术人员完成。在此情况下，技术输出方的态度对技术引进的效果至关重要。而在晚清，中国与西方国家之间的技术能力对比极其不平衡，这极易导致西方国家在技术输入过程中的消极态度，此时有效的合同约束就显得十分必要。现在无法找到张之洞当时在引进设备时所签订的合同，但从他与驻英大使刘瑞芬的电函中可知，这次技术引进的决策是非常仓促的，决策时张之洞考虑的只是设备规模和生产能力，而没有考虑到设备与资源的匹配、铁厂建设的质量等问题，人员培训问题也是在签订了订购合同之后才想起的。在这种情况下，技术引进的效果只能单纯地建立在外籍技术人员的个人水平和工作态度上，这再次增大了技术转移的风险。

再次，从社会背景来看，技术在引进过程中直接跨越了两种不同的社会文化体系是这一阶段的重要特征。虽然此后的技术引进同样是从西方到东方的跨越，但这一阶段因此所遭遇的冲突最为明显。因为这是技术引进的最初阶段，技术的传递者是刚刚来到中国的外籍技术人员，而该阶段汉阳铁厂和大冶铁矿的中方职员是晚清政府官员、传统文人和地方乡绅，也就是说，来自欧洲工业社会的外籍工程师们要与中国传统官僚社会的官员和文人乡绅直接共事，两者在价值取向、办事方式等方面存在很大差异，极易产生矛盾。吕柏在回忆录中对汉阳铁厂大小官员和传统文人毫不留情的批评正是这一差异和矛盾的体现：

> 我们看来，清朝的官员和工厂的高级职员其实就是一帮受过高等教育的懒汉。而在中国人眼里，他们却成为聪明的显贵人物。他们除破坏所有的工程和在外国人的图纸上乱打叉叉，损坏外国人在中国的利益和形象外，什么事不想也不会做。
>
> 这是他们本性决定的必然结果，因为在中国凡是外国影响所及的地方，所有寄生虫性的经济活动都在减少，只要能真正合理地进行工作，不对工人实行牟取暴利性的盘剥，那么清朝官员所推行的建立在牟取暴利基础上的经济就必然会被清除。此外，人们还可以看到另外一种情况，不管什么地方只要是由清朝官员担任管理工作，则他们所在的企业和工厂就根本无法发展。反之，如这个清朝官员只是担任较低的职位，并且由一些充满活力、认真负责的外国人担任经理进行领导，对工厂和企业进行严格监督，那么企业就会发展……
>
> 比上述人员再低一等的小官小吏，实际上就是上面所讲那一层人缩小的翻版。他们为了能逐渐跻身于更高一级的职位，不惜采取一切手段。
>
> 那些在科举制度中通过考试的举人，总是浮在整个社会之上的尊严和名声里，在他们眼里那些应列入野蛮人之列的外国人，既不值得他们多看一眼，更不值得受他们的尊敬。
>
> 这帮盲目自大的举人，绝大多数对于来自西方的东西存在着看不起的心理。①

同时，钢铁技术的引进必然与煤铁矿大规模开采相连，而矿山开采是一项与土地密切相关的技术，大规模采用西方技术开采矿山势必对当地传统生产生活产生影

---

① 译自吕柏. 中国的采矿业与钢铁工业

响，这也是该阶段存在的另一种明显的中西方技术与东方社会的文化冲突，前面所述的早期外籍工程师在勘探等工作中遇到乡民的敌视和抵制就是这一冲突的表现。

最后，从技术引进的效果来看，这一阶段引进的设备和资源不匹配，加之管理不善，虽然耗资巨大，但效果不佳。汉阳铁厂在这一阶段生产出了钢轨，但因引进的贝塞麦转炉炼钢技术不能解决生铁含磷高的问题，因此钢轨质量不高。技术与资源的不匹配，说明技术转移在此阶段并不成功。究其原因，归根结底在于本土技术基础的严重缺乏，加之不恰当的决策方法。但这也是一个典型的干中学的阶段，管理者们在这一技术转移过程中获得了技术知识和经验教训。

2）第二阶段（1905～1913），是汉阳铁厂第二次大规模的技术引进和生产时期。虽然在设备上仍旧几乎全部依赖技术输出方的提供，但其在技术信息的获得、技术引进决策和方式上与第一阶段有显著不同。概括地说，是管理者在取得了前期的经验教训的情况下，谨慎合理地进行的一次相对成功的技术引进。

首先，该阶段的汉阳铁厂已经为商办企业，且铁厂的管理者已经有了一定的钢铁技术常识和经验，技术引进的决策参与者和决策方式较前次大不相同。铁厂在引进技术之前十分重视对技术信息的调查，而且铁厂并不是委托驻外大使的咨询来获得信息，而是派遣在企业任职多年的管理人员且通英文的李维格以及厂中外籍工程师赖伦、彭脱一道赴美国、欧洲等国进行调研，由于这些人都有多年在厂工作的经验，而且携带了汉厂的矿石和生铁等产品去进行考验，对症下药，因此获得的技术信息准确而且符合汉厂实际情况。

其次，此次技术引进的决策方式也不同，在确定了技术方案之后，采用的是招标的方式购置设备，因此设备来自多家企业。而高炉的设计由在汉厂工作多年的吕柏负责，根据其设计再订购设备，可以说，该阶段所引进的设备是符合汉阳铁厂的矿石资源条件和生产目的的，是相对合理的。

最后，从效果看，由于设备与资源相匹配，引进的是合理的技术，因此该阶段解决了汉阳铁厂的产品质量问题，铁厂已经能为当时的铁路建设提供高质量的钢轨了。从这一层面上说，技术引进是成功的。但技术引进的效果除了来自技术与资源的匹配性之外，还来自技术的经济性和竞争力，即技术接收方采用该技术生产的产品是否经济，是否有足够市场竞争力。从这一角度说，仍然存在着一系列影响该阶段技术引进效果的因素。使汉阳铁厂技术改造以后生产的钢轨虽然质量很好，但在成本上没有足够的竞争力，从而影响了技术引进的效果。

3）第三阶段是1913年以后。以汉冶萍公司聘请日本工程师大岛道太郎为最高工程顾问为转折点，汉冶萍公司的技术发展方向发生了重大变化，而技术引进模式也随之改变。

这一时期汉冶萍公司发生的技术引进主要为大冶铁厂的高炉设备的引进和兴建。此次的技术引进最大的特点就是在公司具备了由本土工程师进行技术决策能力的情况下，决策权却转让给了日本工程师；此外，整个技术引进过程都有来自日本各方面的参与，体现出日本人对此项工程的极大兴趣。具体地，建厂设计由大岛道太郎主持；设备的引进原本在吴健和大岛道太郎共同考察欧美的基础上进行招标决定，但由于日本三井洋行的干预，设备的制造商由原来的美国摩尔根公司转为由三井洋行代理的美国列德干力（Riter-Conley）制造公司；铁厂的建筑工程也由大岛道太郎为总负责人，指挥施工的技术人员大都由大岛推荐的日本人担任，工程项目大部分由日本洋行总承包，两座 450 吨高炉工程和其他钢筋混凝土建筑工程由日本大仓洋行承包。[218]

从设备来看，此次建设的重点是两座 450 吨的炼铁高炉，其技术先进程度和规模较前两次都有很大提高，但从效果来看，大冶铁厂的高炉因设计上的失误存在诸多质量问题，一号高炉投产不到一个月就因炉盖开关失灵导致炉子下部铁水凝结而停炉。1921 年大岛道太郎去世后，二号高炉在中国工程师吴健、郭承恩等人的主持下继续修建而完成，于 1923 年 4 月开炉，至 1924 年底因焦炭供应不上而停产。1925 年 5 月一号高炉在修整后重新开炉，但于当年 10 月因焦炭供应不上而最终停产。因此，大冶铁厂的高炉设备虽然耗资巨大，规模最大，先进程度最高，但并没有发挥其应有的作用。究竟是什么原因造成了大冶铁厂高炉的建造不能达到预期效果，已很难找到可靠的史料证据，负责大冶铁厂技术工作的大岛道太郎是一名在德国获得冶金博士学位的工程师，曾担任日本八幡铁厂的技术负责人，应该是一名有能力和经验的技术人员。美国人 Hoyt 把大冶铁厂高炉失败的原因归结为设备技术先进性程度太高，超出了当时中国的能力："得以成功运作的汉阳铁厂高炉是依靠人工加料的，只有 250 吨的生产能力，毫无疑问，目前中国人更熟悉这种相对简单的、规模更小的高炉。"[124]

更重要的是，由于设备引进和建设大都由日本人进行，中国本土技术能力基本上没有得到利用，也没有起到培养中国本土技术能力的作用。从这一角度来说，这是一次相对失败的引进活动。

总体来看，汉冶萍公司在设备层面上的技术移植呈现出三个阶段的演变过程，首先，引进的设备先进性程度在提高，规模也在递增。最突出的反映在生铁高炉上，从 75 吨到 250 吨到 450 吨，高炉在规模和技术水平上都在递增（见附录 E）。其次，引进技术的重点由以生产钢制品为宗旨逐步转变成以生铁高炉为主。最后，技术引进效果并不是递增的，在吸取了第一次经验教训的基础上，第二次技术引进效果有了显著提升，但第三次技术引进没能获得更好的结果。

可以说，通过前两次的引进，汉冶萍公司在设备层面上获得了技术能力，但没有因此走得更远。

二、人员层面

本土技术人员的培养是汉冶萍公司在技术能力本土化方面所做的最重要的工作，公司也因此在人员层面初步建立了本土技术能力。从前述史实来看，汉冶萍公司建立之初，在技术工人和工程师两个层次上均面临着由于国内教育主体缺失而导致的人才缺乏。而公司在两种人员层面上获得本土技术能力的方式各异，并呈现出不同的特征。

技术工人方面，在我国职业技术教育主体缺失的情况下，公司获得技术工人的模式主要有三：一是最初阶段雇佣工业发达地区的技术工人，如广州、香港、上海等地，这一途径虽然能解一时之急，但远远不能满足汉冶萍公司的需要，钢铁冶炼方面的技术工人更是缺乏；二是在钢铁冶炼等人才极度缺乏的部门，出资向国外送培工匠，但人数相当有限；三是"干中学"模式，这是最主要的途径，公司化验房、绘图房和各生产车间培养了一大批钢铁产业的技术工人。可以说在近代早期,汉冶萍公司本身不仅是企业主体,还是培养技术工人的教育主体,它通过其自身的教育功能而在这一层面上实现本土技术能力的获得。

工程师方面,当时中国工程师教育主体同样缺失。汉冶萍公司在这一层次上亦经历了三个阶段的模式:一是早期的异地借才,即聘请国外工程师,来完成技术引进和投产。二是出资送培,虽然人数有限,但这是一个值得关注的模式,这不仅因为其出资培养的人员成为了我国首批获得冶金等专业学位的钢铁工程师,还因为正是公司送培的留学生代替了外国工程师,而使公司本土技术能力得到了质的提高。三是后期聘用更多的留学生和国内院校毕业生,这是汉冶萍公司在辛亥革命之后获得工程师最主要的途径,由于国门的打开,越来越多的学生通过其他渠道获得了出国留学的机会,汉冶萍公司采矿、冶金等专业的留学生获得了难得的学以致用的机会;此外,随着国内工科教育的逐渐兴起,汉冶萍公司在后期也开始雇佣国内院校相关专业的毕业生担任技术人员。可以说,从异地借才到出资送培到聘用国内外毕业生,汉冶萍公司工程师在人员层面上初步获得了本土技术能力。

从技术能力上看,汉冶萍公司可以通过本土工程师来完成建造高炉等设备的建造和投产,但在高炉等设备的设计方面,依旧需要聘请外国公司来完成。公司第三次大规模建设——大冶铁厂的建设,本来应该成为本土工程师发挥作用的很好的机会,但却让位给了日本工程师。概括地说,汉冶萍公司本土技术人员所发挥的技术能力主要是生产能力和设备的建造能力,而更具创新性的设计和研发能力在汉冶萍阶段并未建立起来。

三、制度层面

企业制度层面的技术能力指的是企业为实现技术的持续发展而建立的一系列组织、规范和制度保障。

汉冶萍公司的技术移植活动也体现在制度层面上,制定和实施我国第一部钢轨制造和验收标准就是一个典型例子。正如前所述,在一个新兴行业创办初期,率先进入的企业往往会替代政府或其他部门来制订行业技术标准等,但企业不可能完全替代政府,完整的制度构建应该是在企业和政府的合作下完成的。从史实来看,汉冶萍公司在这一层面上的作用是有限的,其编制的钢轨制造和验收标准由于辛亥革命而过早地丧失了"部颁标准"的地位,虽然统一了企业内部的钢轨生产,但政府并没有以此为起点建立更系统的标准,在辛亥革命之后,作为最大的新式钢铁企业的汉冶萍公司,由于企业掌管者官方地位的丧失,汉冶萍公司与政府之间再也没有此类制度建设性的合作。

其实,企业技术能力在制度层面上的建设应该是多方面的:除了技术的规范外,其他能保证或促进企业技术水平的组织、制度性建设都属于这一范畴,如企业研发组织的建立。但汉冶萍公司在这一方面的作为非常有限。以研发而言,企业虽然有过一些研发活动,但都是应急性的,如公司对本土耐火材料的开发:

> 萍矿造砖厂所造之火砖,其火表最高温度为一千四百三十度,不合炼钢炉之用,故汉阳厂炼钢炉所用之火砖,均取给予外洋。自洋炉炼焦

处领袖金衡生兼管造砖处后，悉心研究，将所造之火砖之热度，增至一千六百五十度。[112]

尤其在第一次世界大战之后，由于镁砖和硅砖不能进口，公司组织力量研发由国产白云石替代镁砖，并自制硅砖。除此之外，汉冶萍公司并未有更组织化的研发活动，也未建立更制度化的研发组织。

概括地说，早期的汉冶萍公司以"邮传部"的名义制定和实施钢轨制造标准，这是企业直接在制度层面上构建技术能力，也是其技术移植活动的重要一环。但由于外部环境的影响、地位的变更以及企业自身能力的制约，汉冶萍公司并未在研发等环节上实现技术能力的制度化保障，因此其在这一层面上的技术能力建设非常有限。

第二节　汉冶萍公司与近代钢铁技术体系的构建

对于一个行业来说，技术移植是行业技术体系的社会建构过程，也就是说真正的技术移植是要经过一个技术与新社会环境相互影响的过程，从而形成符合当地资源、社会、经济甚至政治环境的新的产业技术，这个过程是相对较长的，往往不可能由一个企业完成。从这一角度上说，汉冶萍公司对西方钢铁技术的移植只是我国近代钢铁业技术体系建构的一个部分，因此，有必要将汉冶萍公司放在我国近代钢铁技术体系建构的这一层面，来考察汉冶萍公司对西方钢铁技术的移植这一行为在此过程中产生了怎样的影响，从而更完整地理解我国近代钢铁技术发展的历史进程。

由于我国有悠久的土法钢铁生产传统，因此钢铁行业与近代引进的电报、铁路等行业不同，它不是一个全新的产业。汉冶萍公司的技术移植对中国近代钢铁行业及其技术发展本身的影响应该同时体现在土法钢铁业和新式钢铁业上。此外，对于一个产业技术的发展来说，除了产业自身的技术能力外，教育、学术组织等支撑体系的发展也很重要。因此，从三个方面来探讨汉冶萍公司大规模的技术移植在近代钢铁技术体系建构过程中的影响：一是汉冶萍公司的技术引进与生产对中国土法钢铁行业的影响，二是汉冶萍公司的技术移植对其后我国新式钢铁工业及技术能力的发展的影响，三是汉冶萍公司对我国近代钢铁技术支撑体系的发展的影响。

一、汉冶萍公司对我国土法钢铁业的影响

汉冶萍公司之后，我国土法炼铁业仍在广大乡镇存在。农商部地质调查所估计的 1916～1937 年我国土法生铁产量如下：

表 5.2　1916～1937 年我国土法生铁产量估计值（单位：吨）

1916～1928 年	1929 年	1930 年	1931 年	1932～1934 年	1935 年	1936 年	1937 年
178 870	135 368	122 226	126 130	138 727	139 087	140 300	127 540

资料来源：根据农商部地质调查所第一、二、三、四、五次中国矿业纪要、行政院新闻局《钢铁》(1947) 有关资料整理

表 5.3　1932～1934 年我国各省土法生铁产量（单位：吨）

山西	四川	广东	河南	湖南	广西	安徽	福建	云南	浙江	贵州	陕西	其他	合计
60 000	20 000	9 000	8 000	5 052	3 350	1 600	1 000	500	100	75	50	30 000	138 727

资料来源：农商部地质调查所 . 第五次中国矿业纪要 .182，183

汉阳铁厂投产之后，其产品对我国土法炼铁业造成了一定的竞争压力，但由于双方的主要市场并不完全相同，二者之间更多的是互补关系。

从产品来看，汉冶萍公司面向国内销售的主要产品有三：一是生铁，二是铁路用的钢轨，三是工字钢、槽钢、钢板等其他钢货。其中，钢轨和其他钢货市场是土法钢铁不可能也从未涉足的，而土法钢铁主要生产的农具生活用具也是汉冶萍公司不曾涉足的市场，因此汉冶萍公司投产之后，与土法钢铁业形成竞争的产品只有生铁。

早期汉阳铁厂的生铁的确在一定程度上给土法生铁的冶炼带来了冲击，英国人肖克利在1903年关于山西煤铁的报告中提到当地的土法生铁贸易，已经在来自国外和汉阳生铁的竞争下有所衰落：

> 正如 Stanley Smith 先生对我所说，在潞安府①，自1888年以来，由于受到进口铁以及来自汉阳新铁厂出产的铁的竞争，生铁贸易已经持续快速下滑多年，而这一市场原来只出售山西铁。[219]

但汉冶萍公司给我国土法炼铁业造成的冲击是有限的，主要是因为成本上不占优势，尤其是在成本相对较低的省份，按照肖克利的记录，1900年左右山西一些地区的土法生铁每吨的销售价格最低为太阳②的17先令2便士，大阳③为19先令4便士，被称为山西最好的铁产自高平，售价为70先令。[46] 而1896~1908年汉阳铁厂每吨生铁成本为45~58先令，因此从价格上说，汉阳铁厂生铁仅对质量最好的山西生铁造成竞争。也就是说，在质量要求高的生铁市场，汉阳铁厂生铁有可能取代土法生铁，但如果不要求质量，则山西土法生铁仍具有相当大的价格优势。值得一提的是，近代山西生铁以价格低廉著称，即使与国内其他地区的土法生铁比较，这一优势也很明显：

> （山西）唯炼铁成本之低，犹为世界所无。……新法生铁之价至少在二倍以上。即四川、重庆附近之土法生铁，犹贵至二倍有半。以泽州生铁运至清化，价犹不过汉阳生铁三分之一（指民国四年情形）[220]

从丁格兰这段话可知，四川、重庆附近的土法生铁价格接近汉阳生铁，因此汉阳生铁对其他地区土法炼铁似乎有着更大的威胁。

此外，国内生铁市场并不是汉冶萍公司的主要目标市场，加上中国幅员辽阔，近代许多地方交通不便等因素，因此汉冶萍公司对国内土法生铁冶炼的影响在地域上也是有限的，处于内陆的四川等地的土法炼铁业受到的冲击相对较少。

从统计看，1937年之前我国土法生铁产量虽较1916年有所下降，但年产量一直维持在12万~14万吨的水平，后期下降趋势不明显，说明土法炼铁在新式生铁的竞争之下，维持了一定市场份额。这也间接说明了土法炼铁虽然受到冲击，但其市场与新式钢铁对应的工业品市场并不完全重合，因此在汉冶萍公司开始了我国新式钢铁生产之后，土法炼铁仍有其特定的市场空间。

---

① 潞安府：今山西省长治市
② 太阳：位于山西省运城稷山县
③ 大阳：位于山西省泽州

二、汉冶萍公司与新式钢铁工业及技术的发展

（一）汉冶萍公司之后我国新式钢铁生产之概况

汉冶萍公司是 1915 年之前中国唯一以新法生产的钢铁联合企业，之后中日合资的本溪湖煤铁公司和鞍山铁厂相继建成投产，这两家企业虽然规模较大，但实际上完全被日本控制。1914 年之后随着欧战爆发，钢铁价格飞涨，这也触发了国内资本投资兴办钢铁事业，扬子机器制造厂于 1919 年兴建炼铁炉，1917 年成立上海和兴钢铁厂，1917 年由保晋公司创办阳泉铁厂。但随着欧战结束钢铁市场急剧疲软，这些小规模的国资企业无法与国外钢铁企业竞争而衰落。随着日本资本的渗透，中国的铁矿资源也几乎全部输送到了日本（表 5.4）。

表 5.4　1918～1937 年中国新式铁矿生产一览（单位：吨）

公司名称	汉冶萍公司	湖北官矿局	宝兴公司	福利民公司	昌华公司	益华公司	裕繁公司	鲁大公司	本溪湖煤铁公司	振兴公司	保晋公司	合计
地点	大冶	象鼻山	当涂	当涂	当涂	当涂	繁昌	金岭镇	本溪湖	鞍山	阳泉	
资本种类	中国	中国	中国	中国	中国	中国	中国	中日	中日	中日	中国	
1918 年	684 756		97 000						104 578	88 364		974 698
1919 年	751 442		41 290				114 461	178 847	109 671	165 519		1 361 230
1920 年	824 491	45 667	44 389				61 810	128 164	90 434	151 030		1 365 985
1921 年	384 285	161 575	8 000				160 760	88 204		160 164		962 988
1922 年	345 631	45 439	34 563				267 400	26 335		139 528		1 059 416
1923 年	486 631	149 406	74 190				301 650	7 618	25 513	188 218		1 233 226
1924 年	468 922	172 110	55 840				348 755		65 000	155 105		1 265 732
1925 年	241 785	214 272	49 900				309 730		62 407	140 927		1 019 021
1926 年	85 733	103 822	61 240	2 152			204 080		93 000	472 985	10 000	1 033 011
1927 年	243 632	76 629	52 990	930			167 450		91 000	539 604	9 000	1 181 235
1928 年	419 950	212 533	64 000	454			112 390		115 000	540 000	10 573	1 474 900
1929 年	476 096	162 194	149 607		37 994	10 380	218 817		148 646	837 025	6 237	2 046 996
1930 年	377 667	128 096	124 983	80 000	27 000		197 876		141 061	691 168	5 685	1 773 436
1931 年	425 000	83 165	135 000	50 000	17 000		265 000		146 560	816 969	12 226	1 950 920
1932 年	382 000	134 556	33 710	68 000		65 000	101 333		153 470	888 143	13 000	1 839 212
1933 年	366 339	72 984	50 000	110 000			110 000		260 230	916 413	17 500	1 903 466
1934 年	382 000	70 000	80 000	120 000			280 000		235 031	950 000	18 000	2 135 031
1935 年	654 366		120 715				280 000		250 000	1 235 100	18 000	2 558 181
1936 年	660 180		200 000				280 000		260 000	1 260 000	22 000	2 682 180
1937 年	361 639		200 000				280 000		450 000	1500 000	10 000	2 801 639
产品销路	1924 年之前部分销往日本，之后全部销往日本	销往日本和汉冶萍	日本和浦东和兴钢铁厂	日本	日本	日本	日本	日本	供本溪湖制铁所，生铁大部分销往日本	供给鞍山炼铁厂，该厂完全属日本	供本公司炼铁	

资料来源：根据农商部地质调查所第二、三、四、五次中国矿业纪要有关资料整理

从生铁生产来看，随着一些炼铁高炉的兴建，汉冶萍公司之后我国新式炼铁年生产能力最高达 100 万吨，但实际产量远远低于此（表 5.5）。1923 年之前，汉冶萍公司的生铁年产量一直处于首位，汉冶萍公司停产之后，日资企业出产了 90％以上的生铁，中资企业中只有扬子机器公司和山西保晋公司的高炉还在生产，产量不到 2 万吨。从设备来看，生铁高炉的规模较大者除汉冶萍公司外，为日资企业本溪湖和鞍山铁

厂的高炉；中资公司中，龙烟公司自行建造的 250 吨高炉始终未能投产，扬子机器厂的 100 吨高炉已属规模较大的，其余的均为日产 50 吨以下的小高炉，生产能力有限。

表 5.5　1918～1937 年中国新式炼铁厂一览表

项目	汉冶萍公司	汉冶萍公司	扬子机器厂	和兴钢铁厂	龙烟公司	本溪湖煤铁公司	南满铁道株式会社	保晋公司	宏豫公司	合计	汉冶萍份额/%
地点	湖北汉阳	湖北大冶	湖北汉口	上海浦东	北京石景山	辽宁本溪湖	辽宁鞍山	山西阳泉	河南新乡		
炼铁炉座数(1937年)	4	2	1	2	1	4	4	1	1	20	
炼铁炉生产能力/每炉每日(1937年)	2座250吨,2座75吨	450吨	100吨	1座12吨,1座33吨	250吨	2座20吨,2座140吨	350吨,400吨,500吨,600吨	20吨	25吨	4160吨	37.2
1908年	66 410									236 410	100
1909年	74 405									224 405	100
1910年	119 396									289 396	100
1911年	83 337									253 337	100
1912年	7 989									177 989	100
1913年	97 513									267 513	100
1914年	130 000									300 000	100
1915年	136 531					29 530				336 061	82.2
1916年	149 930					49 211				369 141	75.2
1917年	149 664					37 971				357 635	79.8
1918年	139 152					44 992				184 144	75.6
1919年	166 097					78 871	31 620			276 588	60.1
1920年	126 305		7 624			48 824	74 895			257 648	49.0
1921年	124 360		15 248			30 869	62 310			232 787	53.4
1922年	148 424		15 248				60 022			223 694	66.4
1923年	73 018					24 338	76 086			173 442	42.1
1924年	26 977					51 950	81 594			160 521	16.8
1925年	53 482					50 000	96 135			199 617	26.8
1926年			7 498			51 000	162 500	4 800		225 798	
1927年						63 224	165 054	4 000		232 278	
1928年			5 814			84 345	160 000	4 814		254 973	
1929年			11 094			76 300	217 858	2 838		308 090	
1930年						85 060	262 994	2 587		350 541	
1931年			4 072			65 620	276 650	5 563		351 905	
1932年			19 283			81 057	277 124			522 464	
1933年			29 347			115 950	317 573	5 200		606 697	
1934年			16 960			153 400	322 400	3 680		631 440	
1935年			约18 000			125 000	411 700	3 650		558 350	
1936年			约18 000			130 000	420 000	3 600		571 600	
1937年			约18 000			约150 000	约500 000	1 500		669 500	

左侧纵列：生铁年产量/吨

资料来源：丁格兰. 中国铁矿志. 下；农商部地质调查所第二、三、四、五次中国矿业纪要；行政院新闻局. 钢铁. 1947

注：和兴钢铁厂的生铁产量不详，该厂至迟于 1926 年停炉，若以两炉生产能力，年产量最高为 16 200 吨；龙烟公司始终未能正常生产；宏豫公司数据不详

炼钢方面，我国近代炼钢生产能力非常有限。1935年投产的昭和制钢所拥有规模最大的炼钢炉，但此时鞍山属伪满洲国，昭和制钢所是日资满铁全额出资兴办的企业，因此该企业不是真正意义的中国炼钢企业。除了昭和制钢所外，我国近代炼钢设备最大生产能力只有约15万吨，汉冶萍公司拥有当时最大规模的炼钢设备。但钢的实际年产量最多也只有5万吨，汉冶萍公司停炉后不超过2、3万吨。从设备来看，我国炼钢设备陈旧，汉冶萍公司1905年引进的马丁炉依然是最大炼钢炉（表5.6）。兴建炼钢设备的国资企业，除和兴钢铁厂外，大部分为清末创办的兵工洋务企业，如上海钢铁机器股份公司（原江南制造局）、江南造船厂、沈阳兵工厂等，资金缺乏加上设备陈旧，使得汉冶萍公司之后我国炼钢工业不足一提。

表5.6 1918～1937年中国新式炼钢设备一览表

项目	汉冶萍公司	和兴钢铁厂	上海钢铁机器股份	育才钢厂	启新洋灰公司	江南造船厂	沈阳兵工厂	巩县兵工厂	昭和制钢所
地点	湖北汉阳	上海浦东	上海高昌庙	山西太原	河北唐山	上海	辽宁沈阳	河南巩县	辽宁鞍山
炼钢炉座数	马丁炉7座	开心炼钢炉2座	马丁炉2座	1座	烧钢炉1座	电钢炉1座	电钢炉1座	电钢炉1座	150吨平炉2座，100吨平炉4座
生产能力	每炉每日60吨	每日约80吨	每日约30吨	每日约20吨	不详	不详	不详	不详	
备注	1923年停	至迟于1928年停，1934年重新开炉	1座约1918年停	至迟于1928年停，后继续开炼				至迟于1926年停	1935年开工，伪满洲国日资企业

资料来源：根据农商部地质调查所第二、三、四、五次中国矿业纪要、解学诗等《鞍钢史》（1984）有关资料整理

由以上可知，汉冶萍公司在我国近代新式钢铁生产中占有突出地位。1916年之前，它是中国唯一的新式钢铁企业；1923年以前，它的钢铁产量占了中国新式钢铁总产量的大半份额（表5.5）；1937年之前，它拥有最大规模的炼铁高炉（表5.5）；在整个中国近代，它始终是唯一集采煤炼焦、铁矿开采、生铁冶炼、炼钢、轧钢于一体的钢铁联合企业。

而汉冶萍公司对其后我国新式钢铁工业及其技术的影响突出体现在两个时期：一是近代早期，尤其是第一次世界大战期间国资钢铁业兴起的短暂时期；二是1937年之后的抗日战争时期。

（二）汉冶萍公司对1937年以前新式钢铁工业及其技术发展的影响

近代早期，汉冶萍公司通过合资和设备、人员的支持，一度成为我国新式钢铁行业发展的种子。其中最为突出的是其与扬子机器公司、龙烟公司的关系。

合资创办扬子机器公司：

1907年，汉阳铁厂以合资的形式，在汉口发起创办了扬子机器厂，汉阳铁厂总办李维格为公司的发起人，以制造汉阳铁厂所不能产之铁路桥梁、车辆等钢件为目的：

> 前在铁厂各路来订钢轨，并有订桥梁、叉轨、车辆等，惟此项桥梁等亦外国专门，厂中不能办。中国开无此厂，惟有到外洋去办，彼时即有就厂开办桥梁厂之意。[221]

公司由商人宋炜臣、顾润章等集银 40 万两，由汉阳铁厂搬出旧机器，提银 5 万两作股本，以李维格的名义创办，所用的钢铁材料，购自汉阳铁厂。

第一次世界大战导致铁价飞涨，1919 年扬子机器厂决定建造炼铁高炉，高炉由美国人设计，容积 248 立方米，日产生铁 100 吨。高炉除炉体之外，全部设施均由汉冶萍公司自行制造，于 1920 年开始出铁。汉冶萍公司生铁停产后，扬子机器厂高炉成为产量最大的国资兴办的生铁高炉。

1923 年扬子机器厂租给六河沟煤矿公司，改称六河沟铁厂。所产生铁除自用外，供应汉口各厂商和上海等地厂家。抗日战争爆发后，国民政府经济部资源委员会用 100 万元购买其高炉，随汉阳铁厂设备一同迁往重庆，在重庆大渡口兴建了一座新钢铁厂。[82]

汉冶萍公司不仅提供了扬子机器公司的部分股本，更重要的是，扬子机器厂创办之初总是弥补汉冶萍公司的产品空缺。此外，扬子机器厂技术人员与汉冶萍公司有着密切关系，王宠佑曾任炼铁部主任、技术部主任、技术顾问等职，原汉阳铁厂炼铁工程师陈廷纪担任了扬子机器厂的总工程师。[222]

参股龙烟公司，提供技术支持：

龙烟公司原为龙烟铁矿公司，1918 年成立，开采河北龙开县和直隶宣化烟筒山之铁矿，为官商合办之铁矿，股本 500 万元，官股由农商部、交通部分认，共 250 万元，商股由商方陆续募足，汉冶萍公司作为公司发起人之一，持有 30 万元股本[223]。

1919 年龙烟公司建成出矿，其时公司之冶炼厂还在计划之中，无法冶炼矿石，乃和汉冶萍公司商谈，借汉阳铁厂四号高炉试炼生铁，供炼矿石 40 000 吨，结果甚佳[224]。1922 年龙烟公司高炉设备建造就绪，但因资本耗尽，始终未能投产。

龙烟公司与汉冶萍公司之间亦有人员之关联。如工程师胡博渊，早年在美国学习矿冶，1919 年回国之后，被聘为汉阳铁厂工程师，2 个月后被聘往龙烟公司负责高炉修建，至 1923 年高炉全部完工，胡博渊又返回汉冶萍公司，任大冶铁厂工程师。

对于一个新兴的产业来说，首先进入的企业，尤其是具有垄断地位的企业往往会成为这个行业今后发展的种子，通过资金或人员流动等方式，衍生出更多的企业，而技术也在这一过程中得以扩散。在近代早期，汉冶萍公司就是这样的种子，其工程师在企业间的流动而形成了明显的关系网络（图 5.2），通过这样的网络，钢铁技术得以由汉冶萍公司向其他企业扩散。

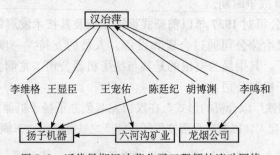

图 5.2　近代早期汉冶萍公司工程师的流动网络

除了人员的流动，信息的扩散也会对行业的发展起作用。汉冶萍公司从

1913～1919 年对长江中下游地区进行的较大规模的探矿活动，虽然盛宣怀一再强调其保密性质，但部分信息还是传播了出去，并引起了有关各方对一些地区的铁矿勘探和开发的关注，也间接地带动了中国新式铁矿业的发展。丁格兰在《中国铁矿志》中对各省铁矿的记述中，除大冶铁矿外，因汉冶萍公司矿师的发现而被重新勘探或开办的铁矿至少有四处：南京以南的凤凰山铁矿、安徽繁昌铁矿、浙江景牛山铁矿以及江西城门山铁矿。以凤凰山铁矿为例：

> 凤凰山铁矿之早经采用，……最近注意该矿则始于十年前，当张季直先生任农商总长时，有汉冶萍公司职员，将矿石化验，结果优美，遂陈其事于农部。民国三年江苏督军冯国璋，请农商部派专员详勘，作者遂于是年十月，受命前往。……[225]

民国三年和民国十年地质调查所人员对凤凰山铁矿进行了两次勘探，并称："自此次勘探之后，而凤凰山铁矿之真价值，遂以大明。"[225]可以说，汉冶萍公司对长江中下游的一系列探矿活动，不仅证明了中国企业在 20 世纪初已经可以不依赖外籍矿师独立勘探矿产了，而且其外传的探矿信息起到了"种子"的作用，为农商部地质调查所这样的专业机构的勘探活动提供了线索，这在一定程度上促进了近代中国新式铁矿业的发展。

但中国的钢铁工业并未因此而发达起来，因第一次世界大战而带动的兴办国资钢铁业之高潮，随着第一次世界大战结束铁价下跌而迅速结束。同时，日本以投资和借款的形式迅速渗入到中国主要铁矿和生铁冶炼业，导致铁矿和炼铁业的"主权"丧失，中国人从清末就开始的钢铁工业化之路，到抗战之前已走到最低谷。

中国钢铁产业的技术水平在抗日战争爆发之前也止于汉冶萍公司，无论是扬子机器厂还是龙烟公司、保晋铁厂的炼铁高炉在技术水平和规模上都没有超过汉冶萍公司，炼钢炉也是如此，虽然汉冶萍公司的技术经验得到了一定程度的扩散，但其作为种子企业的"衍生"作用非常有限，近代早期钢铁产业的技术能力随着钢铁产业的衰败而没有进一步提高。

（三）汉冶萍公司对抗战时期新式钢铁工业及技术的影响

汉冶萍公司对新式钢铁工业及其技术的影响还体现在抗战时期。这一时期是中国钢铁产业发展的一个特殊时期，由于战争的需要，中国必须在后方建立自己的钢铁企业，而战争使中国很难在技术上获得其他国家的帮助，这意味着必须完全独立地建成这些钢铁企业。虽然汉冶萍公司在此时已经衰败，其保留下来的设备和技术经验却发挥了显著的作用。

以炼铁厂为例，战时所建炼铁厂有两类，第一类由政府有关部门（如兵工署、资源委员会等）兴办，规模较大。主要有中国兴业公司的炼铁厂、钢铁厂迁建委员会的炼铁厂、资渝钢铁厂、云南钢铁厂。曾经在汉冶萍公司工作的工程师们的经验对于上述企业的迁建和生产所起的作用不可忽视，汉冶萍公司的设备也随之西迁至后方继续发挥作用（表 5.7）。以战时最重要的钢铁企业——迁建委员会为例，其设在重庆的炼铁厂的 100 吨高炉设备是由六河沟铁厂 100 吨高炉迁建而成，其炼钢炉和轧钢设备由汉阳铁厂设备改造建成，据参加迁建工作的刘刚回忆："当时计划将汉阳钢铁厂的炼铁、炼钢、轧钢主要设备，机修设备，运输设备以及耐火材料等拆运到重庆建厂。参加这项工作的技术员工，大部分是曾经在汉冶萍公司工作过的人员。"[226]来自汉冶萍公司的吴健、严恩械、唐瑞华①、翁德銮②等老工程师们均参与或指导了迁建工作。在迁建过程中，严恩械在考察了四川省煤铁资源情况和拆运条件后，修改了原拆迁计划，提出不拆汉阳铁厂 250 吨大高炉，拆六河沟铁厂 100 吨高炉和汉阳铁厂的 30 吨马丁炉炉体结构及换向阀、钢轨轧机、钢板轧机、中小型轧机和全部机修设备及耐火材料。[227]这一切合实际的计划得到了采用，也使得六河沟铁厂和汉阳铁厂的设备得到更充分合理的再利用。

此外，汉冶萍公司作为战前最大规模的钢铁事业，其工程师们的经验对于后方较大规模钢铁厂的设计建设和生产来说显得非常珍贵，因此这些规模较大钢铁厂的设计、建设都有来自汉冶萍公司的工程师们的参与（表 5.7）。如迁建委员会第三制造所（炼钢部）在建设过程中，将汉阳铁厂两座 30 吨平炉钢架改装为 10 吨平炉，这是中国第一座自己设计的平炉，其设计是在严恩械指导下，由刘刚③等进行。[228]炼钢部所建贝塞麦转炉，由刘刚设计，经唐瑞华审核，翁德銮认可。其中毕业于英国格拉斯哥大学，自 1914 年后长期在汉冶萍公司任职的翁德銮，于 1938～1949 年期间任迁建委员会副厂长兼总工程师。

表 5.7　抗战时期规模较大之炼铁厂情况

公司名称	厂址	经营方式	炼铁设备	与汉冶萍之关系
中国兴业公司	四川江北、永川、涪陵	官商合办	三十吨、五吨、十五吨炼铁炉各一座	吴健任总顾问
钢铁厂迁建委员会	重庆大渡口	国营	二十吨、一百吨炼铁炉各一座	部分设施来自汉阳铁厂，吴健、严恩械等参与指导迁建，1938～1949 年，翁德銮任副厂长兼总工程师
资渝钢铁厂	重庆	资源委员会主办	二十吨炼铁炉	胡博渊主持设计高炉
云南钢铁厂	云南安宁	资委会、兵工署、云南省合办	五十吨炼铁炉	王宠佑任筹备委员会主任委员、严恩械任委员兼工务处处长，工程处处长，负责建厂工作。投产之后，严恩械任厂长

资料来源：胡博渊. 三十年来之钢铁事业. 三十年来之中国工程，1948.12～14；中国科学技术协会. 中国科学技术专家传略：工学编冶金卷（1）. 中国科学技术出版社，1995.22，10～14，30，31；胡博渊. 晓晴斋散记. 台北：文海出版社.64，65；重庆市档案馆等编. 抗战后方冶金工业史料. 重庆出版社，1987.85

战时另一类炼铁厂是众多的小规模炼铁厂，数量超过三十家，且高炉规模很小，大都为 15 吨、10 吨、5 吨、3 吨的小高炉，虽有部分官商合办企业，但大多数为民营企业。现存的史料上，虽未见有汉冶萍公司工程师直接参与其设计和建设的，但胡博渊在其自传中叙述，他为资渝钢铁厂设计的高炉投产成功之后，带动了小型炼铁厂纷纷兴建，竞相效仿：

　　……此一星期内，余即召集在渝对冶金有研究之友人，共同设计一

---

　　① 唐瑞华，字舒坪，广东香山人。毕业于康奈尔大学，1914 年起在汉冶萍公司车务处任工程师
　　② 翁德銮，字达臣，广东顺德人。毕业于英国格拉斯哥大学，1914 年起历任汉阳铁厂轧钢部工程师，大冶铁厂工程股长等职
　　③ 刘刚，江西人。早年毕业于北洋大学矿冶系，曾任六河沟炼铁工程师三年。1934 年留学英国，1937年参加中央钢铁厂筹备事项，回国后参加钢迁会技术室负责汉阳铁厂拆迁和大渡口钢厂建设工作

化铁炉，用管式热风（此为欧美早期粗略施用热风法）……至星期四聚餐，余将计划提出，并详细解释，自力更生，轻而易举。众意赞成，遂一致通过，并设立资渝钢铁厂，……此厂成功，以后继起者，即如雨后春笋，竞相效仿，其产量大多自五吨至三十吨……[229]

可见，战时新式小高炉的建设也不是凭空的，效仿由胡博渊这样的工程师的设计是重要来源之一，他们在汉冶萍和龙烟等公司积累的经验在这里得到了传播。

除工程师外，为保证后方钢铁生产，汉阳铁厂等地的技术工人也被招募至重庆，仅钢迁会100吨高炉的生产，就招募了70多名来自汉阳等地的熟练技术工人[230]。1943年6月钢铁厂迁建委员会编制了一本在厂服务40年职工纪念册，收录了18名40年以上工龄的职工，这些人员都是于1895～1904年由汉阳入厂的绘图员、领工、工匠等（表5.8）。可见，随着抗战时期钢铁工业的西迁，汉冶萍公司的技术经验也随着技术工匠的西迁而发挥了重要作用，正如纪念册的前言所说的："况国际线路，已被封锁，原料之资于舶来者，无由输入，尤须研求自给自足，……因而考核职工，其在厂专一艺而服务愈久者，则其研究愈深，贡献愈大。"[231]

表5.8　钢迁会40年以上工龄职工情况（1943）

姓名	籍贯	年龄	级职	服务部门	汉阳入厂时间	特长
吴文奎	上海	75	委五技术员	第四制造所*	1900	机械设计、绘图、制造
陈万安	广东三水	74	领工	第一制造所	1899	配制合金
朱梓林	湖南湘乡	64	委七绘图员	制图室	1898	绘图设计
李添太	湖北黄冈	65	小工	第一制造所	1904	
路来裕	广东中山	63	领工	第一制造所	1904	
秦正和	江西吉安	68	工匠	第三制造所	1898	钳工
周茂才	湖北汉阳	64	领工	第三制造所	1898	钳工、铣工
陶永森	江苏江宁	60	工匠	第三制造所	1904	铣工
董卯	湖北孝感	66	工匠	第三制造所	1901	锻工
陈保青	湖北孝感	59	领工	第四制造所	1898	
叶春海	湖北黄陂	77	领工	第四制造所	1900	熔铜
张华彩	湖北应城	64	工匠	第四制造所	1896	
廖双林	湖北汉阳	62	工匠	第四制造所	1895	
杨荣贵	湖北汉阳	61	工匠	第四制造所	1898	
李启荣	湖北汉阳	59	工匠	第四制造所	1898	
刘胜发	湖北汉阳	61	工匠	第四制造所	1904	

资料来源：重庆市档案馆．档号0182-1-235
*钢铁厂迁建委员会下属7个制造所。其中，一所为水电工程，二所为炼铁厂，三所为炼钢厂，四所为轧钢厂

（四）汉冶萍公司与中国钢铁业本土技术能力的两次提升

综观近代早期到抗战时期这两个阶段，中国钢铁产业的本土技术能力有两次提升。第一次是辛亥革命之后，钢铁企业逐步实现了由本土工程师代替外籍技术人员，这一次飞跃是以汉冶萍公司为主体实现的。

本土技术能力的又一次提升是在抗战时期，而这一次是在特殊的条件下被迫实现钢铁行业由设计到生产的所有技术环节的本土化。以生铁冶炼来说，中国的炼铁高炉在近代有两个明显的转变，一是由大型高炉逐渐回归到小型高炉，二是由战前的模仿到战时的自行设计。而这两个转变是有联系的，汉冶萍公司的高炉

和其后扬子机器公司、龙烟公司的高炉都由外籍人员设计，从设计目的来说，汉冶萍公司的高炉之规模最初来自张之洞发展工业的雄心，之后来自日本人获得更多生铁的野心，高炉的设计不是基于当时的技术能力和条件。而扬子机器公司和龙烟公司的高炉的设计，从资源和技术条件出发，则回归到了一个相对合理的模式。但这时的设计仍然是模仿。到了战时，高炉设计完全由本土工程师进行，在资源和时间极其有限的情况下，此时的高炉抛弃了先进的大型模式，采用了与当时后方资源和生产技术条件相适应的小型模式，并充分利用了战前可以利用的设施和技术经验。从这一点来说，虽然高炉的规模和先进程度在缩小，但这是技术在特定社会环境中的主动调整，与之相适应的过程，也就是一个典型的技术的社会建构过程。在这一过程中，中国本土工程师的能力实现了由模仿到创新的提升，这是一次真正意义上的技术能力本土化。而这一次汉冶萍公司的技术经验发挥了作用。

值得一提的是，中国钢铁行业本土技术能力的两次突破都是由特殊社会变动引发的。由本土工程师代替外籍工程师，中国钢铁行业本土技术能力的第一次飞跃因辛亥革命的爆发得以迅速实现；由引进设备到自主设计钢铁厂，又是战争这样的特殊环境第二次提升了中国钢铁行业的本土技术能力。可见，1949 年之前的中国尚未形成一种能使本土钢铁技术能力持续自我发展的机制和环境，这也是制约汉冶萍公司技术移植结果及其对整个钢铁行业产生更大影响力的重要原因。

三、汉冶萍公司与冶金教育和学术团体的兴起与发展

除了企业自身的技术能力外，技术的发展还需要有技术教育、研究团体等组织体系作为支撑，以汉冶萍公司为标志的冶金工业的兴起，直接推动了我国近代冶金教育和学术团体的缘起。

（一）汉冶萍公司与近代冶金教育

第一，我国冶金教育的兴起与以汉冶萍公司为标志的近代冶金工业的建设密切相关。

前文已述，张之洞在 1890 年开始筹建铁厂之时，就计划在厂里开设两个学堂：化学堂和矿学堂，这两个学堂的目的很明确，按张氏的话说，就是"为化验矿产而设"，即培训熟悉钢铁生产中必须用到的化学和矿学知识的技术人员，因此学堂更像是一个培训机构，所开课程有限。1896 年张氏将化学堂并入自强学堂。自强学堂 1893 年创办，以传授西学为主，最初设有方言、格致、算学、商务四科，1896 年改制后仅留方言一科，兼授化学，以培育精通西方语言的翻译和洋文人才为主，此时自强学堂兼有了矿化学教育的功能。1899 年教习骆丙生离开，1902 年学堂更名为广方言馆，至此因铁厂所设的学堂也就不存在了。但张之洞深感实业人才之重要，他于 1898 年又在洋务局内创办了湖北工艺学堂，延请日本教习两名，一教理化，一教机器学，招收 12～16 岁的少年，学习汽机、车床、绘图、翻砂、打铁等工艺[232]。虽然工艺学堂不是为冶金工业而设，但其科目设置体现了湖北由于铁厂、兵工厂等洋务企业而产生的对金属铸造和锻造工艺人才的需求。几乎同时，江南制造局亦附设工艺学堂，分化学工艺和机器工艺二系。

我国真正意义上的首个冶金学科教育机构是盛宣怀于 1895 年创立的北洋西学

学堂。盛氏从事洋务多年，深感中国急需以实业为目的的学堂：

> 西国人才之盛皆出于学堂，然考其所为，学堂之等，入学之年，程课之序，与夫农工商兵之莫不有学。……宜令各省先设省学堂一所，教以天算舆地格致制造汽机矿冶诸学，而以法律政治商税为要。……[233]

1895 年，时任天津海关道的盛宣怀秉承直隶总督李鸿章的意图，着手创办了以工科教育为主的天津西学学堂，由当时在天津开办中西书院的美国人丁家立（C. D. Tenney）具体筹划。丁家立参照美国哈佛、耶鲁等大学为盛氏设计学堂体制，分设头等学堂（本科）和二等学堂（预科），头等学堂设工程、矿冶、机器、律例四科，学制四年，我国真正意义上的冶金高等教育自此开始。

第二，由于汉冶萍公司在采矿和钢铁生产的特殊地位，其为近代冶金专业的毕业生提供了难得的实习机会，在一定程度上促进了冶金人才的培养。

例如，农商部于 1917 年与汉冶萍公司达成约定，每年在新聘毕业生中，派 6～15 名矿冶或相关专业学生到汉冶萍公司任练习员，任期二年。以下为农商部派赴汉冶萍公司练习员的规则：

一、农商部所派练习员赴汉阳铁厂、大冶铁矿、萍乡煤矿练习每厂（矿）限二人至五人。

二、练习员每人每月由公司给予二十元以上三十元以下之津贴并供给食宿。

三、练习员课程由公司各厂矿坐办或工程师约定并报告农商部备查。

四、练习员应按月做练习报告呈由公司各厂矿坐办或工程师评阅转送农商部。

五、练习员练习期限定为二年，但农商部及公司认为必要时得增减之。

六、练习员违背公司各厂矿坐办或工程师命令或怠慢练习时，由公司商请农商部撤回。①

规则制定的当年，农商部派往汉冶萍公司的毕业生达 15 名，其中 8 名为长期练习员，练习两年，一名学生王翼臣毕业于北洋大学采矿冶金专业，其余不详；另有 7 名为短期实习生，实习期三个月，是北京大学工科采矿冶金专业的应届毕业生（表 5.9）。

表 5.9　1917 年、1919 年、1920 年农商部派往汉冶萍公司的练习生情况

年份	人数/名	毕业学校
1917	15	北洋大学采矿冶金专业 1 名，北京大学采矿冶金专业 7 名，其余不详
1919	10	北京工业专门学校机械科 2 名，其余不详
1920	至少 8	北京大学采矿冶金专业 6 名*，北洋大学矿科 2 名

资料来源：湖北省档案馆. 汉冶萍公司档案. 档号 LS56 - 经 - 11, LS56 - 1 - 326

*北京大学 1917 年之后不再招收采矿冶金专业学生，该专业并入北洋大学。此前已入校学生继续在北大就读

---

① 湖北省档案馆. 汉冶萍公司档案. 档号 LS56 - 经 - 11

正如农商部的公函所称："国内名厂大矿寥寥无几，专门新进人才势须加以研练。"①不仅农商部，汉冶萍公司还经常接收在校学生来厂实习。在汉冶萍公司的档案里，笔者还看到交通部南洋大学给汉冶萍公司的信函，推荐一名本科二年级学生陈华松到公司实习。公司回函应准，并为之提供住宿①。

第三，汉冶萍公司也为国内外相关专业毕业生们提供了难得的工作机会。

汉冶萍公司聘用的技术人员分为两类，副工师以上的高级技术人员大都由留学回国人员担任；其他技术人员则聘用国内相关学校的毕业生，由于汉冶萍公司是当时国内仅有的大型钢铁冶金企业，技术相对先进和复杂，这就为相关专业的毕业生提供了一个难得的实践机会，这起到了间接推动冶金技术教育的作用。

在湖北省档案馆的汉冶萍公司档案中有一份1920年萍乡煤矿招聘电机监工的档案，招聘广告称："本公司萍乡煤矿现需电机监工三人，须体格强健，在本国高等实业学校电机科毕业者为合格，月薪五十元，膳宿自备。"② 招得合格者三名，但有一名未去上任，后来一名毕业于南京工业专门学校的学生李保发前去应聘，公司以英文出题考之（图5.3），考题共有16题，内容涉及数学、力学、电学、化学，大都是一些考察基本常识的题，难度相当于现在的高中低年级的水平。该生考试成绩为60.3分，加之其学历只是甲等工业学校，与招聘条件不符，公司便以"帮监工"名目录用，月薪二十五元。②

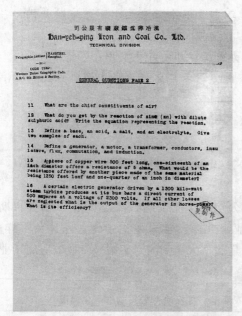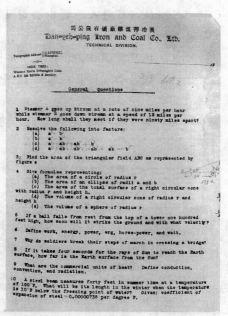

图5.3　汉冶萍公司招考萍乡煤矿电机工程处监工之考题

资料来源：湖北省档案馆．汉冶萍公司档案全宗．档号 LS56-1-684

从此例可知两点，一是汉冶萍公司聘用学生有一定的标准，包括学历和学生的知识水平。二是对前来求职的学生，虽然学历条件不符，但汉冶萍公司从人才储备的角度考虑，当考核合格后，往往会灵活录用，从这一点来看，公司也就为

---

① 湖北省档案馆．汉冶萍公司档案．档号 LS56-1-847
② 湖北省档案馆．汉冶萍公司档案全宗．档号 LS56-1-684

国内各层次工科学生提供了更多的机会。

而汉冶萍公司的停工对于冶金教育事业来说是一个坏消息,因为在当时的中国,找不到第二个汉冶萍公司来为学生们提供这样大的一个实践舞台,正如卢成章所说:"所可惜者,一俟汉冶萍衰落,此辈学生亦纷纷赋闲改营他业,中国无第二汉冶萍可为安置,以致于学非所用。"[234]

(二)汉冶萍公司与近代冶金学术团体

近代与冶金有关的学术团体主要有两个:一是1911年成立的中国工程师学会(成立之初称为中华工程师会);二是1927年成立的中国矿冶工程学会。

中国工程师学会在1931年之前为两个团体:国内的中华工程师会和美国的中国工程学会,而中华工程师会又源于民国之初三个不约而同成立的工程师团体,一个是由正在督办粤汉铁路的詹天佑在广州召集同仁成立的中华工程师会;第二个是由湘鄂工程局局长颜德庆、汉阳铁厂总工程师的吴健以及正在办理南浔铁路的屠慰曾在上海创办的中华工学会,据称该会会章悉仿欧美,资格限制颇严;第三个是由徐文炯等在上海组织的路工同人共济会。[235]1913年,三会会员在汉口集会,合并成立中华工程师会,约定三大宗旨:一、规定营造制度;二、发展工程事业;三、力倡工程学术。又规定办法五则:一为出版以输学术;二为集会以通情意;三为试验以资实际;四为调查以广见闻;五为藏书以备参考。

从缘起看,中华工程师会的成立与中国在清末民初兴起的铁路建设热潮关系密切,发起成员中多数与铁路工程有关,而作为国内唯一钢轨制造者,汉冶萍公司的工程师们自然在其中有一席之地。成立后的中华工程师会设土木、机械、电机、矿冶、兵工、造船五科,矿冶科第一届会员10人。其中,5人曾任职于汉冶萍公司(表5.10)。吴健曾任第二届副会长,并历任多届理事。此外,在历届会员名录中发现,到1918年,在汉冶萍公司任职的工程师与副工程师几乎全部加入了该会。

表 5.10 中华工程师会矿冶科第一届会员名录

姓名	别字	年龄	学堂出身	现任职务
李义顺	季衡	30	伦敦皇家大学矿科	无
吴健	任之	41	英国谢菲尔德大学	汉阳铁厂坐办
胡壮犹	愚若	28	美国加利福大学	第四区矿务监督属技正
卢成章	志学	28	英国谢菲尔德大学	汉阳铁厂工程师
蒋昌儒	席珍	40	美国密歇根大学	无
瞿宝文	耕孙	27	美国哥伦比亚大学	无(1918年入汉厂)
谢作揩		37	美国麻省理工大学	广东实业司矿师
王光	显臣	39	香港皇仁书院	汉口扬子机器公司总经理(之前在汉冶萍)
王宠佑	佐臣	34	美国哥伦比亚大学	梧州宝大公司经理(1914年入汉冶萍)
王世缪	仲德	27	山西大学采矿冶金科	教育部观象台聘员

资料来源:中华工程师会会报.1914

作为国内最大的工程师团体,工程师学会为铁路、矿冶等行业的工程师们提供了相互交流促进的机会,这对于这些新兴行业的发展非常有好处。如中华工程师会在1914年第四、五期会报中连续登载了汉阳铁厂的《规定八十五磅钢轨及附属品制造验收通行章程》。又如,工程师会在1915年出版发行了《华英工学字集》,首次统一了包括冶金技术在内的工科词汇的翻译,这对于冶金及其他工程技术的传播和使用很有帮助。

中国矿冶工程学会筹备于 1926 年秋，成立于 1927 年，以联络同志，研究学术，发展中国矿冶事业为宗旨，会员组成为"举凡学习矿冶及从事矿政，矿业诸同志"。学会成立时设 6 个委员会：司选委员会、征求会员委员会、募集基金委员会、编纂委员会、编订矿冶名词委员会、筹备矿冶图书馆及研究所委员会。

学会成立之时，汉冶萍公司已经衰败，相当部分工程师已离开公司，在学会第一届会员名录上，仍然可以找到吴健、王宠佑、黄金涛、严恩棫等老汉冶萍公司工程师的名字，1928 年学会成立学术委员会，分钢铁、金属、油煤、非金属、选矿、地质 6 组，王宠佑、卢成章、胡博渊、王正黼、曹诚克和翁文灏分别担任 6 个组的主任。[181]这 6 人之中前 3 人都有在汉冶萍公司工作的经历。这说明，汉冶萍公司作为最大规模钢铁企业，的确是战前这一产业的工程师网络得以形成的母体（incubator），通过这样的网络，近代冶金技术的学术体系得以初步形成。

学会自成立以来，每年分 4 期出版会刊《矿冶》，刊登与采矿和冶金有关的文章，文章"均主严谨，注重实际研究与调查，以期合于学术刊物之主旨。"汉冶萍公司钢铁生产的停工对于本来就不景气的冶金业是一个沉重之打击，因此汉冶萍公司的衰败就成为了备受关注的事件。业界同仁们纷纷撰写文章，或对汉冶萍公司现状进行调查，或提出整顿振兴之对策，仅《矿冶》杂志创刊的头 3 年，就有陈廷纪发表《汉阳钢铁厂第三号化铁炉开炼记》、谌湛溪发表《汉冶萍煤铁矿整理计划》、董纶发表《萍乡煤矿》、胡庶华发表《整顿汉冶萍意见书》、刘基磐发表《汉冶萍煤铁厂矿整理复工计划》、何昭曾发表《汉冶萍问题》。体现了矿冶工程师们面对汉冶萍公司衰败的焦急之情，以及振兴中国钢铁行业的迫切期盼。

对于中国冶金界来说，1926 年是一个很特别的年份，一方面以汉阳铁厂停工为标志，中国钢铁业"主权"几乎丧失殆尽，走向谷底；另一方面，以矿冶工程学会的建立为标志，中国冶金界从此有了自己的学术团体和学术期刊，这种学术共同体的有形组织的出现，体现中国冶金技术学科系统在走向发展。这似乎是两条完全反向的路线，却体现出中国冶金工程师们在这一特殊时期作出的选择：以更积极的矿冶研究和学术交流活动来振兴冶金工业。

第三节　小　结

应该客观地评价汉冶萍公司技术移植及其对中国近代钢铁技术的影响，不能以公司的失败来低估其对近代钢铁技术史的意义，但在促进本土技术能力持续发展的机制尚未形成的情况下，汉冶萍公司的技术移植对技术发展的衍生带动作用相对有限。

1）对于中国土法钢铁业，汉冶萍公司所产之生铁给土法生铁市场带来了一定程度的竞争，但由于其成本较高，且产品目标市场更多的是互补关系，因此土法生铁在整个近代虽然有所衰落但依然存在，土法与新式钢铁业并存是汉冶萍公司时期中国近代钢铁业的重要特点。新式钢铁工业的兴起对于在西方产品冲击下而失去收入的乡民来说，是一个再次得到生存的机会，而大规模的生产模式也彻底改变了他们的生活模式。

2）汉冶萍公司对中国近代新式钢铁产业技术发展的最直接的作用是成套设备的引进。经过大规模的技术引进，特别是在吸取了第一次的经验教训的基础上进行的第二次技术改造，中国首次成功建立起从采矿、生铁冶炼、炼钢到轧钢的一整套技术，并生产出高质量的钢铁制品，这是在器物层面上实现了产业技术的建构，在其之后，中国钢铁企业的技术水平未有大的突破。可以说，通过汉冶萍公司的技术引进，近代中国的新式钢铁产业实现了器物层面的系统建设。

3）汉冶萍公司对我国近代钢铁技术体系的建构的最大作用是人的培养。汉冶萍公司实现了钢铁行业技术人员的中外交替，也培养了我国近代最大规模的钢铁产业技术工人。应该说，在钢铁产业技术能力的人员层面上，汉冶萍公司发挥的作用至关重要，在政府和社会尚未有条件提供教育支撑的情况下，早期的汉冶萍公司既是一个生产主体，也成为一个教育主体。更重要的是，这些技术人员，无论是工程师还是技术工人，在汉冶萍公司之后的钢铁技术发展过程中继续发挥着作用。

4）在制度的建设以及近代冶金教育和学术团体等技术支体系的建构上，汉冶萍公司的作用大都体现在早期，即其在冶金教育和工程师学会兴起时期的推动作用，而之后并未直接参与太多的组织建设活动，其作用和影响由直接推动转变为了间接的支持。

5）纵观而论，汉冶萍公司对我国近代钢铁技术发展的作用是随着时间而变化的。早期汉冶萍公司对钢铁技术发展的作用是直接的，即直接地在器物、人员、制度层面实施了构建技术体系的行为，也直接实现了钢铁产业本土技术能力的第一次提升：技术人员的本土化；之后，由于公司地位的改变，日本资金的渗入和控制，以及企业自身的衰落，汉冶萍公司对我国钢铁技术体系的构建的作用由直接变为间接，其最主要的影响是通过其人员的流动而使技术经验得以扩散和利用，抗战时期是汉冶萍公司的技术经验得到充分利用的特殊时期，后方钢铁产业在这一时期实现了从设计、建造、投产等全部技术工作的本土化，这是本土钢铁技术能力的第二次提升。

6）汉冶萍公司虽然开创了中国大规模钢铁技术移植事业，也为实现技术能力的本土化而做了诸多尝试，但中国近代钢铁行业的技术水平并没有在汉冶萍公司之后得到持续发展，汉冶萍公司的大规模技术移植和生产也未能将战前的中国带入一个真正的钢铁产业快速发展的黄金时期。从这一意义上说，汉冶萍公司的技术移植对整个中国近代钢铁产业技术及其发展所起的衍生和带动作用是比较有限的。更进一步地，在汉冶萍公司进行技术移植的过程中，中国始终未形成一种能使本土钢铁技术持续自我发展的环境和机制，这是制约汉冶萍公司技术移植影响的重要原因。

第六章

近代钢铁技术移植进程中的技术与社会

这条黄龙并不愿意发展进步，它只是被迫进行改革，并且抱有这样悲观的观点——若不改革将会丧失在自己的国度里失去统治权。

——欧仁·吕柏

第一节　土法与新式钢铁：不同的技术，不同的社会系统

技术是具有社会性的，也就是说技术产生并植根于特定的社会系统之中，某一技术体系有其相适应的社会系统，钢铁技术也不例外（表6.1）。

表 6.1　土法与新式炼铁技术与社会系统

项目	材料	职业	组织形式	社会关系
土法炼铁	木炭、煤、铁矿石、小型高炉、农具等	农民	家庭作坊	农民——乡绅
新式炼铁	焦炭、铁矿石、大型高炉、蒸汽机、钢轨等	工程师、工人	工业企业	工人——企业主

在汉冶萍公司之前，土法炼铁技术作为以"木、水、铁"三大要素为主的技术体系的一部分，是与传统农业经济下的社会系统相适应的，在这一社会系统中，自给自足的农业耕作和乡村工业维系着农民与地主绅士之间的这一基本的社会关系，土法钢铁业是乡村工业的一部分，为农业经济服务，掌握炼铁技术的工匠也是以土地为生的农民。

近代西方新式钢铁生产技术是植根于西方近代工业社会系统的，这是一个与中国传统农业社会截然不同的社会系统，规模化工业生产维系着以资本为纽带的社会关系，新式钢铁技术产生于动力革命和对资源的大规模开发，工程师是掌握技术的人，其中一些人还依靠发明而成为企业主。

汉冶萍公司所做的事情，就是在一个旧的社会系统中，大规模地移植新式钢铁技术。从这一角度看，这一移植过程与欧洲国家之间的钢铁技术的转移截然不同。在这一过程中，技术与社会的相互作用更为明显。社会在影响着技术移植的同时，也在被技术移植所改变。

第二节　中国近代钢铁技术移植与社会

可以说，中国近代对西方钢铁技术的移植过程是与社会变迁交织在一起的，社会与技术的相互作用体现在以下几个方面。

1）技术移植的最初目的是为了维护原有的社会体制，这使晚清时期的技术移植陷入了一个技术与社会的关系悖论中。

汉阳铁厂的创办人张之洞提倡的是"中体西用"的观点，这在甲午战争之后成为主流，他认为学习西方的科学技术，是为了"保国、保教、保种"[236]，即为了维持中国的纲常礼教和社会秩序。而引进现代化的钢铁生产技术，兴建汉阳铁厂就是他在湖北对这一思想的一系列实践之一。但正是因为技术与社会的关系是互动的，因此期望依靠引进先进技术，来维护与这一技术不相适应的社会体系，那是不可能的。这样做有可能导致两种结果，第一种是当现有的社会体制和文化完全没有能力去接受和使用被引进的技术时，也就是说，当设备一出故障，哪怕需要替换一只小小的螺钉都很困难时，技术将无法存活，社会依旧在原有的水平上维持。而如果此时的社会系统已经因突出的社会矛盾而岌岌可危，那么失败的技术引进对维护这一系统将起不到任何作用。第二种可能就是技术强势地与社会发生互动，从而实现移植。既然技术不可能在一个与之不相适应的社会体系中存在，因此在这种情况下，技术将在移植的过程中改变社会，使社会朝着与之相适应的方向演变。

早期汉冶萍公司的技术移植活动就属于第二种。在铁厂引进技术之初，中国社会无论从思想观念、经济关系还是技术条件上，都与西方技术的引进不相适应，但为了做成这件事情，决策者张之洞的态度是改变现状，创造条件。他最重要的举措是改变人的状况，即培养技术人才：

> 工学之要如何？曰：教工师。……今欲教工师，或遣人赴洋厂学习，或设工艺学堂，均以士人学之，名曰工学生。将来学成之后，名曰工学人员，使之转教匠首。[236]

因此他在引进技术兴办企业的同时，还在湖北等地改造旧式书院，创设各类新式学堂，并派遣留学生，为学习和使用西方技术创造条件。他的后继者盛宣怀在人才培养方面也与其有着同样的认识和举措。但张之洞没有认识到，人是社会系统的基本元素，人的改变是社会改变的前提，他为了维护晚清社会而求"西用"，引进技术，为了"西用"而培养通西学的人才，但这一举措却使得先进思想在武汉传播，直接推动了武昌起义，加速了社会巨变。而黄兴①、宋教仁②、董必武③、李书城④以及武昌首

---

① 黄兴（1874～1916），湖南长沙人。1898 年受湖广总督张之洞推荐，入武昌两湖书院读书。1902 年，于两湖书院毕业后，被派赴日本留学

② 宋教仁（1882～1913），湖南桃源县人。1902 年考入武昌普通中学堂，1904 年进入日本政法大学学习

③ 董必武（1886～1975），湖北黄安人。1905 年考入湖北文普通学堂，1910 年毕业，1914 年赴日本留学，加入孙中山创立的中华革命党

④ 李书城（1882～1965），1902 年被张之洞选派赴日本东京弘文书院学习，1904 年入日本陆军士官学校，1905 年加入同盟会

义中大部分领导人，都是张之洞培养出来的学生。当然，不能说技术的引进导致了晚清的覆灭，但张之洞为引进技术所做的努力，在这样的一个历史节点上，的确成为了加速社会巨变的一个因素。

2）从更长的时间上看，东西方社会的差异导致技术移植中一系列冲突和障碍，西方钢铁技术是在企业不断解决冲突和排除障碍的情况下得以移植的。

近代钢铁技术移植始终伴随着社会因素的影响。从理论上说，当决策者感觉到来自这些因素的阻碍时，他所能做的事情有两种：当无法改变影响因素时，他可能会选择改变技术上的决策以适应环境；否则，他会设法创造条件，改变环境，以消除不利因素，使技术移植顺利进行。汉冶萍公司的钢铁技术引进过程，就是一个不断排除障碍的过程，技术在这一过程中与社会相互磨合并得到移植。

例如，张之洞对汉阳铁厂选址的决策就属于第一种情况。因为他深知晚清社会官员们的腐败，尤其是建设和运作这样一个大型工程。他也知道这是难以改变的社会状况。因此他在明知其技术上的不经济时，仍然选择将厂址设在汉阳长江边上，就是为了便于监督，以技术上的不经济来换取减少因技术外原因而导致的不经济。

更多的情况属于第二种。由前述史实可知，在早期汉冶萍公司的技术移植进程中，由于东西方社会的差异，带来了以下几方面的冲突和障碍：一是早期外籍技术人员与中方人员的不合，这是企业的官僚与西方工程师在价值观和行为上巨大差异造成的，公司解决此矛盾的途径是培养和雇佣中国本土工程师，并让他们承担管理职能，这就使西方技术从外国人手中真正转移到了国人的手中，使技术的引进更加顺利。二是在勘探和开发矿山时，当地乡民对外国矿师和机器的恐惧，这也是典型的传统社会与西方技术之间的冲突，阻碍着技术的移植。公司选择联合当地有势力威信的地主绅士，让他们成为技术引进的受益者，从而使他们充当冲突的调节者，缓解矛盾，最终使矿山的勘探和开采顺利进行，如大冶铁矿直到抗战之前，一直在聘用"矿绅"。三是早期雇佣农民作为矿工和工人，这些农民的生活和工作习惯在一定程度上与机械化生产不相适应，公司通过组织管理上的方法以及对工人进行适当的引导和训练，使情况得以改善。

可以说，通过这些措施，虽然早期的技术引进困难重重，但西方钢铁技术没有被中国传统社会消解，技术移植依旧在进行。

3）一些来自社会环境的影响，是企业无法消除的，政府的不作为，使得它们成为了影响近代钢铁技术移植的主要因素。

第一，官僚社会的腐败积习始终在影响着这一技术移植进程。

在铁厂建设初期，任职于铁厂的晚清大小官员的"中饱私囊"徒增了技术引进的代价；在民国时期，这一积习仍然阻碍着钢铁行业和技术的发展，在一次采访中，原汉阳铁厂厂长吴健回忆到：

> 那一年，我特地找到交通部长叶恭绰[①]的家里去，对他说到铁轨一定
> 要用自己铁铸，差一点不要紧，只要你提倡，一定会好的，可是他说这

---

① 叶恭绰（1881～1968），字裕甫，又字誉虎、玉父，号遐翁、遐庵，1912～1921年，历任路政司司长、交通部次长、总长、交通部长

样困难，那样困难，结果还是为了一大笔回佣订了外国货，而且还不只一国……[187]

众所周知，在一个新兴行业技术发展初期，国家往往会采取措施鼓励使用本国产品，以此来扶持该行业和技术发展。但民国时期，汉冶萍公司不仅未得到这样的鼓励，还要面对"收受回佣"的压力，这显然不利于幼年时期的钢铁行业和技术发展。

第二，近代关税自主权的丧失，以及铁路让与权的外移，使政府在保护新兴的钢铁行业和技术发展上无能为力。

保护性关税是各国普遍采取的对本国幼稚工业的保护措施，由于钢铁业的重要性，欧美各国在钢铁业发展初期大都对进口钢制品征收高额关税。如美国为鼓励本国钢轨工业，1861 年开始实施摩利尔法案，征收高额进口税，钢轨每吨进口税 12 元，1865 年提高至每吨 13.44 元，高额的进口税致使美国本国的钢轨产量大增，进口迅速减少（表 6.2），改变了以前修建铁路主要依赖英国钢轨的情形。

表 6.2　美国钢轨产额及进口额比较表

年份	1850	1855	1860	1870	1880	1886	1889
产量/万吨	4	8	20	62	132.6	160	201.3
进口/万吨	16	34	15	39.9	26	4	0

资料来源：彭维基．铁业与保护关税之关系．东方杂志，1924，(21)．23

我国自 1842 年《南京条约》确定协定关税原则后，关税自主权丧失。1858 年《天津条约》进一步降低进口税率，确定"值百抽五"的原则。在协定关税之下，中国长期实行的是低进口税，高出口税的标准，该情形直到 1926 年才有改变（表 6.3）。进口关税低使得欧美等主要钢铁生产国将中国作为倾销市场。欧美钢铁业在上世纪初已经进入到大规模生产的成熟时期，与刚刚建立的汉阳铁厂相比，其竞争优势是显而易见的。同时，由于早期中国铁路大都是举外债修建，在借款合同中均规定对购买债权国的钢轨等材料减免关税，如沪宁铁路借款合同第 14 款规定：筑造及行驶干路支路所需各种材料，无论由外洋进口，或由别省运至工次，照北洋铁路章程办法，准免关税厘金[237]。因此国外钢轨大都可以零关税进入中国市场，虽然早期由于铁厂管理者盛宣怀为中国铁路总公司督办一职，汉阳铁厂的钢轨销路有一定保障，但这一保障随着辛亥革命而迅速消失，这使得中国新兴的钢铁行业完全裸露在国外同行的竞争之下，在产品销路成问题的情况下，产业技术也就失去了进一步发展的空间。

表 6.3　中国进出口贸易税率

税率	1873 年	1883 年	1893 年	1903 年	1911 年	1921 年	1926 年
进口税率/%	4.9	4.8	3.4	3.3	3.2	3.1	3.8
出口税率/%	8.8	10.8	7.3	4.5	3.3	3.1	3.0

资料来源：严中平等．中国近代经济史统计资料选辑．科学出版社，1955.61

当企业无法消除来自环境的影响时，需要政府或社会其他成员共同参与解决，但近代中国的政府在消除障碍，促进钢铁技术移植方面基本上是不作为的。首先晚清政府在政治上的劣势，使其无法在保护关税、鼓励使用国产钢轨上采取措施；而处于动荡之中的民国政府在这方面的不作为，甚至为了收受回佣而购买外国钢轨，这给钢铁产业发展带来显著的负面影响，也成为影响钢铁产业技术发展的因素。

第三，比利时、德国、日本等国展开的利益争夺，对近代钢铁技术的引进和发展有着突出的影响。

由于钢铁对于近代各国工业发展之重要性，加之汉冶萍公司拥有令人羡慕的铁矿资源，因此中国近代的钢铁技术引进，从汉冶萍公司开始就备受关注。早在1890年张之洞聘请德国矿师勘探大冶铁矿之后，德国政府便向清政府交涉，希望获得矿山的开采权，张之洞虽然拒绝了这一要求，但答应与德国订约：凡铁矿开采和铁道铺设等一切设备，皆购自德国，技师也聘用德国人。之后萍乡煤矿的开办也受到了德国和比利时的关注，在贷款权的争夺中，德国人又一次获胜，而萍乡煤矿的勘探、设计、设备采办和修建工程亦均由德国工程师负责。而比利时也是在这场争夺中非常活跃的一方，1890年4月驻四国大使薛福成在访问比利时的时候就感受到了这个国家对中国的兴趣：

> （外部侍郎郎贝尔芒）又言：比国工艺及制造机械船炮，不后于英、德诸国。若中国垂顾，各该厂必能格外尽心，而其价格较各国不过八九折耳，实于两国均有裨益。颇劝中国设领事于比国，专司采办……[238]

此后，由于答应为汉阳铁厂培训工匠，比利时取得了汉厂设备后期的供应权，汉阳铁厂的技术人员也由比利时人担任，正如前述，比利时驻上海领事也始终未放弃对汉阳铁厂和萍乡煤矿利益争夺的游说，可以说，德国和比利时的竞争对早期汉冶萍公司技术引进的影响极大。

汉冶萍公司在后来选择了日本为其提供资金，直接使日本得到了渗透中国钢铁业、掠夺中国铁矿资源的机会，这成为了影响近代中国钢铁技术移植的最重要因素。日本与汉冶萍公司最初的交往是1899年4月汉阳铁政局与八幡制铁所签订的煤铁互售合同，其基本内容是汉阳铁政局将所属大冶铁矿优质铁矿石每年售给八幡制铁所至少5万吨，制铁所则为汉阳铁政局在日本购置煤焦至少3～4万吨，合同签订之时正是萍乡煤矿开发初期，汉阳铁厂焦炭不能正常供应，盛宣怀为解决焦炭问题向日本洽谈此项生意。这看似正常的以货易货的合同的签订，却已经体现了日本人急于控制汉冶萍公司以获得其所需资源的目的，因为当时正值八幡制铁所兴建，这是当时日本政府兴办的最大的钢铁企业，铁矿石的供应是制铁亟须解决的问题。在洽谈这一生意之前，八幡制铁所已经购买了赤谷铁矿，但为了阻止德国对大冶的控制，总管八幡的官员和田维四郎①（Wada Tsunashiro）决定不开发赤谷铁矿，转而与盛宣怀签订这一合同，当时在合同的条款上有许多分歧，但出于阻挠欧洲国家的强烈愿望，日本人很快就签订了合同，和田在当时写道：

> 如果日本不同意合约，中国的矿石将售给其他国家。果真如此的话，就没有办法阻止外国资本在中国建立铁厂，英国和德国早就计划这样做了。如果他们的计划得以实现，这将对日本极为不利。[138]

此后，日本与汉冶萍公司先后签订了300万日元（1904年）、600万日元

---

① 和田维四郎（1856～1920），1897～1904年任日本八幡制铁所总管

（1911 年）以及 1500 万日元（1913 年）的预售矿石和生铁合同，达到了控制汉冶萍公司铁矿石和生铁销路的目的，尤其是 1500 万日元的合同之后，八幡制铁所向汉冶萍公司派最高工程顾问和会计顾问，八幡因此更加深入地渗透到了汉冶萍公司管理之中。日本是如何通过贷款合同一步步达到其目的的，代鲁、张国辉等学者的文章已经有翔实论述[35,36]，这里不再展开。笔者所要阐述的是，日本通过借款而对汉冶萍公司的渗透，对近代钢铁技术移植也产生了不容忽视的影响：

对于汉冶萍公司自身来说，日本的借款改变了其生产重心，企业的技术发展方向也随之改变。由于日本贷款全部要以铁矿石和生铁来偿还，因此，汉冶萍公司的生产重心由原来的钢轨转变成生铁和矿石，公司生铁冶炼设备的生产能力远高于炼钢设备的产能，1922 年，美国人霍德①在一篇关于中国钢铁工业的报告中这样描述汉阳铁厂的设备：

> 汉阳铁厂就像一个大喇叭，炼铁高炉是最大一端，高炉的生铁产量
> 大于炼钢平炉的所需（150 000 吨），炼钢炉的生产能力大于轧钢设备的
> 产能，最终铁厂钢制品，大都不能以合理价格售出并盈利。[124]

霍德认为从专业的角度看，汉阳铁厂的生铁高炉的运作好于中国境内的其他任何高炉，但炼钢和轧钢车间是不成功的。事实上，1913 年之后，汉冶萍公司的资源和注意力均投入到了铁矿石开采和生铁冶炼上，花巨资兴建大冶高炉，扩充大冶铁矿，但炼钢和轧钢方面始终没有新的发展和创新。

从近代钢铁技术发展的角度来看，日本对汉冶萍公司等近代中国主要铁矿和铁厂资源的控制，使中国本土钢铁业失去了发展空间，从而扼杀了钢铁产业技术持续发展的动力。从理论上说，新兴产业往往在首个企业成长起来之后有一个衍生或多个企业共同发展的时期，而产业的技术建构也往往在这一时期得以实现。虽然汉冶萍公司也一度成为钢铁企业衍生的种子，但日本对于中国铁矿和铁厂的渗透始终伴随着这一过程，如我国新式铁矿的产出，1916 年之前 79％供应国内制炼，仅 21％出口日本[239]。但随着中日合资的本溪湖和鞍山铁矿的投产以及日资以借款形式渗入国资企业，越来越多的铁矿石输入日本。到 1926 年，据农商部地质调查所统计，完全为日资关系的矿区已占我国铁矿总储量的 82％，而我国铁矿本来就不富有，新式铁矿开采业已陷入了"尽我微薄之宝藏，以供给日本"[240]的境地。到 1937 年之前，我国生铁产量的 90％也输送到日本。在近代，钢铁产业的发展对矿石等资源极为依赖，可以说，日本在近代这一资源争夺战中赢了中国，把本来可以有很大发展空间的中国钢铁工业推向了最低谷。在产业没有良好发展的情况下，中国钢铁技术的发展也就失去了依托。从史实来看，抗战之前中国生铁高炉和炼钢设备的规模和技术水平均没有超过汉冶萍公司，也就是说钢铁生产技术在汉冶萍公司之后没有进一步发展和创新，说明了从汉冶萍公司到抗战之前这段时期，不仅钢铁产业在日本的影响下没有得到正常的发展，钢铁生产技术也因此停滞不前。

从理论上说，跨国的技术移植本身就涉及他国在其中的利益，因此技术先进

---

① 霍德：Lansing W. Hoyt，时任美国驻上海商务代表，此前曾在美国联合钢铁公司，印度塔塔钢铁厂任职。1922 年受中国商业部的委托考察并撰写关于中国钢铁企业现状的报告

国在这一过程中为自身利益而开展的竞争无可厚非。对于引进技术的企业而言，技术引进的目的应该是企业自身的良性发展；对于技术引进国来说，技术引进的宗旨应该是本土工业化和技术能力的实现。要达到这样的目标，需要企业和政府在与技术先进国打交道的过程中，慎重选择合作伙伴，实现共赢。但在中国近代钢铁技术移植过程中，由于政治的劣势，社会的动荡以及国家财力的缺乏，致使无论是汉冶萍公司还是有关政府，均未能做到这一点，这也就使得日本成为了最大的受益国，成为了影响这一技术移植进程的重要因素。

上述这些来自外部环境对技术移植进程的影响因素，体现出了中国移植西方钢铁技术的突出特点：这是一个在特殊政治、社会、经济条件下的技术移植。

4）社会系统的变迁也在近代钢铁技术移植过程中逐步展开。如前所述，技术要在一个与之不相适应的社会进行移植，必然会改变社会，使社会向与之相适应的方向演变。在近代，汉冶萍公司技术移植与社会各阶层的演变交织在一起，社会系统在这一进程中逐渐发生变迁。

农民和乡绅是中国传统社会两个最基本的社会阶层，他们以土地为纽带的关系构成了传统社会的基本社会关系，而在晚清，由于土地与人口的突出矛盾，乡村工业成为维持这一关系的关键。西方进口制品的输入使包括土法炼铁在内的乡村工业迅速衰落，从而导致了农民的贫困和乡绅收入的减少，也使农民和乡绅的矛盾凸现出来。

在此情况下，随着汉阳铁厂等现代工业的兴起，在技术移植的过程中，本来就有矛盾的旧的社会关系随之改变（图6.1）。

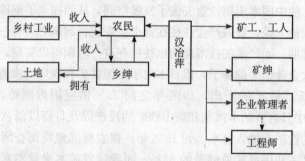

图 6.1 汉冶萍公司技术移植过程中社会阶层的演变

首先，机械化大规模开采技术的应用，需要雇用大批的矿工和工人，正如前所述，汉冶萍公司的矿工、工人大都来自当地或附近的农民，这在一定程度上缓解了农民的生存危机，也让农民从乡村手工业者转变成了新式产业的工人。

其次，汉冶萍公司的技术移植过程见证了中国乡绅阶层的演变，这是这一进程中最为重要的社会变迁。当西方进口制品的冲击使乡绅的土地收入减少的时候，乡绅们将目光从土地转向新式工业，在汉冶萍公司开办之初，通过联合和雇佣地方乡绅，使得大冶铁厂和萍乡煤矿的勘探和开发顺利进行，汉阳铁厂早期的管理者也大都是官绅。更重要的是，一些与汉冶萍公司有关系的士绅的后代，被公司选派出国攻读采矿冶金等专业，成为第一批本土钢铁工程师，也成为现代化冶金技术的掌握者。从依附土地的乡绅到工程师，这是一个典型的随着技术移植而展开的社会演变，中国传统社会的精英阶层由一个依靠地租而获利的有闲阶级，转变成现代技术的掌握者和管理者，由于这一转变，技术的掌握者也由原来乡村作坊中的农民转为由士绅蜕变而成的工程师。正是乡绅阶层的转变，标志着以农业经济为主的社会系统开始向与近代工业技术相适应的社会系统迈进。

但是，对于整个中国社会而言，新式钢铁技术始终是"外生的"，换句话说，技术的出现不是由社会经济系统自身推动的，这与近代西方工业革命中技术的发展截然不同。在这种情况下，技术自我发展的动力是不足的，技术对于整个社会的力量是较弱的。中国近代社会发展的史实也表明，近代中国社会的变迁更多是在其他力量的推动下得以进行。

第三节 小 结

西方钢铁技术要在上千年形成的与乡村经济相适应的中国传统社会中移植，必然受到来自这个社会的各种因素的阻碍。

总的来说，中国社会与西方技术之间的巨大差异导致的矛盾在汉冶萍公司早期阶段更为突出，这些矛盾体现在外籍工程师与中方职员之间，也体现在中国乡民与现代化采矿技术之间，以及由农民变成的矿工或工人与西方技术之间。但汉冶萍公司通过各种方式使这些矛盾得以缓解，使技术移植得以进行。

真正对近代钢铁技术移植造成阻碍的是那些企业无法解决的社会因素，包括官僚社会的腐败，政治上的劣势所带来的关税不能自主，政府无法为新兴行业技术提供保护，以及各国对中国铁矿资源和经济利益的争夺。产生这些影响因素的根源在于，近代钢铁技术是在一个特殊的政治、经济背景下移植的，与社会文化相比，这些因素的影响力似乎更为突出。

正是由于技术与社会在这样一个过程中的相互磨合，中国社会在影响着钢铁技术移植的同时，也在发生显著的改变，突出地体现在社会各阶层所发生的演变上。

第七章
几点未尽的思考和启示

　　只有承认这种顽固性，不去顾忌许多国粹者的愿望，我们才可能得到对当前局势较好较多的理性见解。焦虑总是发生在一个人看不清顽固传统之时。

——费孝通

　　实际上，在本研究最初阶段，笔者只是想通过挖掘史实来填补这段不该被忽略的空白，因此给研究做了一个界定：以客观描述近代新式钢铁技术史是如何在中国发端的为宗旨，不以评价汉冶萍公司的失败及其原因为目的。但随着研究的深入，越来越感到要完全抛开历史评价问题是不可能的，但仅就本书所涉及的材料，要对这一问题作出具有说服力的解答暂时也是不可能的。因此，笔者仅将研究过程中引起的一些关于历史评价问题的思考在这里列举出来，希望对今后的相关研究有所帮助：

　　第一，客观地说，历史上任何时期技术的发展史都是某个时期某个地域的产物，技术史研究关注的就是这样的特殊性，即技术在不同的历史时期不同的区域所呈现出的不同的发展特征。从这一角度来说，我们不应该用现在的观念和标准来评价一百年前的这段历史，但可以说明，这段历史是在怎样的情况下发生的，是怎样的特殊环境导致了汉冶萍公司的失败。

　　第二，从宏观上说，工业化在一个与之相适应的技术支撑体系之下才可能实现，这一支撑体系包括技术教育、学术研究和组织等。但汉冶萍公司创建的时候，这一技术体系完全不存在，在这种情况下，汉冶萍公司的创建必然会为之付出巨大的代价。因此，汉冶萍公司初期的失误不应该仅仅是张之洞等晚清洋务派个人的错误，更多是环境使然。

　　第三，正是由于处于现代工业技术体制化缺失的条件下，汉冶萍公司既要扮演生产者的角色，也必须扮演最初阶段的中国钢铁技术支撑体系建设者的角色，这是其对于中国近代钢铁技术发展所作出的最大贡献。从这个意义上说，不应该只根据清政府的失败来评价其所创办的洋务企业，而需要从更长的时间段中去客观地评价它们。

　　第四，第一次世界大战之后，汉冶萍公司没有抓住时机实现发展却走向衰败的原因，是一个较晚清时期更为复杂的课题，如果说可以用缺乏最基本的技术支撑体系来说明创建时期汉冶萍公司在技术引进时的重大失误的话，那么其在第一次世界大战之后的失败就不是单以此能够解释的。但这一事实至少可以说明，当时的中国缺失的不仅是现代技术支撑体系，还有与之密切相关的宏观与微观环境，微观如行业扶持政策、管理等，宏观如社会文化。

此外，以史为鉴是中国近代史研究一贯的目的，通过对这一段历史进程的还原，不仅有助于更客观地理解我国近代钢铁技术及其工业化是怎样发端的，而且给人们带来了一些至今仍值得思考的问题和启发。

启示一：技术是有国界的，即技术是特定地域和社会的产物，因此，"如何使来自他国的技术本土化"是任何一个跨越国家的技术移植需要解决的问题。在汉冶萍公司那个时代，中国社会与西方社会有着巨大差异，这一差异是社会制度、文化、经济模式和技术基础等全方位的，这也就给汉冶萍公司的技术引进带来了巨大风险，汉冶萍公司也为之付出了高昂的代价。而任何一个国家都不可能在先完全改变社会条件的情况下再去引进技术，因此可以说任何一次技术引进过程都是在"试错"，但这并不意味着技术引进国在这一过程中无所作为，相反的，引进国可以通过自己的努力来降低"试错"的代价。对于企业来说，如何进行技术引进的决策非常重要。合理的决策往往建立在对技术输出方及其技术特征进行充分的了解以及对自己从资源到技术到制度等各方面有客观认识的基础之上。对于国家来说，如何在制度层面上及时地发现问题并做出反应，建立有利于技术发展的制度和社会体系同样有利于降低试错的代价。

启示二：从洋务运动至今，中国社会走过了一百多年的历史，虽然社会制度等已发生巨大变化，但中国社会与现代技术发展之间的矛盾和问题依然存在。汉冶萍公司在设备引进过程中的职员腐败和民国时期铁路官员的收受回佣，成为严重影响那个时期钢铁产业和技术发展的社会因素。而今天，中国的技术引进和产业发展是否还需防止此类问题的发生？现代技术的成功移植和发展的动力来自技术引进和创新所带来的高收益，这是二百多年前英国工业革命中技术创新的源泉，也是19世纪上半叶英国工匠移民美国带来的钢铁技术成功转移的动力所在。然而，当技术引进决策者和操作者的利益可以不源于此，当他们仍然可以依靠收受"回佣"来致富，当参与其中的官员依旧只关心如何为自己"谋利"和谋取更高职位的时候，技术的发展就失去了其原动力，虽然技术被引进了，但中国社会还是会为此付出高昂的代价。这是一百年前官办汉阳铁厂面临的问题，笔者认为，也是现在的国有企业需要解决的问题。对于政府而言，应对这样的问题不仅仅是监督，从产业和技术发展的层面，如何在这样的社会体系中找到或培育产业技术发展的原动力，应该是最根本的。

启示三：资源和技术始终是钢铁行业赖以发展的两大要素。一百年前，汉冶萍公司拥有铁矿石资源，但技术能力缺乏，为了引进技术而花费重金，为了筹集资金向日本借款，而日本看重的正是汉冶萍公司的矿石资源，这使得汉冶萍公司陷入了日本借款的陷阱，最终资源被掠夺，技术发展受到严重影响。而日本的八幡制铁所依靠中国的铁矿和生铁实现了最初的成长和积累，并由此发展成为全球领先的钢铁巨头。今天，钢铁业是中国的支柱产业，中国已成为全球最大的钢铁生产者，但资源和技术依然是中国钢铁业发展不容忽视的两大要素。中国铁矿石资源丰而不富，远远不能满足钢铁生产需要，2003 年以后，中国已经成为最大的铁矿石进口国，近几年来，国际矿业巨头在每年的铁矿石谈判中联合起来抬高价格，形成极不对等的市场经济关系，2004 年以来，铁矿石价格累计上涨165％[241]，可以说，铁矿石已经成为了中国钢铁业发展的"软肋"，中国的钢铁业已经没有了汉冶萍公司当年的"资源优势"，要解决这一问题，中国钢铁业必须依靠研发降低资源消耗，开发高附加值的高端产品，但这也是我国钢铁业目前做得不够的，自主创新不强依然是中国钢铁工业发展的一大问题。在此情况下，中国钢铁企业该怎样面对来自国外的合作和竞争对手，该如何吸取汉冶萍公司与日本关系的经验教训，该如何把握资源、技术和发展的关系，这些问题值得进一步思考和探讨。

启示四：近现代工业技术史是工程师和技术工人的历史，工程师和技术工人是现代技术发展的最直接参与者，也是推动技术扩散的关键群体。纵观汉冶萍公司及其之后的历史，即使是在中国这样特殊的社会体系中，即使是在钢铁业最艰难的时期，工程师们在技术能力的维持和发展上也发挥了重要作用。因此，工程师的培养是技术支撑体系的关键部分，如何构建一个合理的工程师培养体系对于产业技术的发展非常重要。汉冶萍公司送培工程师是出于技术人员极其缺乏的无奈境况，但不可否认，企业应该是工程师培养体系中的重要一环，产业与教育机构之间的联系非常重要，汉冶萍公司第一批工程师就读的英国谢菲尔德大学，其近代在冶金方面的教育与当地冶金工业的发展有着极为密切的关系，其经验值得研究借鉴。合理的技术工人培养体系也同样重要。工程师和技术工人应该如何培养，不是本书的主题，但从近代技术史研究这一层面，笔者认为也有许多问题值得进一步思考。

参考文献

[1] 丘亮辉. 中国近代冶金技术落后原因初探. 自然辩证法通讯, 1983, (2): 54~59

[2] 黄逸平. 中国近代钢铁工业史. 中国冶金史料. 1985, (1): 87~95

[3] 刘永贵. 中国近代钢铁技术的引进与发展. 中国冶金史料, 1991, (4): 38~53

[4] 刘永贵. 中国近代钢铁技术的引进与发展 (续). 中国冶金史料, 1992, (1): 36~46

[5] 解学诗, 张克良. 鞍钢史. 北京: 冶金工业出版社, 1984

[6] Wagner D B. The Traditional Chinese Iron Industry and Its Modern Fate. Richmond Surrey: Curzon Press, 1997

[7] 克拉克. 中国钢铁工业发展和苏联技术援助. 见: 张仲礼编. 中国近代经济史论著选译. 上海: 上海社会科学院出版社, 1987. 336

[8] Wu Yuanli. The Steel Industry in Communist China. New York: the Hoover Institution on War, Revolu tion and Peace, 1965

[9] Hinton L M. China's Steel Industry: the Policy Implications of Technology Transfer to the People's Republic of China. Santa Monica : Rand, 1986

[10] Hyde C K . Technological Change and the British Iron Industry, 1700~1870. New Jersey: Princeton University Press, 1977

[11] Burnham T H, Hoskins G O. Iron and Steel in Britain 1870~1930. London : George Allen & Unwin Ltd, 1943

[12] Council R B, Honerkamp N, Will M E. Industry and Technology in Antebellum Tennesse: The Archaeology of Bluff Furnace. Knoxvile: The University of Tennessee Press, 1992

[13] 劳敦宦杂集: 照译德国工程师包尔查勘汉阳铁厂情形. 1893

[14] 李维格. 汉阳铁厂调查本末, 1904

[15] 张赞宸. 萍乡煤矿调查情形, 1904

[16] 叶景葵. 述汉冶萍产生之历史. 见: 卷庵书跋. 上海: 古典文学出版社, 1957

[17] 李维格. 中国钢铁实业之将来. 东方杂志, 1913, 10 (6): 39~40

[18] 李建德. 萍乡煤矿、汉阳铁厂、汉冶萍借款各合同之全文. 见: 中国矿业调查记: 民国元年. 台北: 文海出版社, 1987

[19] 顾琅．中国十大矿厂调查记．上海：商务印书馆，1916

[20] Tegengren FR. The iron ores and iron industry of China：including a summary of the iron situation of the circum-Pacific region. Peking：Geological Survey of China, Ministry of Agriculture and Commerce，1921～1924

[21] 马尔根．中国汉阳钢铁厂煤焦铁矿制钢记略．东方杂志，1909，6（9）：28～34

[22] Hoyt L W. Blast furnaces and steel mill in China：a comprehensive survey of China's steel industry. Far Eastern Review，1923，19（5）：305～320

[23] The Pinghsiang colliery：a story of early mining difficulties in China. Far Eastern Review，1913，12（10）：375～380

[24] 刘少奇．救护汉冶萍公司．新建设，1926，2（2）

[25] 刘少奇．整顿萍矿意见书．大公报，1926-12-19～1926-12-26

[26] 胡庶华．整顿汉冶萍意见书．1927，1（2）：325～329

[27] 刘基磐．汉冶萍煤铁厂矿整理及复工计划．矿冶，1930，3（11）：93～122

[28] 董纶．萍乡煤矿．矿冶，1928，2（6）：77～96

[29] 孙健初．湖北大冶铁矿．地质汇报，1938，（31）：1～23

[30] 朱洪祖．江西萍乡煤矿．化工，1936，2（1）：1～38

[31] 吴景超．汉冶萍公司之覆辙．新经济半月刊，1938，（4）：103～109

[32] 全汉升．汉冶萍公司史略．台北：文海出版社，1971

[33] 胡大泽．美国的中国近现代史研究．北京：中国社会科学出版社，2004.100

[34] Feuerwerker A. Studies in the Economic History of Late Imperial China：Handicraft, Modern industry, and the State. Ann Arbor：Center for Chinese Studies, University of Michigan. 1995. 194

[35] 张国辉．论汉冶萍公司的创建、发展和历史结局．中国经济史研究，1991，（2）：15

[36] 代鲁．从汉冶萍公司与日本的经济交往看国家近代化的政治前提．中国经济史研究，1988，（4）.109

[37] 陈强．晚清近代企业经营研究：以汉阳铁厂官办到官督商办为例．中国人民大学硕士学位论文，2004

[38] 袁为鹏．清末汉阳铁厂布局研究．武汉大学博士学位论文，2001

[39] Hornibrook J H. Mechanized Coal Mining and Local Political conflict：The Case of Pinghsiang County, Jiangxi Province in the Nineteenth and Twentieth Centuries. PhD's Thesis, the University of Minnesota, 1996

[40] Hornibrook J H. Local elites and mechanized mining in China. Modern China, 2001, （27）：2

[41] 郑润培．中国现代化历程：汉阳铁厂1890～1908. 香港：香港新亚研究所，2002

[42] 林瑗森．中国近代企业史研究：汉冶萍公司个案分析．香港：中国经济史研究会：书识会社有限公司，2003

[43] 丁格兰．中国铁矿志（下）．谢家荣译．北京：农商部地质调查所，1923. 213

[44] 韩汝玢，柯俊．中国科学技术史 矿冶卷．北京：科学出版社，2007. 604～630

[45] Richthofen F V. Baron Richthofen's Letters1870～1872. Shanghai：the North-China Herald Office，1900. 30，38

[46] Shockley W H. Notes on the coal-and iron-fields of southeastern Shansi, China. Transactions of the American Institute of Mining Engineer，1904：841～871

[47] Shockley W H. Notes on the coal-and iron-fields of southeastern Shansi, China. Transactions of the American Institute of Mining Engineer，1904：870

[48] Burnham T H, Hoskins G O. Iron and Steel in Britian 1870～1930. London：George Allen &

Unwin Ltd，1943.145

[49] 丁格兰．中国铁矿志（下）．谢家荣译．北京：农商部地质调查所，1923.226

[50] Burnham T H，Hoskins G O. Iron and Steel in Britian 1870～1930. London：George Allen & Unwin Ltd，1943.112

[51] 黄金涛．中国钢铁工业之现状及其自给计划．见：中国工业自给计划．上海：中华书局，1935.60

[52] Robertson J A T. An engineer's travels in western China. The Far Eastern Review，1917，(1)．290～294

[53] 丁格兰．中国铁矿志（下）．谢家荣译．北京：农商部地质调查所，1923.218

[54] Shockley W H. Notes on the coal-and iron-fields of southeastern Shansi，China. Transactions of the American Institute of Mining Engineer，1904.850

[55] 陈炎宗．佛山忠义乡志．乾隆十七年本．卷之六：物产

[56] Shockley W H. Notes on the Coal-and Iron-fields of Southeastern Shansi，China. Transactions of the American Institute of Mining Engineer，1904.843

[57] 费孝通．中国绅士．北京：中国社会科学出版社，2006.73～75

[58] 费孝通．中国绅士．北京：中国社会科学出版社，2006.76

[59] 彭泽益编．中国近代手工业史资料（1840～1949）第二卷．北京：三联书店，1957.174

[60] Wagner D B. The Traditional Chinese Iron Industry and Its Modern Fate. Richmond Surrey：Curzon Press，1997.5

[61] 汪宗準修，冼宝轩纂．佛山忠义乡志．1926 年刻本．卷六：实业工业

[62] Richthofen F V. Baron Richthofen's Letters 1870～1872. Shanghai：the North-China Herald Office，1900.38

[63] Shockley W H. Notes on the coal-and iron-fields of southeastern Shansi，China. Transactions of the American Institute of Mining Engineer，1904.871

[64] 实业部国际贸易局编．中国实业志：山西省．南京：实业部国际贸易局，1937. 四七八（巳）

[65] 李希霍芬．中国．卷二 页四一一．见：彭泽益编．中国近代手工业史资料（1840～1949）．第二卷．北京：三联书店，1957.178

[66] 费孝通．中国绅士．北京：中国社会科学出版社，2006.79

[67] ［法］布鲁诺．雅科米．技术史．北京：北京大学出版社，2000.91，92

[68] 同治五年十一月初五陕甘总督左宗棠："详议创设船政章程揩"．见：孙毓棠．中国近代工业史资料第一辑（1840～1895）．北京：科学出版社，1957.387，388

[69] 捷报，1881 年 8 月 26 日 "天津的进步"．见：孙毓棠．中国近代工业史资料．第一辑（1840～1895）．北京：科学出版社，1957.358，359，387，388

[70] 光绪十六年正月初五致福建船政大臣装．见：苑书义等编．张之洞全集．石家庄：河北人民出版社，1998.5423

[71] 十二月初一潘霨致张之洞电．见：孙毓棠．中国近代工业史资料．第一辑（1840～1895）．北京：科学出版社，1957.683

[72] Significant Scots：William. http：//www.electricscotland.com/history/other/fairbairn _ william.htm Fairbairn. http：//www.electricscotland.com/history/other/fairbairn _ william.htm

[73] 徐维则．增版东西学书录．1902

[74] 傅兰雅．江南制造局翻译西书事略（1880）．见：傅兰雅．格致汇编．第三年秋．1880

[75] 光绪十五年八月二十六日张之洞奏筹设炼铁厂折．见：湖北省档案馆．汉冶萍公司档案史料选编（上）．北京：中国社会科学出版社，1992.65，66

[76] 光绪十五年三月初十日，两广总督张之洞致使英大臣刘瑞芬与使德大臣洪钧电．见：孙毓棠编．中国近代工业史资料．第一辑（1840～1895）．北京：科学出版社，1957.743

[77] 光绪十五年五月初八日刘瑞芬致张之洞电．见：湖北省档案馆．汉冶萍公司档案史料选编（上）．北京：中国社会科学出版社，1992.61

[78] 薛福成．出使英法义比四国日记．长沙：岳麓书社，1985.202

[79] Diplomatic and Consular Reports on Trade and Finance, China, Report for the year 1890, On the Trade of Hankow. London, 1891

[80] 中国铁路史编辑研究中心．中国铁路大事记．北京：中国铁道出版社，1996.6，7

[81] 叶景葵述汉冶萍产生之历史．见：中国史学会．洋务运动（八）．上海：上海人民出版社，1961.525

[82] 方显颐，谷源田．我国钢铁工业之鸟瞰．中国经济研究，1938，（12）：633～651

[83] 蔡锡勇，凌卿云致张之洞电．见：孙毓棠编．中国近代工业史资料．第一辑（1840～1895）．北京：科学出版社，1957.772

[84] 张之洞致海军衙门电．见：孙毓棠编．中国近代工业史资料．第一辑（1840～1895）．北京：科学出版社，1957.774

[85] 薛福成．出使英法义比四国日记．长沙：岳麓书社，1985.573

[86] 光绪十六年十一月初九日张之洞呈约估筹办煤铁用款折．见：湖北省档案馆．汉冶萍公司档案史料选编（上）．北京：中国社会出版社，1992.85～87.

[87] 光绪二十四年闰三月十三日张之洞奏查明炼铁建厂各项用款折．见：湖北省档案馆．汉冶萍公司档案史料选编（上册）．北京：中国社会出版社，1992.137，138

[88] 光绪十五年九月初十日两广总督张之洞奏．见：中国史学会．洋务运动（六）．上海：上海人民出版社，1961.266

[89] 光绪十五年八月二十日张之洞致刘瑞芬电．见：湖北省档案馆．汉冶萍公司史料选编（上）．北京：中国社会科学出版社，1992.63

[90] ［德］施丢克尔．十九世纪的德国与中国．乔松译．北京：三联书店，1963.286

[91] ［德］施丢克尔．十九世纪的德国与中国．乔松译．北京：三联书店，1963.287

[92] 光绪十八年六月初七张之洞致薛福成电．见：湖北省档案馆．汉冶萍公司档案史料选编（上）．北京：中国社会出版社，1992.105

[93] ［日］富田彻男．技术转移与社会文化．北京：商务出版社，2003

[94] 张之洞札蔡锡勇筹办煤铁事宜文．见：湖北省档案馆．汉冶萍公司档案史料选编（上）．北京：中国社会出版社，1992.74

[95] 光绪十六年四月初十日张之洞致李鸿章电．见：湖北省档案馆编．汉冶萍公司档案史料选编（上）．北京：中国社会科学出版社，1992.107

[96] 光绪二十年七月二十四日张之洞奏铁厂著有成效请奖出力各员折．见：湖北省档案馆编．汉冶萍公司档案史料选编（上）．北京：中国社会出版社，1992.111

[97] 光绪二十五年二月吕柏致比公司函．见：陈旭麓等编．盛宣怀档案资料选辑之四：汉冶萍公司（二）．上海：上海人民出版社，1986.101，102

[98] 光绪二十三年二月吕柏致盛宣怀函．见：陈旭麓等编．盛宣怀档案资料选辑之四：汉冶萍公司（一）．上海：上海人民出版社，1984.446

[99] 光绪二十三年二月二十日盛宣怀致郑观应函．见：陈旭麓等编．盛宣怀档案资料选辑之四：汉冶萍公司（一）．上海：上海人民出版社，1984.442

[100] 光绪二十三年九月十四日顾培验轨报单．见：陈旭麓等编．盛宣怀档案资料选辑之四：汉冶萍公司（一）．上海：上海人民出版社，1984.687

[101] 光绪二十九年二月初九宗得福致盛宣怀函．见：陈旭麓等编．盛宣怀档案资料选辑之四：

汉冶萍公司（二）．上海：上海人民出版社，1986.311

[102] 光绪三十年二月十二日卜聂致宗得福函．见：陈旭麓等编．盛宣怀档案资料选辑之四：汉冶萍公司（二）．上海：上海人民出版社，1986.415

[103] 光绪二十八年八月二十五日李维格致盛宣怀说帖．见：陈旭麓等编．盛宣怀档案资料选辑之四：汉冶萍公司（二）．上海：上海人民出版社，1986.293

[104] 光绪二十八年十月初四日李维格致盛宣怀函．见：陈旭麓等编．盛宣怀档案资料选辑之四：汉冶萍公司（二）．上海：上海人民出版社，1986.294

[105] 光绪二十九年正月初八日杨学沂致盛宣怀函．见：陈旭麓等编．盛宣怀档案资料选辑之四：汉冶萍公司（二）．上海：上海人民出版社，1986.305

[106] 光绪三十年正月三十日解茂承致盛宣怀函．见：陈旭麓等编．盛宣怀档案资料选辑之四：汉冶萍公司（二）．上海：上海人民出版社，1986.409

[107] 光绪三十年十二月十二日李维格呈出洋采办机器禀．见：湖北省档案馆．汉冶萍公司档案史料选编（上）．北京：中国社会出版社，1992.167

[108] 光绪三十一年八月初八日李维格致盛宣怀函．见：陈旭麓等编．盛宣怀档案资料选辑之四：汉冶萍公司（二）．上海：上海人民出版社，1986.520，521

[109] 光绪三十一年二月盛宣怀批李维格禀文．见：湖北省档案馆．汉冶萍公司档案史料选编（上）．北京：中国社会出版社，1992.172

[110] [附件] 生铁成本．见：陈旭麓等．盛宣怀档案资料选辑之四，汉冶萍公司（一）．上海：上海人民出版社，1984.408

[111] [附件] 大冶铁矿石成本．见：陈旭麓等．盛宣怀档案资料选辑之四，汉冶萍公司（一）．上海：上海人民出版社，1984.407，408

[112] 顾琅．中国十大矿厂记．上海：商务印书馆，1914.38，55

[113] Burnham T H, Hoskins G O. Iron and Steel in Britian 1870～1930. London：George Allen & Unwin Ltd, 1943.129

[114] 李建德．中国矿业调查记（民国元年）．台北：文海出版社，1987.51

[115] Burnham T H, Hoskins G O. Iron and Steel in Britian 1870～1930. London：George Allen & Unwin Ltd, 1943.124

[116] 陈真．中国近代工业史资料．第三辑．北京：三联书店，1961.460～463

[117] Sabadasz J. The Mon valley：discovering the genesis of the modern American steel industry. Cultural Resource Management, 1993, 16 (3)：27～29

[118] 陈廷纪．汉阳钢铁厂第三号化铁炉开炼记．矿冶，1928，2 (5)：21

[119] 宣统二年二月二十四日盛宣怀致李经羲函．见：陈旭麓等．盛宣怀档案资料选辑之四，汉冶萍公司（三）．上海：上海人民出版社，2004.133

[120] 佚名．汉冶萍公司之悲观．时报，1913-3-4

[121] Burnham T H, Hoskins G O. Iron and Steel in Britian 1870～1930. London：George Allen & Unwin Ltd, 1943.181

[122] Burnham T H, Hoskins G O. Iron and Steel in Britian 1870～1930. London：George Allen & Unwin Ltd, 1943.183～187

[123] 丁格兰．中国铁矿志（下）．谢家荣译．北京：农商部地质调查所，1923.262，263

[124] Hoyt L W. Blast furances and steel mills in China. The Far Eastern Review, 1923 (5)：305～382

[125] 宣统元年二月赖伦：有关汉冶萍煤铁厂矿有限公司情形报告．见：陈旭麓等．盛宣怀档案资料选辑之四，汉冶萍公司（三）．上海：上海人民出版社，2004.62

[126] 刘明汉．汉冶萍公司志．武汉：华中理工大学出版社，1990.24，25

[127] 李维格. 中国钢铁实业之将来. 东方杂志, 1913, 10 (6)：40～41

[128] ［附件］德培致郑观应函. 见：陈旭麓等. 盛宣怀档案资料选辑之四, 汉冶萍公司（一）. 上海：上海人民出版社, 1984.167

[129] Burnham T H, Hoskins G O. Iron and Steel in Britian 1870～1930. London：George Allen & Unwin Ltd, 1943.332, 333

[130] 光绪三十四年八月下旬汉冶萍公司招股章程启. 见：陈旭麓等. 盛宣怀档案资料选辑之四, 汉冶萍公司（三）. 上海：上海人民出版社, 2004.27～33

[131] 汉冶萍公司事业纪要. 见：湖北省档案馆. 汉冶萍公司档案史料选编（上）. 北京：中国社会科学出版社, 1992.57

[132] 光绪三十年二月二十二日盛宣怀札李维格文. 见：陈旭麓等编. 盛宣怀档案资料选辑之四：汉冶萍公司（二）. 上海：上海人民出版社, 1986.416～419

[133] 薛福成. 出使英法义比四国日记. 长沙：岳麓书社, 1985.187, 188

[134] 光绪十五年十一月初六日冯庆铺致盛宣怀函. 见：陈旭麓等编. 盛宣怀档案资料选辑之四：汉冶萍公司（一）. 上海：上海人民出版社, 1984.3

[135] 十二月三十日张之洞致海军衙门与李鸿章电. 见：孙毓棠. 中国近代工业史资料. 第一辑（1840～1895）. 北京：科学出版社, 1957.755

[136] Seiichiro Yonekura. The Japanese Iron and Steel Industry, 1850～1990 Continuity and Discontinuity. New York：St. Martin's Press, 1994.43

[137] 光绪二十年十二月十六日张之洞致许景澄电. 见：汉冶萍公司档案史料选编（上）. 北京：中国社会科学出版社, 1992.112

[138] Seiichiro Yonekura. The Japanese Iron and Steel Industry, 1850～1990 Continuity and Discontinuity.. New York：St. Martin's Press, 1994.53

[139] 光绪二十三年二月初五郑观应致盛宣怀函. 见：陈旭麓等编. 盛宣怀档案资料选辑之四：汉冶萍公司（一）. 上海：上海人民出版社, 1982.413, 414

[140] 光绪二十三年五月十九日郑观应致盛宣怀函. 见：陈旭麓等编. 盛宣怀档案资料选辑之四：汉冶萍公司（一）. 上海：上海人民出版社, 1982.555, 556

[141] 佚名. Passengers Sailed. The New York Times. 1874 - 9 - 24

[142] 关册 1877 年分册, 汉口. 见：孙毓棠编. 中国近代工业史资料. 第一辑（1840～1895）. 北京：科学出版社, 575, 576

[143] 薛福成. 出使英法义比四国日记. 长沙：岳麓书社, 1985.188

[144] ［德］施丢克尔. 十九世纪的德国与中国. 乔松译. 北京：三联书店, 1963.282～285

[145] 光绪二十三年六月二十六日法兰吉致盛宣怀函. 见：陈旭麓等编. 盛宣怀档案资料选辑之四：汉冶萍公司（一）. 上海：上海人民出版社, 1982.601, 602

[146] 光绪二十三年七月初九日盛春颐致盛宣怀密函. 见：陈旭麓等编. 盛宣怀档案资料选辑之四：汉冶萍公司（一）. 上海：上海人民出版社, 1982.620

[147] 光绪二十九年五月初十日赖伦致盛宣怀函. 见：陈旭麓等编. 盛宣怀档案资料选辑之四：汉冶萍公司（二）. 上海：上海人民出版社, 1986.322～325

[148] 郑观应：铁厂次第筹办张本六十条. 见：湖北省档案馆. 汉冶萍公司档案史料选编（上）. 北京：中国社会科学出版社, 1992.152, 153

[149] 赖伦致李维格函. 见：陈旭麓等编. 盛宣怀档案资料选辑之四：汉冶萍公司（二）. 上海：上海人民出版社, 1986.566, 567

[150] 光绪二十三年四月初一日堪纳第致黄子元函. 见：陈旭麓等编. 盛宣怀档案资料选辑之四：汉冶萍公司（一）. 上海：上海人民出版社, 1982.500, 501

[151] 光绪二十三年六月二十一日堪纳第致郑观应函. 见：陈旭麓等编. 盛宣怀档案资料选辑

之四：汉冶萍公司（一）．上海：上海人民出版社，1982.597，598

[152] 光绪二十二年九月恽积勋致郑观应函．见：湖北省档案馆．汉冶萍公司档案史料选编
（上）．北京：中国社会科学出版社，1992.178

[153] 童生揭帖．见：湖北省档案馆．汉冶萍公司档案史料选编（上）．北京：中国社会科学出
版社，1992.179，180

[154] 圣约翰大学学生出版委员会编．圣约翰大学 50 年史略：1879～1929.上海：圣约翰大
学，1929.16

[155] 盛宣怀．愚斋存稿．台北：文海出版社，1963.83

[156] 资送学生出洋留学片．见：盛宣怀．愚斋存稿．台北：文海出版社，1975.242

[157] Sheffield University, The first degree congregation. A picturesque ceremony. The Sheffield
Daily Independent. Sheffield，1908 - 8 - 3

[158] Mather R. Early days at St. George's square. Journal of Sheffield University Metallurgical
Society，1962，1（1）：30

[159] Chapman A W. The Story of a Modern University：A History of the University of
Sheffield. London：Oxford University Press，1955.79，80

[160] 陈学恂，田正平．中国近代教育史资料汇编：留学教育．上海：上海教育出版
社，1991.261

[161] 光绪三十一年三月初四日盛宣怀致宗得福函．见：陈旭麓等．盛宣怀档案资料选辑之四：
汉冶萍公司（二）．上海：上海人民出版社，1986.481

[162] 光绪二十六年十二月二十四日盛宣怀致李维格函．见：陈旭麓等．盛宣怀档案资料选辑
之四：汉冶萍公司（二）．上海：上海人民出版社，1986.219

[163] 本公司厂矿副工程师薪水章程简明表．见：湖北省档案馆．汉冶萍公司档案史料选编
（上）．北京：中国社会科学出版社，1992.436

[164] 民国三年十一月十日王勋致公司董事会函．见：湖北省档案馆．汉冶萍公司档案史料选
编（上）．北京：中国社会科学出版社，1992.497，498

[165] 民国三年十一月七日王勋致公司董事会函．见：湖北省档案馆．汉冶萍公司档案史料选
编（上）．北京：中国社会科学出版社，1992.498

[166] 民国四年六月十四日王勋致公司董事会函．见：湖北省档案馆．汉冶萍公司档案史料选
编（上）．北京：中国社会科学出版社，1992.499

[167] 李维格致盛宣怀函．见：陈旭麓等编．盛宣怀档案资料选辑之四：汉冶萍公司（三）．上
海：上海人民出版社，2004.641，642

[168] 盛宣怀致王存善函．见：陈旭麓等编．盛宣怀档案资料选辑之四：汉冶萍公司（三）．上
海：上海人民出版社，2004.811，812

[169] 盛宣怀致王宠佑委任书．见：陈旭麓等编．盛宣怀档案资料选辑之四：汉冶萍公司
（三）．上海：上海人民出版社，2004.812

[170] 中国矿床发现史编委会．中国地质矿床发现史：综合卷．北京：地质出版社，2001.27

[171] 余某某致公司董事会函．见：湖北省档案馆．汉冶萍公司档案史料选编（上）．北京：中
国社会科学出版社，1992.453，454

[172] 别合同．见：湖北省档案馆．汉冶萍公司档案史料选编（上）．北京：中国社会科学出版
社，1992.351，352

[173] 民国三年十一月十日王勋致公司董事会函．见：湖北省档案馆．汉冶萍公司档案史料选
编（上）．北京：中国社会科学出版社，1992.498

[174] 刘明汉．汉冶萍公司志．武汉：华中理工大学出版社，1990.84

[175] Who's Who in China：Biographies of Chinese Leaders. Shanghai：The China Weekly Re-

view, 1936. 259

[176] 李宗海等编. 上海圣约翰大学人物志初编. 1999

[177] 中国科学技术协会. 中国科学技术专家传略：工学编冶金卷（1）. 北京：中国科学技术出版社，1995. 22

[178] Bailie V W. Bailie's Activities in China：An Acount of the Life and Work of Professor Joseph Bailie In and For China，1890~1935. California：Pacific Books，1964. 224

[179] Bailie V W. Bailie's Activities in China：An Acount of the Life and Work of Professor Joseph Bailie In and For China，1890~1935. California：Pacific Books，1964. 269

[180] 矿冶工程学会. 矿冶. 1928，2（5）

[181] Who's Who in China：Biographies of Chinese Leaders. Shanghai：The China Weekly Review，1936. 247

[182] 中国科学技术协会. 中国科学技术专家传略：工学编冶金卷（1）. 北京：中国科学技术出版社，1995. 10~14

[183] 中国科学技术协会. 中国科学技术专家传略：工学编冶金卷（1）. 北京：中国科学技术出版社，1995. 30，31

[184] Who's Who in China：Biographies of Chinese Leaders. Shanghai：The China Weekly Review，1936. 110

[185] Who's Who in China：Biographies of Chinese Leaders. Shanghai：The China Weekly Review，1936. 270

[186] 李鸣和. 追忆 1909 年考选游美同学. 见：陈学恂等. 中国近代教育史资料汇编：留学教育. 上海：上海教育出版社，1991. 191~196

[187] 徐盈. 当代中国实业人物志. 台北：文海出版社，1978. 62，63

[188] 民国四年十二月二十九日杨华燕致公司董事会函. 见：湖北省档案馆. 汉冶萍公司档案史料选编（上）. 北京：中国社会出版社，1992. 458

[189] The Pinghsiang colliery：a story of early mining difficulties in China. The Far Eastern Review，1916，12（10）：377

[190] 光绪二十一年三月二十七日蔡锡勇致张之洞电. 见：湖北省档案馆. 汉冶萍公司档案史料选编（上）. 北京：中国社会出版社，1992. 112

[191] 光绪二十一年五月二十六日张之洞致蔡锡勇电. 见：湖北省档案馆. 汉冶萍公司档案史料选编（上）. 北京：中国社会出版社，1992. 114

[192] 刘明汉. 汉冶萍公司志. 武汉：华中理工大学出版社，1990. 56

[193] 光绪十六年五月二十二日致伦敦薛钦差. 见：苑书义等编，张之洞全集. 石家庄：河北人民出版社，1997. 5647

[194] 光绪十七年十一月初九日致俄京许钦差. 见：苑书义等编. 张之洞全集. 石家庄：河北人民出版社，1997. 5508

[195] 光绪十八年正月初九致巴黎薛钦差. 见：苑书义等编. 张之洞全集. 石家庄：河北人民出版社，1997. 5674

[196] 光绪十八年七月十七日致伦敦薛钦差. 见：苑书义等编. 张之洞全集. 石家庄：河北人民出版社，1997. 5724

[197] 薛福成. 出使英法义比四国日记. 长沙：岳麓书社，1985. 573

[198] 光绪二十二年十二月程果等上郑观应禀. 见：陈旭麓等. 盛宣怀档案资料选辑之四，汉冶萍公司（一）. 上海：上海人民出版社，1984. 870

[199] 光绪十六年十一月初九日张之洞咨呈约估筹办煤铁用款折. 见：湖北省档案馆. 汉冶萍公司史料选编（上）. 北京：中国社会科学出版社，1992. 87

[200] 光绪十八年二月二十七日张之洞奏铁厂添购机炉请拨借经费折.见：湖北省档案馆.汉冶萍公司史料选编（上）.北京：中国社会科学出版社，1992.91

[201] 光绪二十二年六月二十七日张之洞札蔡锡勇等改定自强学堂章程.见：苑书义等编.张之洞全集第5册.石家庄：河北人民出版社，1997.3289

[202] 光绪二十三年李维格拟设汉阳钢铁厂学堂章程.见：陈旭麓等编.盛宣怀档案资料选辑之四，汉冶萍公司（一）.上海：上海人民出版社，1984.453，454

[203] 光绪二十七年三月二十日李维格致盛宣怀函.见：陈旭麓等编.盛宣怀档案资料选辑之四：汉冶萍公司（二）.上海：上海人民出版社，1986.237

[204] 光绪三十年十一月二十三日宗得福致盛宣怀函.见：陈旭麓等编.盛宣怀档案资料选辑之四：汉冶萍公司（二）.上海：上海人民出版社，1986.460

[205] 中国汉阳钢铁厂煤铁煤焦铁矿制钢记略.东方杂志第九期，1909，（9）：28～34

[206] 方一兵，潜伟.汉阳铁厂与中国早期铁路建设.中国科学技术史杂志，2005，（4）：312～322

[207] 凌鸿勋.中国铁路志.台北：文海出版社，1982.178

[208] 厘定全国铁路轨制摺.见：盛宣怀.愚斋存稿.台北：文海出版社，1975.525

[209] 遵定验收钢轨章程摺.见：盛宣怀.愚斋存稿.台北：文海出版社，1975.534

[210] 宣统三年六月十八日李维格致盛宣怀函.见：陈旭麓等编.盛宣怀档案资料选辑之四，汉冶萍公司（三）.上海：上海人民出版社，2004.188

[211] 宣统三年五月二十八日李维格致盛宣怀函.见：陈旭麓等编.盛宣怀档案资料选辑之四，汉冶萍公司（三）.上海：上海人民出版社，2004.183

[212] 宣统三年五月初五日李维格致盛宣怀函.见：陈旭麓等编.盛宣怀档案资料选辑之四，汉冶萍公司（三）.上海：上海人民出版社，2004.181

[213] 民国二年十一月十七日公司董事会致交通部函.见：湖北省档案馆.汉冶萍公司史料选编（上）.北京：中国社会科学出版社，1992.496

[214] 民国四年十二月六日公司董事会致孙宝琦函.见：湖北省档案馆.汉冶萍公司史料选编（上）.北京：中国社会科学出版社，1992.499

[215] 规定八十五磅钢轨及附属品制造验收通行章程.中华工程师会第四期会报，1914：41

[216] 凌鸿勋.中国铁路志.台北：文海出版社，1982.42

[217] Jeremy D J. International Technology Transfer：Europe, Japan, and the USA, 1700～1914. Hants：Edward Elgar Publishing Limited, 1991

[218] 刘明汉.汉冶萍公司志.武汉：华中理工大学出版社，1990.86

[219] Shockley W H. Notes on the Coal-and Iron-fields of Southeastern Shansi, China. Transactions of the American Institute of Mining Engineers, 1904：852.

[220] 丁格兰.中国铁矿志（下）.谢家荣译.北京：农商部地质调查所，1923.230

[221] 光绪三十四年三月十八日李维格：扬子公司第一次股东会说辞.见：陈旭麓等编.盛宣怀档案资料选辑之四，汉冶萍公司（三）.上海：上海人民出版社，2004.6

[222] 刘明汉.汉冶萍公司志.武汉：华中理工大学出版社，1990.101，102

[223] 胡博渊.晓晴斋散记.台北：文海出版社，1977.24

[224] 地质专报丙种第二号：中国矿业纪要（第二次）.北京：农商部地质调查所，1926.130

[225] 丁格兰.中国铁矿志（下）.谢家荣译.北京：农商部地质调查所，1923.169

[226] 重庆市档案馆等.抗战后方冶金工业史料.重庆：重庆出版社，1988.68

[227] 中国科学技术协会.中国科学技术专家传略：工学编冶金卷（1）.北京：中国科学技术出版社，1995.27

[228] 重庆市档案馆等.抗战后方冶金工业史料.重庆：重庆出版社，1988.88

[229] 胡博渊．晓晴斋散记．台北：文海出版社，1977.65
[230] 重庆市档案馆等．抗战后方冶金工业史料．重庆：重庆出版社，1988.92
[231] 重庆市档案馆档案．中华民国三十二年六月十二日刊在厂服务四十年职工纪念册
[232] 工艺学堂招考学生章程．见：苑书义等编．张之洞全集第六册．石家庄：河北人民出版社，1997.4905
[233] 条陈自强大计摺．见：盛宣怀．愚斋存稿．卷一．台北：文海出版社，1975.3
[234] 卢成章．李一琴先生传略．矿冶，1929.3（10）
[235] 吴承洛．三十年来之中国工程师学会．见：中国工程师学会编．三十年来之中国工程．南京：中国工程师学会，1946
[236] 张之洞．劝学篇．北京：华夏出版社，2002.5
[237] [英] 肯德．附录丁：沪宁铁路借款合同．见：中国铁路发展史．伦敦：爱德华·安德诺书店，1907.231～241
[238] 薛福成．出使英法义比四国日记．长沙：岳麓书社，1985.143
[239] 地质专报丙种第一号：中国矿业纪要（第一次）．北京：农商部地质调查所，1921.36
[240] 地质专报丙种第三号：中国矿业纪要（第三次）．北京：农矿部地质调查所，1929.296
[241] 孟广寿等．浅析我国钢铁工业发展中的问题．中国金属通报，2008，(1)：6

附录 A
郭慕孙院士访谈录

19世纪末20世纪初，随着汉阳铁厂的建成投产以及汉冶萍公司的成立，中国的近代冶金开始了工业化的进程。汉冶萍公司从1902年起先后出资派遣了10名学子到英美等国的大学学习与冶金相关的专业，这批学生学成回国后效力于汉冶萍公司，并成为我国第一代冶金工程师。他们的经历是中国早期冶金工业和技术的发展史的缩影。

郭承恩（1884～1946），字伯良，是汉冶萍公司送培的10名留学生中的一名（图A.1）。他于1884年出生于一个广东商人家庭，1903年毕业于上海圣约翰大学，并留校任教7年。1910年受汉阳铁厂资助，赴英国谢菲尔德大学（The University of Sheffield）学习机械和电气工程专业，并获得工程学士学位，1914年赴美国考察钢铁厂，1915年回到汉阳铁厂。1915～1923年任汉阳铁厂机器股股长，1923年调任大冶铁厂代副厂长，1924年离开汉冶萍公司。离开汉冶萍公司之后，郭承恩先后任沪杭甬铁路段工程师，京沪、沪杭甬铁路两路局局长，上海中央造币厂厂长。并于1932年创办实克农场，1933年创办中国工艺炼气公司，在国内率先制造氧气和氮气以及电石，填补了国内空白，该公司即上海吴淞化工厂的前身。

可以认为，郭承恩是中国近代工业化进程中诞生的第一代工程师的典型代表。他们作为最早系统地接受西方工科高等教育的工程师，其影响不仅体现在那个时代、也通过他们的后代传承了下来。

郭慕孙院士是郭承恩的第三个儿子，他于1920年出生于湖北汉阳，1943年毕业于上海沪江大学化学系，1947年获美国普林斯顿大学化工硕士。1956年至今，任中国科学院化工冶金研究所研究员、所长、名誉所长，1980年当选中国科学院院士，1997年当选瑞士工程科学院外籍院士，任中国颗粒学会理事长。作为中国第一代工程师的后代，郭老深受其父的影响，不仅在化工冶金研究方面有着突出的贡献，还继承了父亲的工程师素质，至今仍保持着动手制作各种器具的爱好和习惯。

2006 年 4 月 10 日，笔者在导师柯俊院士的亲自带领下，来到郭慕孙院士家里进行了一次访谈（图 A.2），访谈主题是围绕我国第一代冶金工程师——郭老父亲的经历展开。柯俊院士 1938 年武汉大学毕业后，参加国民政府经济部工作，参与了汉阳、大冶等厂矿的拆迁，他的亲身经历，使两位院士在中国早期冶金工业史这一主题上有着很多共同的话题，柯俊院士在谈话中对亲身经历的回忆，极大地丰富了访谈的内容。因此，这是一次柯俊院士与笔者共同完成的访谈。

图 A.1　郭承恩（1884～1946）

图 A.2　郭慕孙院士及夫人与柯俊院士合影
（方一兵摄）

此次访谈内容，不仅为早期冶金工业和技术史研究留下了可供参考的史料，也让笔者体会到第一代冶金工程师通过后人而继承了下来的更为久远的影响。中国的科学与技术也在这一代代人的影响下而得以发展起来。

1. 留学英国

方一兵（下面简称方）：郭老，我们知道您父亲是在 1910 年由汉阳铁厂派往谢菲尔德大学学习的（图 A.3、图 A.4），他出国之前的情况您了解吗？

郭慕孙（下面简称郭）：知道一些。我爷爷很早就到了上海，他在上海做生意，开洋货店。父亲在上海圣约翰上学，1903 年毕业，当时他 19 岁。后来在圣约翰大学教书，大概一直到 1909 年。

方：您父亲是怎样找到汉阳铁厂得到资助的？您了解他们的关系吗？

郭：这个我不太清楚。

方：您父亲是 1915 年回国的？

郭：大概是这样的。他在英国念了三年书，念完后在英国工厂里实习，实习多长时间我是想不起来了。照片我是看到过的，是跟英国的工人在一块拍的，然后就到美国去了，因为任务就是叫他去学钢铁，所以英国完了之后他又到美国去，去了以后再回来，差不多就是 5 年左右。

方：他到美国是实习吗？

郭：他去美国没有固定的地方，是参观一些学校和企业。

柯俊（下面简称柯）：按理讲，他应该是去 Pittsburgh（匹兹堡——笔者注），重要的钢铁厂都在匹兹堡。

方：1915 年回国以后就进了汉阳铁厂？

郭：大概是在那个时候，我是 1920 年生的，我母亲是上海人，她是我两个哥哥的小学老师，是父亲的续弦。父亲的第一个妻子是得肺病去世的，他俩有三个孩子，最大的大我 13 岁，老二大我 12 岁，我姐姐大我 4 岁。他们都是在上海出生的。

方：我看的资料是他 1923 年就去了大冶铁厂，原来是在汉阳。您出生在上海还是湖北？

郭：就在湖北。

方：您那段时间也是在大冶？

郭：是在大冶，但我一点记忆都没有了。后来 1958 年的时候我们研究所做大冶铁矿的工作，我先到武钢去，然后到大冶铁矿，要从铁矿中提铜，铜的含量不到百分之一。我问过过去的汉阳铁厂，但没有什么人能讲出汉阳铁厂，后来我也没再去找。后来我的大哥告我，汉阳铁厂早已没有了。

具甘結郭承恩今承
漢陽鐵廠資遣出洋學習鋼鐵廠工藝以學成為度不論年限回華在湖
北漢陽鐵廠充當工師頭兩年每月薪水銀弍百兩以後每年月薪加
銀貳拾伍兩加至肆百兩為止如欲別就即將所有出洋學費及利息
繳楚方能離廠如在外洋學業未成而欲回華亦須繳回學費及利息
具此甘結是實
回華後須在廠報効拾年
宣統二年四月　日具甘結郭承恩
父播綬
保 代理上海聖約翰大學堂監督

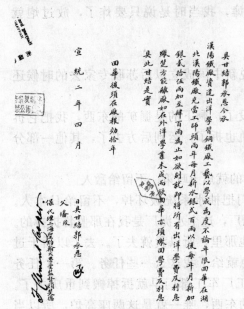

图 A.3　郭承恩与汉阳铁厂签订的出国留学保证书

（采自湖北省档案馆汉冶萍公司档案）

NAME KWAUK, Zung ung

EXAMINATION RECORD

DATE	EXAMINATION	SUBJECT	RESULTS	REMARKS
June 1911	Inter: B.Engg		Pass 2nd Div.	
June 1913	Final B.Eng:	Subs. i, ii, v, viii, ix, xi.	Pass 1st Div.	
June 1913	Assoc: in Eng:		(Sen. Min. VI, 95)	

UNIVERSITY OF SHEFFIELD

NAME KWAUK, Zung ung

HOME ADDRESS 6410, Taku Road, Shanghai, China.

SHEFFIELD ADDRESS 19, Wharncliffe Rd., Sheffield.
22, Clarke St., Sheffield.

DATE OF BIRTH 27 yrs. in 1911　NATIONALITY

FATHER'S NAME AND OCCUPATION

SCHOOLS ATTENDED St.John's College, Shanghai, China.

MATRICULATION Exempted J.B. 28th Feb. 1911. No.61

DEGREE OR QUALIFICATION OBTAINED B.Engg 1913. Assoc: Eng: 1913.

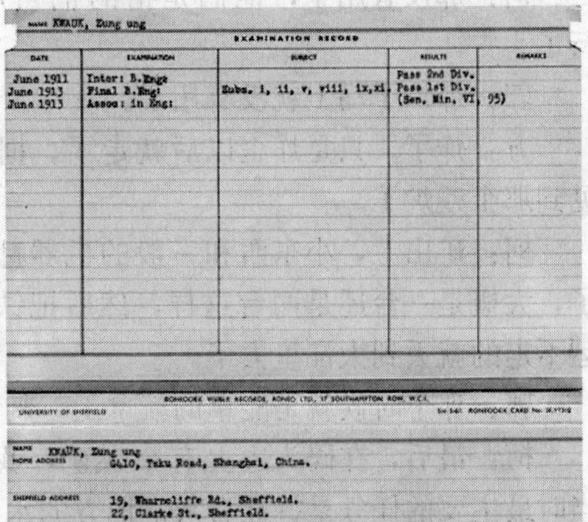

图 A.4　郭承恩在英国谢菲尔德大学的档案卡

（谢菲尔德大学公共信息和数字化服务部提供）

2. 汉冶萍公司的西迁

柯：1938 年抗日战争爆发后，汉阳铁厂那个时候是没有了，搬到重庆大渡口去了。

郭：哦，搬到大渡口去了？你是第一个告诉我这件事情的。

柯：搬到大渡口去的是汉阳钢铁厂，它也有高炉和平炉。另外在大冶，有两座 100 立方米的炼铁高炉,一说是 200 吨①。这两座高炉是我奉经济部工矿调整处的命令,带着爆破队去炸掉的,抗战时,我刚从武汉大学毕业。

郭:对,你上回告诉我有这么个事情。

柯:在汉阳的这两个高炉,我临走的时候,吩咐:如果日本人打到这里,就炸掉。我先撤退了,因为日军已近九江,武汉下游要封锁,我在武汉还有任务。

郭:就是不让它落在日本人手里。

柯:我在大冶还打开了日本工程师锁着的住宅。进去以后,很有意思,屋子里头东西没了,但是桌子上面还摆着早饭,还剩下半碗。

郭:哦,是匆忙走的。

柯:是匆匆忙忙下令,就撤掉了。我去了以后,把屋子里头看过了后,厂里头已经没剩下什么东西了,我只拆了一些比如说开关这样的东西,有一个算一个吧。拆完以后,这两个小高炉我留给了警卫队,因为我离开黄石第二天封锁,上头紧急命令来了,但是东西暂时不毁,因为万一我们把日本人给挡住了呢。所以我留下爆破队,如果再紧急,就把高炉炸掉。

郭:那最后就没有炸掉了?

柯:最后我就不知道了。

方:最后我知道,高炉炸了,但似乎炸药威力不够,基本上没有毁掉什么。

柯:那没有用了,他们是指的把它炸瘫,我当时是说只要炸了,放过炮就行了。

郭:那炉子马上就没有用了。

方:炸了,只是炸歪以后就走了。据说新中国成立以后苏联专家去的时候还见到那个残炉子。

柯:矿山上,小东西和一般的机器都没了,剩下的是掘矿的东西,我把它拆了,大概是一台还是两台这样,然后把铁轨也拆了,运到后方去了,其他一部分运不走的就丢到大江里去了。

郭:那个时候就是能拿的就拿走,剩下的就焦土政策。不留给敌人。

柯:最后,在码头边上有个煤矿,我们把抽水系统破坏掉,不留给日本人。当时最主要的任务是拆迁石灰窑地方的水泥厂,这个水泥厂是我在那监督拆掉的。我当时武汉大学毕业后,正好有个老师在他那里,所以我就去了。去了以后干过三个月的抄写,又做记账,后来武汉一紧急就给了我这么一些任务。第一个任务就是拆大冶的水泥厂,第二就是煤矿,兵工厂军工部门早就拆掉搬到重庆去了。我最后进去打了一个转,看看有没有剩下的东西,唯一就是这两座高炉,所以当时我把爆破队留下了,日本人来就炸掉。

郭:你那个时候能够执行这个任务,还能指挥爆破队,这跟兵工署有什么关系呢?

柯:我是在翁文灏主持的经济部。任务是搬迁民营工厂,我拿着国民政府军事委员会蒋介石手令,我们先讲好要你搬,如果你不搬,临走撤退时我们就炸掉。所以那个时候我头一个就摊上了这一任务。水泥厂整个搬了,搬到内地常德去了,

---

① 据史料,大冶铁厂两座炉是 450 吨

现在常德那个水泥厂的基础就是石灰窑的。

郭：黄石的那个水泥厂就是你讲的这个前身？黄石那个很大的水泥厂。

柯：黄石就是石灰窑，据说石灰窑的水泥厂整个拆下来搬到了常德。

3. 离开汉冶萍公司和创办企业

方：郭老先生离开大冶是为什么？

郭：这个我不太知道，我估计后来这个大冶厂挣不了钱，它规模也就是这个样子，物质运输也远，估计还有其他管理的问题。

（方：随后我拿出一些郭承恩在大冶任副厂长时的信函给郭老。）

方：这是您父亲在大冶的一些信函。这个是 1923 年 4 月 17 日，这个是大冶铁厂二号高炉开炉的时候，二号高炉是 4 月 4 日开炉的，您看上面这个 5 日出铁，6 日出铁的报告。然后您父亲写的这么一个高炉的报告，二号高炉出铁，顶盖怎么怎么样，有什么问题。他做的就是这样一些技术性的工作，二号高炉实际上是 1923 年 4 月开炉，由于焦炭供应不上等，到 1924 年其实就停了，所以当时大冶铁厂是比较困难的，汉冶萍当时已经非常困难了，您父亲当时走可能也是因为这个原因。

郭：是经济过不了关。那个时候缺能够全面考虑的企业家这样的人才，实际上他学的是技术。这个在企业里面是第二档的人，最高也是第二档。第一档就是现在所谓的 CEO，他应该有社会的，政治的，经济的知识。

柯：你是说他上头的那个。

郭：对，应该说他上面还有人。

柯：另一个还要重要的，应该说是跟上面的官僚有关的，官僚第一，政治第二，经济第三。

郭：这样的人现在叫 entrepreneur（企业家——笔者注）。

郭：现在要找这样的人也很难找到。以后我父亲在三十年代在上海办了两件事情，都是民办的，跟政府一点都没有关系。一个是制造电石、气焊用的电石，另一个是制造氧气，用的设备都是引进的。

柯：那个时候做电石恐怕是全国第一次。

郭：都是第一次。氧气也是第一次，那个时候法国人在上海制造氧气，用的 high pressure system（高压装置——笔者注），是钢瓶氧气。

柯：应该是医学上用的？

郭：医学上也有用的，那个时候没有多少的，价钱高得不得了。他有几个朋友，弟兄两个，一个是留英的，哥哥是经商的，开了一个铁行，卖旧铁，所以他们有钱，一起办了一个氧气厂，买了德国麦塞（Messer）公司的设备，请了一个德国工程技术人员来安装开车，成立了中国炼气公司。后来他们想做电石，用的是 electrothermic process（电热法——笔者注），找了日本人，我不记得是什么公司了，那个日本人名叫植木方松，负责安装和开车。不久以后就与日本打仗了。公司中的年轻人，很有办法，将两个工厂的设备经长江运往四川。

柯：那个时候是哪一年？

郭：大概是 1940，41 年左右。

柯：那个时候他也从上海搬到重庆？

郭：他不参与了，他那时候已经开始有病了，一直没有离开上海，他于 46 年在上海去世。

柯：46 年？那他一直在上海？

郭：对，他一直在上海，当时政府叫他去，他不去。

方：他任造币厂的厂长有多久。

郭：我说不出年份来了，他有这么几件事情是穿插着的，有的是同时的，先是到兵工厂，然后两路局，还有造币厂，三个都是在这么几年中间做的，早晨出去时司机都要问他到哪里去。

柯：沪杭甬铁路待过？名义上是沪杭甬，实际只有沪杭。名义上从杭州到宁波应该修铁路，但修不起。

郭：杭州到宁波的铁路一直没有修，那是新中国成立以后才修的。

4. 关于工程师

方：您父亲一直是在做工程技术方面的事情，据您的了解，当时的工程师的工作状态是怎样的？

郭：当时的工程师受过西方高等教育的不用说是太少了，与现在根本不能比，真是凤毛麟角。现在也有问题，我们国家不够重视继续教育（continuing education），很多人他学到什么东西就是什么东西，以后就是用这些。当时很多人有的从政了，有的从商了，所学的技术都荒废了，这是很严重的问题。我们的继续教育能不能从当前的毕业生开始，毕业出来了，国家应该有个规定，你一年应该再去学几个学分。我父亲在杭州时候有一节半截长的客车，原来是给他前面的一个美国人的，有厨房，有睡觉的，有吃饭的地方，还有一个人，跟着这辆车，跟随他的出勤。我父亲接任后，继续做技术工作，但好多留了洋的人，慢慢对技术工作失去了兴趣，对自己放松了，不是从商就是从政。

方：咱们中国的这个情况是不是跟工程师的地位有关系？就我的理解，您父亲那个年代工程师的地位比现在还高一些。

郭：应该高些，因为工程师人少。我也自己到外面去学过，国外教书主要是教人，以教人为主，我们学校里的老师是应试教书，应试就可以有台阶上去。当时这个问题就有，但并没有专门提出来，工程师很少，一个工程师是很了不起的。

方：他的收入很高。

郭：出洋回来了以后，月薪 200 两银子。一两银子可以做很多事情。

方：收入很高，而且差距很大。

郭：对，差距很大。

柯：这个（指中国学校的老师是教书而不是教人——笔者注）跟科举制度的遗留有关。

郭：是一种遗留。

5. 对后代的影响

郭：父亲对我的影响很大。我小时候，父亲教我学习英语，还教我平面几何。他教会了我动手能力，因为他是学工的。他还从国外带回来一些工具，我可以给你看。他从谢菲尔德，到美国，再到国内，好多都是手动的工具，那个时候电动工具 handheld electrical tool 很少。

方：现在还有？

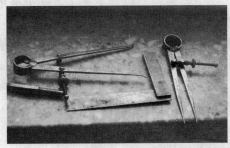

图 A.5　郭承恩 1915 年带回国的工具，郭慕孙院士至今仍然保存并使用它

（随后郭老带我进到他的房间，拿出一个工具箱，里面装着很多工具，有量规，各种钢尺，一个六面体的小棍子（punch），上面有英文商标，并清晰地刻着他父亲的名字。除了这些工具，郭老还找出一本他出版的书："几何动艺"。退休以后，郭老爱好制作各种被他称为"几何动艺"的魔摆挂件，这些挂件的制作需要综合立体思维，力学分析，数学模拟和动手能力才能完成。郭老说，这些能力大都得益于他幼年时作为工程师的父亲对他的培养，而他至今还在使用父亲留下来的这些从英国带回来的工具，来制作这些作品和一些家具（图 A.5）。

郭：我还在用。（指着他的"几何动艺"）这些都是我做的。我还写了本书呢。你进来看吧。

方：这些也是您自己设计的吗？这个搞艺术的人做不出来的，您这个有计算，有这样的绘图。

郭：清华大学的"艺术与科学"期刊第一本，登了我的一篇几何动艺的文章。

郭：这都是由于小时候动手动惯了，我小学二年级的时候父亲就教我做风筝。

（郭老拿出《艺术与科学》这本书给我看，这本书是科学家、哲学家、科学史学家们关于科学中的艺术和艺术之中的科学性的文章，其中收录了郭老的一篇："几何动艺的理论与方法——采用多面体的组成件制作几何动艺"。在郭老看来，缺乏数学、力学和动手能力的搞艺术的人是做不出这样的作品的，因为几何动艺来自科学的构思和数学力学推理，并要求极其精确的手艺。几何动艺作品正是科学和技术之美的体现。）

方：这个是用什么材料做的？

郭：铝做的，做成的组件用极细的尼龙线联结，远处看不见，在运动中似乎飘浮在空中。

方：这些作品的确是出乎我的想象。

郭：这个在北京美术馆挂过的。

方：这个是用木板做的？

郭：是木板，模型飞机的木板。

郭：我觉得幼年的培养很重要。现在都说创新，创新。比如柯老他们和科学院里的人，都是一些老年人在讨论成年人的事情。我反复说，这些习惯和思维，都是要在娃娃的时候开始培养的。

方：没错，是这样的。

柯：另外还有一方面，就是在那个时候，事实上他（指郭老的父亲——笔者注）有形无形，有意无意地培养了一批人。这个后来我们继承下来了，这个很重要。培养的人不仅是技术上，还有为人，对待工作的态度方面，都起了作用。

郭：对，在这些方面都起了作用。我跟你讲讲小时候他教我英语的事情，他是一个一个字来的，这个该改成什么样。我现在还开了一个科技写作班，帮助研究生撰写论文。

方：这也是他当年教您的？（指英语教学——笔者注）

郭：是啊，现在我除了一对一的办法，还想不出其他该怎么教的方法。

郭：现在我们的期刊很成问题啊，我当编辑，对收到的文章我每篇都得改。

柯：都是英文字逐字拼成的'中文'，英文是拿中文翻译成英文字的。

郭：我们这个期刊（指期刊 *Particuology*——笔者注）稿子是国际化的，英国来的稿子还可以，美国来的就不大行，文章还有从东欧来的，有保加利亚来的，改都很难改，最近还收到一个希腊的，文章很严格，但是语言很成问题。

（郭老随后找出两本他主编的期刊 *Particuology*，并与柯老聊起了英文期刊的名称来历，由于篇幅限制，这里略去）

从汉冶萍公司的工程师到当今工程师的培养，两位院士由汉冶萍公司展开的对话就这样结束了，这是一次关于历史的交谈。对我来说，感受最深的，始终是 20 世纪初第一代工程师的坎坷一生和他留给后人如此深切的影响。

附录 B

萍乡煤矿总矿师 Gustav Leinung
(赖伦) 之聘任合同

Agreement made the 16th day of July 1912, between the Han-Yeh-Ping Iron & Coal Co. Ltd. (hereinafter called the Company) of the one part and Gustav Leinung (hereafter called the Employee) of the other part, whereby it is mutually agreed and understood as follows:

1. The employee shall remain and continue in the service of the company as engineer-in-chief of the Pinghsiang Collery under the orders and directions of the Superintendent of the Mines and with the same duties and powers as he had before.

2. The policy of the company being as few foreign engineers as possible, it will be the duty of the employee to train up such Chinese for their respective duties as are appointed by the superintendent into the service, who will be put under the direct control of the employee. No alterations of or addition to the technical staff, whether Chinese or foreign, can be effected without the sanction of the superintendent.

3. The general terms of agreement hereto attached having been signed by both parties shall be considered as to form part of this special agreement, and shall be binding on both parties in the same manner as if they had been actually incorporated in this special agreement.

4. The salary of the employee during the term of this agreement shall be two hundred pounds sterling per calendar month to be paid at the end of each month into some foreign bank in Hankow at the rate of exchange of the day, subject to the previse that from the first of March 1912, the time when he should reenter into active service in Pinghsiang, he should receive only half salary, i. e. one hundred

pounds sterling.

5. The agreement is terminable at any time by six calendar months'notice in writing given by either party to the other of the intention to terminate the same. If this agreement be determined under this clause and the employee returns forthwith to Germany but not otherwise, the company shall pay the employee traveling expenses to Germany commuted at one hundred pounds sterling.

In witness where of the said parties to those presents have hereinto set their hands and seals at Shanghai this 16th day of July 1912.

FOR THE HAN YEH PING IRON & COAL CO., LTD.

Witness to the signature of

（签名）   Chief Managers（矿务所长林志熙印）

Witness to the signature of   The Employee：

（签名）   G. Leinung（签名）

附录 C

汉阳铁厂总工程师 Eugene Ruppert (吕柏)之聘任合同

Agreement

Entered into between the Hanyang Iron and Steel Works (hereinafter called the Works) represented by the General Manager of the said Works, Mr. V. K. Lee, acting under full power given by H. E. Sheng Kungpao, of the one part, Mr. Eugene Ruppert of Luxembourg, Engineer (hereinafter called Mr. Ruppert) of the other part, whereby it is mutually agreed and understood as follow.

1. Mr. Ruppert shall enter the service of the Works as TECHNICAL DIRECTOR and agrees also to take over the technical management of such other Iron and Steel Works as may be erected in the future in some other parts of China by the same Company.

2. Mr. Ruppert undertakes himself to further the interests of the works to his utmost ability and to do his very best to work hand in hand with the General Manager of the Works who shall be his only superior in the works.

Mr. Ruppert engages himself to do all what is in his power and what may be required by the circumstances to make the foreign staff work in good harmony with the Chinese personnel so that the interests of the works may not suffer through misunderstanding between the two parties.

3. Mr. Ruppert is under the orders of the General Manager of the Works, to whom all matters technical and commercial and/ or any innovation or alteration in any of the technical departments of the works are to be submitted by Mr. Ruppert for his decision which shall be final.

4. All the personnel, foreign as well as Chinese, employed in the technical

service of the works, shall be placed under immediate order of Mr. Ruppert who engages or dismisses them, fixes their salaries or wages, looks after their well being etc. and also controls the prices of raw materials bought and finished products sold. All these questions, however, can only be settled after consultation with the General Manager whose decision shall be final.

The foreign and Chinese staff employed in the technical part of the works shall receive and carry out orders only coming direct from Mr. Ruppert or from the Departmental Managers and Mr. Ruppert shall be responsible for the regular and economical workings of the different Department and also for the conduct and honesty of the employees and / or workmen put under his orders.

5. In consideration of the above services, Mr. Ruppert shall receive the 1st. August, 1905, a monthly salary of £ 150 (one hundred and fifty pounds sterling) and from the 1st. August, 1906, a monthly salary of £ 200 payable in advance every month the salary shall end on the day when Mr. Ruppert leaves the service of the Works, in case of the termination of this agreement.

Mr. Ruppert shall receive, besides his passage money home as stipulated hereinafter, a sum equal to two months salaries as compensation for the passage out to China (Hankow) and home again at the expiration of this agreement. Mr. Ruppert shall receive for himself and his family a lump sum of £ 200 (two hundreds pounds sterling) for each passage, such sum to cover all traveling, hotel baggage, and other expenses during the voyage.

The Works shall provide Mr. Ruppert with a suitably furnished house for himself and his family on the Works, with free light and fuel, and free medical treatment and medicines for himself as well as his family.

In case of an accident happening to Mr. Ruppert while in the performance of his duties which causes his death or total permanent incapacity, the Works shall pay an indemnity equal to three years salaries to his legal successors or to himself. In case of only partial incapacity caused by such an accident the indemnity payable shall be a part of the above sum in proportion to the degree of incapacity.

6. Every year Mr. Ruppert shall be allowed one months furlough and every three years, six months on full pay of his salary. The times at which these furloughs may be taken shall be arranged by mutual agreement between himself and the General Manager, so as not to inconvenience the Works.

7. No definite period is fixed for this agreement, which commences from the 1st. January, 1906, but at the end of the first year of this agreement and any time thereafter, either party shall have the right to cancel this agreement by giving six months previous notice or in case of the works by tendering the amount of six months salaries in payment.

If by any reason beyond the control of Mr. Ruppert, as war, rebellion, or continuous sickness, Mr. Ruppert should be compelled to return to Europe, this agreement can be cancelled by him, in which case the Works shall pay him besides his passage money home, as stipulated above, a compensation equal to six months salaries.

8. The Works shall have the right to cancel this agreement if Mr. Ruppert neglects his duties, disobeys and/ or obstructs the orders of the General Manager, unless they are such as to endanger the safety of the Works. In such cases, no previous notice shall be necessary and the Works shall only have to pay the return passage money and the salary for the current month.

9. All of Mr. Ruppert's traveling and hotel expenses while on business of the Works shall be paid by the Works.

10. In the event of any dispute or difference of opinion arising between the two parties as to the proper meaning and/ or construction of any of the clauses, of this agreement, or as to anything done in pursuance there to, the matters in dispute shall be referred to arbitration, one arbitrator to be appointed by each party and in case they cannot come to an agreement, the arbitrators shall have the power to appoint an umpire whose decision shall be final.

11. This agreement is made out in two copies, each party to retain one. In witness whereof, the parties to this agreement have hereunto set their hands this 1st day of January, nineteen hundred and six.

General Manager
FOR THE HAN YANG IRON & STEEL WORKS　TECHNICAL DIRECTOR
(V. K. Lee)　　　　　　　　　(E. Ruppert)
Witness　　　　　　　　　　Witness

附录 D

汉冶萍公司聘请最高顾问工程师
（大岛道太郎）合同

民国二年（1913 年 12 月 15 日）

中华民国二年十二月十五日（公历）汉冶萍煤铁厂矿有限公司（以下简称公司）与大岛道太郎（以下简称顾问）所订合同，开列如左：

第一款　公司为公司自中华民国三年一月十一日（公历）、日本大正三年一月十一日（公历）五年间至中华民国八年一月十日（公历）、日本大正八年一月十日（公历）五年间，在汉口或汉阳聘请顾问，顾问亦允诺。

第二款　顾问承认公司董事会会长暨总经理（代理总经理）职权，顾问应照公司与制铁所所订职务规程，办理其职务。该职务规程将其抄本添附本合同，认为合同之一部分。

第三款　顾问如有延误或不肯行本合同条款之全部或一部分或应办职务之时，公司得制铁所允诺之后，可得以三个月前之预告，辞退顾问。

第四款　顾问应时常专心从事公司公务，非经公司允诺，不论其为直接或为间接，又不问为自己或为他人，不得兼顾公司以外之事业，或谋其他职业。

第五款　顾问非先以文件得董事会会长或总经理（代理总经理）之允诺，不能泄露公司秘密之事。惟向横滨正金银行及制铁所为保全其债权起见，给予应要之提醒，不在此限。

第六款　顾问当鉴于其位置之原为重要而机密，向公司时常以谨慎之态度接洽，又对于其相接之中国人，专以良好之感情为念。

第七款　公司为顾问置备可称其位置之住宅（惟不备什物），所有薪炭、灯火等项，亦由公司置备付给。其医药暨医疗等费，并由公司付给，如遇应在公司附属医院以外之医院医治时，其费亦应由公司照付。

第八款　顾问自中华民国三年一月十一日（公历）、日本大正三年一月十一日（公历）之后，在本合同存续之间，每年可得俸金日金二万元，照数按月分领。如公司将其业与横滨正金银行暨制铁所所订甲、乙两合同及别合同借款，在本合同第一款或第十款所订期限未满之前还清时，顾问仍得领收余期内俸金全部。顾问为公司公务旅行时，旅费支给实数，并自发程之日起到回来之日止，每日津贴日金二十元，按日计算，由公司付给。顾问到任之时暨因本合同所订限满或在限内由公司辞退回国时，亦照前项旅费及津贴，由公司付给。

第九款　顾问每年得请二满月之假，顾问可得将前项未经请假之日，归后年一并通算。

第十款　本合同虽到所订五年限满时，如非于限满三个月以前，由双当事者之一预告他方，以完了此合同之意，本合同自当再赓续五年效力。

第十一款　如关于本合同有纷议之处，双当事者彼此以文书委托各一人，即以此二人为独立之公正人，由此公正人之判断以为决定。如前项公正人意见不合之时，预于开始判断之前，彼此以文书公请一公正人，即由此公正人之判断，以为最后之决定。

兹因订立以上合同，双方签名盖章，以为凭据。

中华民国二年十二月十五日（公历）

日本大正二年十二月十五日（公历）

汉冶萍公司煤铁厂矿有限公司董事会会长　盛宣怀

日本东京帝国工科大学教授兼制铁所嘱托工学博士大岛道太郎代理　藤濑政次郎

立会人 在上海日本帝国总领事馆 西田畊一

右认证人 大正二年十二月十六日（公历）

在上海日本总领事馆总领事 有吉明

附：最高顾问工程师职务规程

中华民国二年（1913 年 12 月 15 日）

查中华民国二年十二月二日（公历）、日本大正二年十二月二日（公历）汉冶萍煤铁厂矿有限公司（以下简称为公司）、日本制铁所暨横滨正金银行三者所订别合同第三款，公司业已允诺聘请最高顾问工程师在案。兹将关于该顾问职务执行，公司与制铁所协定，开列如左：

一、最高顾问工程师专关于技术上事件，为公司董事会会长及总经理（或代理总经理）之顾问，受其协议，而非自任执行及直接号令各业务。

二、公司于一切营作改良、修理工程之筹计及购办机器等事，应先与最高顾问工程师协议而实行。至于日行工程事宜，该顾问工程师可随时提出意见，关照一切。

三、最高顾问以为须要时，关于其技术上事项，致其最善之法提出意见，惟其最后之决定，仍归公司核夺。

四、最高顾问工程师以为必要时，可得聘用日本襄办人一名，所用一切经费，由公司担任。惟该襄办人俸金暨聘用条件，应得董事会会长或总经理（或代理总经理）之承认。

五、最高顾问工程师非经董事会会长或总经理（或代理总经理），不得直与公司以外之人接洽公事。

六、最高顾问工程师因限满或其他缘由卸任时，应将其所保管公司绘图暨文件，照当时情形如数缴还公司。

七、最高顾问工程师为执行其职务起见，随时可得调查公司工程进行及其他事业情形，并得要求关于此类事件以为须要之计表，或可发为质问。

八、公司每年应兴事业之计划，应先与最高顾问工程师协议而作成决定。

九、公司应将其工程师、帮办工程师之变动并其他增减俸金等事，报告最高顾问工程师。

因订立以上条款，并由已开别合同第三款，公司所聘最高顾问工程师俸金，以每年不过日金二万元之额，如数由公司分月给付等事，特由双方当事者签字盖章，以昭信守。

本规程缮写中文、日文各六份，制铁所、公司、银行各执各文二份，以为凭据。

中华民国二年十二月十五日（公历）

日本大正二年十二月十五日（公历）

汉冶萍煤铁厂矿有限公司董事会会长　盛宣怀

制铁所长官男爵中村雄次郎代理　藤濑政次郎

横滨正金银行头取井上准之助代理、横滨正金银行上海支店副支配人　水津弥吉

立会人　在上海日本帝国总领事馆　西田畊一

附录 E

汉冶萍公司高炉一览①

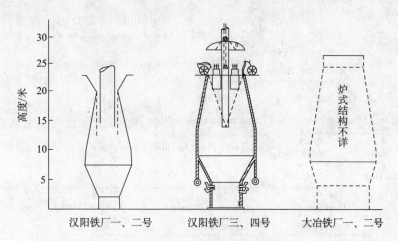

图 E.1　汉冶萍公司高炉示意图

表 E.1　汉阳铁厂、大冶铁厂高炉统计数据

	汉阳铁厂一、二号	汉阳铁厂三、四号	大冶铁厂一、二号
建造时间	1890～1894 年	1905～1910 年、1913～1915 年	1917～1923 年
设计日产量/(吨/日)	75（改造后为 100）	250	450
炉高/米	19.82	22.95	27.44
炉顶径/米	4.5	4.79	
炉胸高/米	9.32	11.0	
炉腰径/米	6.6	6.6	
炉腰高/米	2.3	2.25	
炉腹高/米	6.0	7.5	
炉缸径/米	2.25	3.5	
炉缸高/米	2.51	2.2	
有效容积/立方米	248	477	800
制造商	Tees-side Iron and Engine Works Co. Ld, England（英国）；Cockrell Company, Belgium（比利时）	Dingler'sche Maschinen-Fabrik, Aktibn-Gesellschaft, Zweibruecken-Pfalz, Germany（德国）	Riter-Conley Company, Pittsburg, US（美国）

---

① 顾琅绘．高炉示意图．1914

附录 F

萍乡煤矿大洗煤台系统①

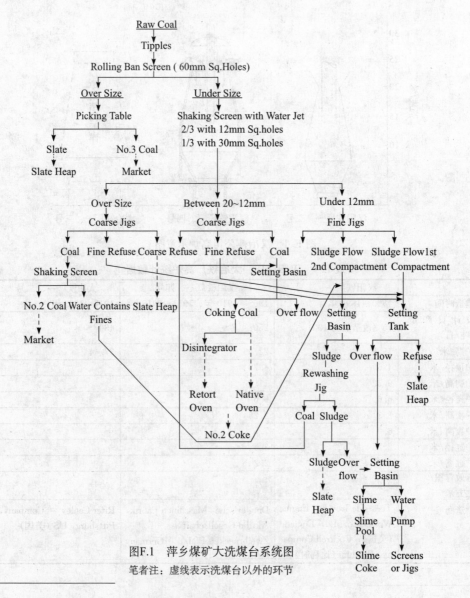

图F.1 萍乡煤矿大洗煤台系统图

笔者注：虚线表示洗煤台以外的环节

---

① 董纯. 萍乡煤矿. 矿冶, 1928, 2 (6)：84～86

　　洗煤台分大小两座：大者每日可洗 2000 吨，小者每日可洗 400 吨。两处共有提煤缸（jig）26 座，所需循环水量每分为 16 吨，其最大马力数为 585。

　　其洗煤方法大小两台均略相同，故兹专就大者而言。生煤系由电车送至洗煤台之二层楼，倾入覆车机（tipple）。煤块在 60 耗以上者，由无极手选带（endless picking belt）两旁，用人力选去壁石；是为三号煤。销售市场。其在 60 耗以下者，则由扛扬器（buket elevator）选至四层楼上之分煤水筛（shaking screen with water jet）。筛孔分大小二节，上小而下大。筛上有管喷水，筛摇而水随喷。在此将生煤分为大（20 耗以上）中（20－12 耗）小（12 耗以下）三号。大号由筛面溜下，导入大提煤缸，行淘汰作用。其所洗出之块煤即为二号煤，供萍矿锅炉及株萍路机车之用。中号由水筛下节之大孔落下，小号由上节之小孔落下，各由一槽分别入于中小提煤缸；于行淘汰后，将已洗净之粉煤入沉淀池内，令其沉淀，复用扛扬器运入粉磨机（disintegrator），磨成细粉，是为炼焦末煤，用以炼二号焦（即化铁炉用焦），其由此等提煤缸所洗出之细壁（fine refuse and sludges），更与大提煤缸之细壁同入过提缸（rewashing jig），复行淘汰，所提出之煤，亦以炼焦二号，其余之泥煤则导入煤池，令之沉淀，是为池煤；炼成池焦，供矿厂员工炊餐之用。

萍乡煤矿西式炼焦炉结构图[①]

焦炉侧面图见图 G.1。

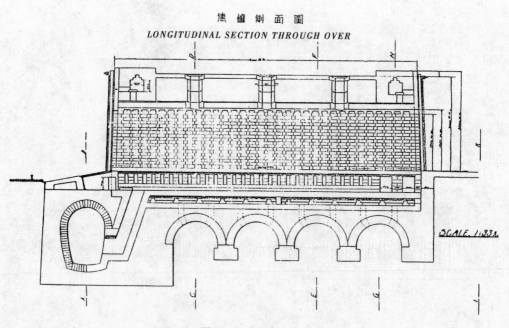

图 G.1　焦炉侧面图

---

①　朱洪祖绘. 1936

焦炉正面各部切开图见图 G.2。

焦爐正面各部切開圖

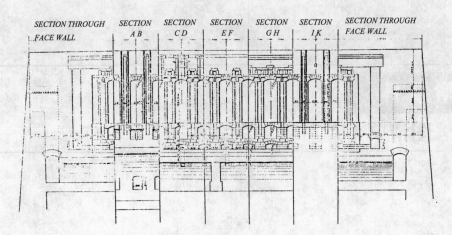

图 G.2　焦炉正面各部切开图

焦炉底板火道平面图见图 G.3。

焦爐底坂火道平面圖

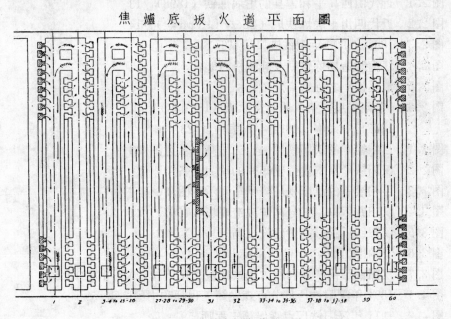

图 G.3　焦炉底板火道平面图

附录 H
图清单

人名索引

后 记

　　5 年前，几乎是出于一种直觉般的冲动和好奇，我将汉冶萍公司和近代钢铁技术史作为博士论文的主题。2004 年 11 月，当我第一次与导师柯俊院士谈及选题时，先生就毫不掩饰地表达了对这一选题的担心。所幸的是，当时年近九旬的柯先生有一种极为绅士的学者风度，他给我留了充分的余地，让我有机会去认真挖掘和讨论这一主题的价值和可行性，去说服他并让他接受。我至今仍然觉得这是先生给我上的最有意义的一课，他让我的研究从脚踏实地开始，严谨而务实地展开。几年下来，无形中帮我打造了本书的风格。

　　选题确定之后，柯先生对研究工作给予了悉心的指导。2006 年 4 月，先生执意要亲自带我去采访汉阳铁厂工程师的后代郭慕孙院士，当时他已近 89 岁高龄！2006 年 9 月，在我去英国李约瑟研究所访学之前，柯先生主动约我进行长谈，对我在英国期间的研究工作提出要求和建议。2007 年 12 月，柯先生逐句修改了访谈录初稿。可以说，从访谈录到本书，无不浸透着柯先生对学生的期望和嘱托。

　　2009 年 10 月，北京科技大学科学技术与文明研究中心将我的论文纳入"科学技术与文明研究丛书"。本书从选题、研究、写作到出版，都与该中心老师们的悉心指导和大力支持分不开。韩汝玢教授、孙淑云教授、梅建军教授、潜伟教授从始至终给予我无私的帮助和热心指导。是你们，给予我勇气和信心，让我在失意时选择了坚持。没有你们，本书将无法完成。

　　本书的研究和写作还得到许多人的热心支持和无私帮助。

　　2004 年 12 月，在北京科技大学冶金与材料史研究所成立 30 周年的庆典上，我第一次遇见中国科学院自然科学史研究所的张柏春研究员，跟他谈及我的选题和疑虑，张老师非常热心地与我交谈，给予我积极的建议和鼓励。张老师对近代技术史研究的热情鼓励无疑给了我极大的动力和信心。

　　2006 年 9 月至 2007 年 7 月，在纽约李氏基金的大力资助下，本书的部分研究工作得以在英国剑桥李约瑟研究所进行。其间，李约瑟研究所 Christopher Cullen

教授、John Moffett、Susan Bennett 给予我热情的帮助。英国谢菲尔德大学东方学系 Tim Wright 教授和谢菲尔德哈勒姆大学的 Lloyd-Jones Roger、Merv Lewis 两位教授对研究给予了热心指导。

　　研究还得到武汉市社会科学院皮明庥研究员、武汉大学代鲁教授的热心指导；中国科学院自然科学史研究所刘钝研究员在剑桥期间仔细阅读和修改了我的选题报告，并提出具体建议；华南理工大学范旭教授不仅给予本书研究慷慨资助，而且为我在南京的调研工作提供了协助。此外，本书的部分思路是在与美国加利福尼亚大学圣克鲁斯分校胡明辉副教授、明尼苏达州立大学陈建平副教授、普林斯顿大学 John Dimoia 博士、宾夕法尼亚大学 Philip Cho 博士，东京大学金城根博士等同行的讨论中获得的。

　　在史料的收集和调研方面，张之洞与汉阳铁厂博物馆顾必阶馆长、喻汉武馆员，大冶铁矿党委书记阎建武、大冶铁矿矿志办公室马景源老先生、大冶铁矿宣传部和大冶铁矿博物馆许多人员，重庆钢铁厂档案处黄二为处长、重庆钢铁厂图书馆唐克洪馆长给予了大力支持，对百年汉冶萍公司的共同兴趣和关注让我们成为朋友。南宁市造船厂、南宁市博物馆、湖北省档案馆、南京第二历史档案馆、上海市档案馆也为本书史料的收集提供了协助。中国科学院过程工程研究所郭慕孙院士、国家玻璃纤维产品质量监督检验中心曾乃全作为汉冶萍公司技术人员的后代，为本书提供了难得的第一手资料。

　　英国谢菲尔德大学东方学系 Tim Wright 教授多次协助我找到珍贵的史料，并提供线索。英国谢菲尔德大学信息和数字处理中心档案管理人员 Matthew Zawadzki、谢菲尔德图书馆地方研究中心和美国里海大学王东宁博士、里海大学图书馆 Ilhan Citak 在史料收集方面给予了大力支持。

　　我的朋友 Richard Guy 多次驾车带我到谛塞德（Teesside）、艾恩布里奇（Ironbridge）、黑色地带（Black Country）、克利夫兰（Cleveland）等地，为我在英国的调研解除了人生地不熟的烦恼。刘汶、蒋永甫为我在武汉的调研无私地提供了住宿方便。

　　在此，谨向以上各位老师、朋友和机构表示最衷心的感谢！

　　此外，感激父母对我的培养，感谢母亲一直以来给予我的默默支持。

方一兵
2010 年 6 月于北京